卓越法律人才培养系列教材

航 道 法

主　编　汪　炜　黄明欣
副主编　何　平　徐江萍　夏　倩

武汉大学出版社

图书在版编目(CIP)数据

航道法/汪炜,黄明欣主编. —武汉:武汉大学出版社,2020.12
卓越法律人才培养系列教材
ISBN 978-7-307-21871-0

Ⅰ.航… Ⅱ.①汪… ②黄… Ⅲ.航道管理—法规—中国—教材 Ⅳ.D922.296

中国版本图书馆 CIP 数据核字(2020)第 204667 号

责任编辑:胡 荣　　责任校对:汪欣怡　　版式设计:马 佳

出版发行:武汉大学出版社　(430072　武昌　珞珈山)
　　　　　(电子邮箱:cbs22@whu.edu.cn 网址:www.wdp.com.cn)
印刷:广东虎彩云印刷有限公司
开本:787×1092　1/16　印张:10.5　字数:246 千字　插页:1
版次:2020 年 12 月第 1 版　　2020 年 12 月第 1 次印刷
ISBN 978-7-307-21871-0　　定价:35.00 元

版权所有,不得翻印;凡购买我社的图书,如有质量问题,请与当地图书销售部门联系调换。

前　言

　　社会的进步总是与交通的发展息息相关。作为现代交通重要组成部分的水路交通，不仅源远流长，更因其运能大、污染小、价格廉等特有优势而始终保持着旺盛活力。作为"航行之母"的航道是国家重要的公益性交通基础设施，"航道畅则水运兴"表征着其在水路运输中的重要地位。

　　在国家法治化追求中，法律被作为准绳融入社会生活的各个方面。航道事业的发展，离不开航道立法的不断完善。2014年《航道法》的通过，为20余年的立法努力画上了句号，更是航道立法迈上一个新台阶的标志。历史机缘中的曾经相遇，不管是否存有痕迹，却是一种内心的记忆，注定了一份特殊的情感。以《中华人民共和国航道法》(以下简称《航道法》)为基础，梳理关联立法，探讨关联问题，撰写关联书籍便成了一件应该完成的有意义的任务。

　　本书以《航道法》的结构作为体例安排的参照，以对航道和航道法的认识为起点，以航道规划、建设、养护、保护为主干，力求形成一个体系化的架构。全书包括航道与航道法基础、航道规划、航道建设、航道养护、航道保护和航标管理共六章内容。

　　本书的写作从启动到完成虽经历了数载，也无法做到完全满意，其中一个重要原因是航道立法内容繁多、关联过广，既有法律问题需要感知，也有非法律问题需要体会；既要立足航道本身，也要关注航运整体；既要考虑水路交通发展，也要考虑水资源综合利用。本书的目标不仅是提供一本基础性读物，也希望提供一定的思考空间，从整体看，本书表现出以下特点：(1)全面性。通过对《航道法》逐章、逐条、逐字的研读，全面梳理关联立法，准确认识航道法律制度的构成，并以此为基础进行阐述，以求内容的完整和全面。(2)新颖性。写作过程中，始终关注立法动态，不断检索最新资料，并以新立法、新理念、新观点作为行文的基本依据。(3)探索性。不回避现实中存在争议的问题，不拘泥现行立法的既有规定，通过比较分析，提出明确观点，为进一步探索提供基础。(4)理论性。在保证与法律制度契合的前提下，对于一些具有理论价值的问题进行适度探讨和理性归纳，为之后的理论研究提供参考。

　　具有行业特征的航道法，虽然具有现实重要性并在航道管理中发挥着积极作用，但社会的关注度不高，对其研究也难言深入，本书亦希望通过努力使更多的人对航道法、水路交通法、交通法有所关注，以促进我国交通事业的发展。

　　本书可作为法学、交通管理等相关专业的教材，航道管理等相关人员的培训资料以及航道法研究人员的参考资料。

　　本书由武汉理工大学法学系汪炜教授、黄明欣副教授、何平副教授、徐江萍讲师、夏倩副教授合作编著，并由汪炜教授统稿。虽作者全力以赴，书中恐亦有诸多不足，诚望阅者批评、指正。

本书得以完成，亦要感谢周仕武、张宏、曾文、古昭青、谢晰清、姜鸿燕等领导和朋友一直以来的关心和帮助；感谢武汉大学出版社的支持。

汪炜
2019年6月

目　　录

第一章　航道与航道法基础 ··· 1
　第一节　航道概述 ·· 1
　第二节　航道法概述 ·· 11
　第三节　与《航道法》关联的法律 ·· 25
　第四节　国外航道立法与借鉴 ·· 30

第二章　航道规划 ·· 35
　第一节　概述 ·· 35
　第二节　航道规划的编制 ·· 45
　第三节　航道规划的执行 ·· 51

第三章　航道建设 ·· 57
　第一节　概述 ·· 57
　第二节　航道建设主体 ·· 68
　第三节　航道建设工程的实施 ·· 70
　第四节　航道建设工程竣工验收 ·· 81

第四章　航道养护 ·· 88
　第一节　概述 ·· 88
　第二节　航道养护活动 ·· 96
　第三节　航道特别状态的处理 ·· 104

第五章　航道保护 ·· 115
　第一节　概述 ·· 115
　第二节　通航建筑物管理 ·· 120
　第三节　航道通航条件影响评价审核 ·································· 135
　第四节　非法采砂的管理 ·· 140
　第五节　航道保护其他规定 ··· 145

1

第六章　航标管理……………………………………………………………… 150
　第一节　概述……………………………………………………………… 150
　第二节　航标的设置与改变……………………………………………… 154
　第三节　航标养护………………………………………………………… 156
　第四节　航标保护………………………………………………………… 158

附录　航道法与关联法律一览表……………………………………………… 160

第一章 航道与航道法基础

第一节 航道概述

一、航道的概念和特征

(一)航道的概念

交通运输实现着人和物的异地流动。在现代运输的诸种方式①中,水路运输以其占地少、运能大、能耗低、污染小、价格廉等特有的优势保持着旺盛的活力,并在国际货物运输中占据着不可替代的地位。航道是水路运输的基础设施,对水路运输的发展有重要影响。

理论上对"航道"的表述存在一定的差异。如:航道是指以组织水运为目的所规定或设置的船舶航行通道;航道是指船舶可以通航的水道;广义的航道与河道或基本河槽等同,包括常遇洪水位线以下的基本河槽,或者是中高潮位以下的沿海水域的水道和河道整体;狭义的航道等同于"船槽",是一个在三维空间上既有要求又有限制的通道。《牛津英语词典》认为,航道即为湖泊、运河或其他水运路线,也是船舶航行外缘上流动的通道。《剑桥词典》认为,航道是指诸如河流或者运河这类两侧有边界存在的水域,同时其能够保证船舶通过。《韦氏词典》将航道定义为能够保障船舶通过的足够深、足够宽的内河、湖泊等。维基百科的解释是,航道为任何可航行主体所通过的水域,其路线可以是一个或几个水道,其中包括河流、湖泊、海洋和运河。从自然属性而言,能够通航的水域即可称之为航道;然而,作为水路运输基础设施的航道在内含自然属性的基础上融入了社会属性,由此决定了法律意义的"航道"与理论意义的"航道"并非完全同义。

《航道管理条例》(1987年颁布,于2008年修订)规定:"航道"是指中华人民共和国

---

① 现代运输方式主要指公路运输、水路运输、铁路运输、航空运输和管道运输。

沿海、江河、湖泊、运河内船舶①、排筏②可以通航的水域。《航道管理条例实施细则》(1991年实施，2009年修正)规定："航道"是指中华人民共和国沿海、江河、湖泊、水库③、渠道④和运河⑤内船舶、排筏在不同水位期可以通航的水域。《航道法》(2014年通过，2016年修正)规定：航道，是指中华人民共和国领域内的江河、湖泊等内陆水域⑥中可以供船舶通航的通道，以及内海、领海⑦中经建设、养护可以供船舶通航的通道。航道包括通航建筑物、航道整治建筑物和航标等航道设施。《航道法》的定义有几个主要变化：(1)用"通道"代替"水域"；(2)删除了"排筏"；(3)用上位概念"内陆水域"代替对不同水域的列举；(4)对沿海航道进行了限制，以人工介入和海域双标准限制其范围；(5)明确航道设施是航道的组成部分。

　　航道与船舶航行、水域以及经济活动关联，可以简单理解为：航道是指一国管辖水域中可供船舶通航的水路运输通道。

　　航道与河道既有联系，也有区别。河道是指河流中的水流和沙流所流经的路线，《河道管理条例》(1988年发布，于2017年进行了第三次修改)规定，河道包括湖泊、人工水道、行洪区、蓄洪区、滞洪区。河道与内河航道是包容关系，即内河航道必是河道，河道则未必是内河航道，河道里程要远远多于航道里程，如我国的河道里程有43万公里，但其中只有12.5万公里是航道⑧；河道与沿海航道是平行关系，即沿海航道不是河道，河道不包括沿海航道；整体而言，河道与航道是一种交叉关系。

　　通航通道与通航水域也存在不同。水域是指从水面到水底的一定范围，即从水面向下单向延伸，不包括水面以上的部分；通道则是在确认基准面后，向上、下两个方向双向延伸，包括水面以上的部分。从空间角度看，通航通道涵盖了通航水域，除水域外，有净空高度的要求。从交通管理的角度看，通航水域除了具备可供船舶航行的自然属性外，还需要管理部门的认定，如《内河交通安全管理条例》规定，内河通航水域，是指由海事管理机构认定的可供船舶航行的江、河、湖泊、水库、运河等水域。

---

① 一般意义上的船舶是指能航行或停泊于水域进行运输或作业的交通工具，强调的是水上航行能力和载运能力。法律意义上的船舶则是"因法而异"。如：《海商法》第三条规定，船舶，是指海船和其他海上移动式装置，但是用于军事的、政府公务的船舶和20总吨以下的小型船艇除外。《海上交通安全法》第五十条规定，"船舶"是指各类排水或非排水船、筏、水上飞机、潜水器和移动式平台。《内河交通安全管理条例》第九十一条规定，船舶，是指各类排水或者非排水的船、艇、筏、水上飞行器、潜水器、移动式平台以及其他水上移动装置。《船舶登记条例》第五十六条规定，"船舶"系指各类机动、非机动船舶以及其他水上移动装置，但是船舶上装备的救生艇筏和长度小于5米的艇筏除外。
② 排筏是用竹、木等编扎成的水上交通工具。20世纪70年代后利用排筏运输的方式已经极少。
③ 水库一般是指为拦洪蓄水和调节水流，通过建坝而形成的人工湖泊。
④ 渠道是指人工开凿的水道。一般是通过工程措施，改变天然河流的形态以优化通航条件。
⑤ 运河是人工开凿的通航河道。如我国的京杭大运河。
⑥ 内陆水域是指分布在陆地表面和地下各种状态的水。包括冰川、地表水和地下水。
⑦ 内海是指领海基线向内一侧的全部海域。领海是沿海国陆地及其内水以外邻接的一定宽度的海域，在群岛国的情况下则为群岛水域以外邻接的一定宽度的海域。根据《联合国海洋法公约》的规定，每一国家有权确定其领海的宽度，但最宽不得超过领海基线以外的12海里。
⑧ 信春鹰，王昌顺. 中华人民共和国航道法释义[M]. 北京：法律出版社，2015：8.

(二)航道的特征

通过对不同类别的航道进行分析，可总结出航道具有以下共性特征：

(1)派生性。当经济和社会发展到一定的阶段，人们开始利用河流、湖泊等水道进行货物的运输、实现人员的流动时，航道的价值开始体现。没有航运的需求，也就没有航道的存在，航道派生于以船舶运输为基础的航运发展的需要。

(2)公益性。航道作为交通运输的基础设施，规划由国家制定，建设、养护、保护资金一般由国家投入；国家设立专门的航道管理机构行使管理权，并打击破坏航道的行为；除专用航道使用主体有所限制外，公共航道允许所有符合条件的主体使用。

(3)地域性。航道既受自然环境的影响，也因建设、开发而变化。我国长江、珠江、黑龙江水域的航道通航条件有巨大的差异，长江干线不同水域的航道等级也有明显的不同，加之河床演变、水位变动、航道整治、桥梁建设等原因也会对特定区域的航道产生不同的影响，使得航道的地域特征明显。

(4)公示性。通航是成为航道的必要条件，但不是充分条件。成为法律意义上的航道，既有通航标准的约束，也有确认程序的要求。按照法定程序制定的航道规划是确认航道范围的基本依据，只有通过规划、普查等形式并经航道管理部门划定和公布的通航水域才是法律意义上的航道。

(5)经济性。航道对推动经济发展具有重要作用。以长江航道为例，2014年，长江干线航道的货物运输量已经达到20.6亿吨，航运成为区域间货物流转的重要方式。而长江航运的不断发展，吸引了相关企业向长江沿线聚集，促进了长江经济带的形成，带动了长江流域经济的发展。

二、航道的分类

对任何事物进行分类，只有在明确分类标准的前提下，才能保证类别划分的逻辑合理性。按照不同的标准，可以对航道进行不同的分类。

(一)以所处地域为标准

1. 内河航道

按照我国法律规定，内河航道是指一国内陆水域中可以供船舶通航的通道。2005年，全国内河航道通航里程达12.3万公里，位居世界第一，占河流总长的29%，主要分布在长江、珠江和淮河水系，分别占50%、13%和14%；[①] "十二五"期末，全国内河通航里程达12.7万公里，比"十一五"期末增加2759公里。[②]

内河航道中有两种特殊类型的航道，即国际河流航道和国境河流航道[③]，两者统称为

---

① 参见《全国内河航道与港口布局规划》。
② 参见《全国航道管理与养护发展纲要(2016—2020年)》。
③ 国际河流是指依次流经两个或多个国家的河流，国家之间在地理位置上是"上下游关系"，如澜沧江-湄公河；国境河流是指以河流的主航道中心线或左右岸划分两国边界，国家之间"以河为界"，如黑龙江、鸭绿江。

界河航道。我国通航界河航道总里程约 5300 公里，占陆地边境的 24.09%。其中，主要包括中俄界河航道 3577 公里、中朝界河航道 869 公里[①]以及澜沧江-湄公河国际河流航道。

2. 沿海航道

按照我国法律规定，沿海航道是指一国内海、领海中经建设、养护可以供船舶通航的通道。沿海航道一般是进出沿海港口的通道，对于其他海上自然形成的习惯航路，不属于法律意义上的航道。沿海航道是国家沿海运输走廊的重要组成部分和国际贸易的主通道。"十二五"期末，我国沿海航道养护里程达 1 万余公里，20 万吨级以上进港航道达 30 余条，主要分布在渤海湾、东部沿海、东南沿海、南部沿海和西南沿海。[②]

（二）以通航能力为标准

1. 等级航道

等级航道是指具有一定标准以上的通航能力，被主管部门标定技术等级的航道。技术等级根据航道水深、宽度、弯曲半径以及可通行船舶吨位等技术指标确定，从高到低划分为一至七级。如：一级航道可通航 3000 吨级以上船舶，水深 3.5~4 米，单线直线航道宽度 70~125 米，弯曲半径 670~1200 米[③]。我国等级航道里程约 6 万公里，不足航道里程的 50%；而三级以上的航道仅有 1 万公里左右。

航道技术等级包括现状技术等级和发展规划技术等级。现状技术等级是指根据航道目前的水深、宽度、弯曲半径以及可通航船舶吨级而评定的技术等级，它是航道养护的依据；发展规划技术等级是指根据航道自然条件、经济发展需求等因素评定，需要通过开发建设在未来特定时间能够达到的技术等级，它是航道建设以及确定跨、临、拦涉及航道的工程建设标准的依据。

2. 等外航道

等外航道是指等级航道以外的航道。等外航道可通航 50 吨级以下船舶，水深小于 0.7 米，单线直线航道宽度小于 12 米，弯曲半径小于 130 米。我国等外航道占比超过 50%，航道建设任务十分繁重。

等级航道可以分为高等级航道和其他等级航道，其中高等级航道主要指现有的和规划建设为可通航千吨级船舶的三级及以上航道，个别地区的航道受条件限制为可通航 500 吨级船舶的四级航道。[④] 按照 2007 年国务院批准的《全国内河航道与港口布局规划》，到 2020 年我国将建成长江干线、西江航运干线、京杭运河、长江三角洲高等级航道网、珠江三角洲高等级航道网、18 条主要干支流高等级航道，总里程达 1.9 万公里。

（三）以管理归属为标准

《航道管理条例》将航道分为国家航道、地方航道和专用航道。《航道法》未沿袭此种

---

① 徐祖远委员. 界河航道管理体制 中央事权要到位［EB/OL］.（2015-03-13）［2017-02-28］. http：//news.youth.cn/gn/201503/t20150313_6524572.htm.
② 信春鹰，王昌顺. 中华人民共和国航道法释义［M］. 北京：法律出版社，2015：2.
③ 参见《内河通航标准》（GB50139—2004）。
④ 参见《全国内河航道与港口布局规划》。

分类，仅规定了交通运输部直接管理的航道（下称：直接管理的航道）和地方交通运输主管部门管理的航道（下称：地方管理的航道），并明确进出军事港口、渔业港口的专用航道不适用《航道法》。

1. 国家航道

国家航道是指由国务院交通运输主管部门或其授权的部门、机构管理的航道。

国家航道[①]具体包括：（1）构成国家航道网、可以通航500吨级以上船舶的内河干线航道；（2）跨省、自治区、直辖市，可以常年（不包括封冻期）通航300吨级以上（含300吨级）船舶的内河干线航道；（3）可通航3000吨级以上（含3000吨级）海船的沿海干线航道；（4）对外开放的海港航道；（5）国家指定的重要航道。

从管理主体看，国家航道与直接管理的航道一致。按照《航道法》的规定，直接管理的航道包括三类：（1）跨省、自治区、直辖市的重要干线航道；（2）界河航道；（3）国务院规定的其他航道。

2. 地方航道

地方航道是指由各级地方政府交通运输主管部门或其授权的部门、机构管理的航道。

地方航道[②]具体包括：（1）可以常年通航300吨级以下（含不跨省可通航300吨级）船舶的内河航道；（2）可通航3000吨级以下海船的沿海航道及地方沿海中小港口间的短程航道；（3）非对外开放的海港航道；（4）其他属于地方航道主管部门管理的航道。

地方航道或地方管理的航道由省级人民政府具体规定行使管辖权的主体。

国家航道与地方航道统称为公用航道。

3. 专用航道

专用航道是指交通运输主管部门以外的其他部门、企事业单位自行建设、使用的航道。如：2014年8月，长江上游为企业开设的第一个专用航道——重庆新恒阳储运码头船舶进港专用航道。[③]

此外，按照航道的形成原因，可分为天然航道和人工航道；按照年通航时间长短，可分为常年通航航道和季节通航航道；按照通航限制条件，可分为单行（单线）航道、双行（双线）航道和限制性航道；按照航道所处特殊地理位置，可分为桥区航道、港区航道、坝区航道、内河进港航道、海港进港航道等。

三、航道的产生与发展[④]

（一）古代航道（1840年前）

水是生命之源，河流与人类文明相伴而行。幼发拉底河和底格里斯河孕育了古巴比伦

[①] 参见《航道管理条例实施细则》第三条。
[②] 参见《航道管理条例实施细则》第四条。
[③] 陈忠，汪政军．长江上游第一条专用航道正式开通[EB/OL]．(2014-08-26) [2016-10-28]．http：//www.cqhdj.com.cn/Item/1486.aspx.
[④] 资料素材主要来源于：佚名．航道的发展和历史状况[EB/OL]．(2014-01-06) [2016-08-18]．http：//www.cjhdj.com.cn/detail/wenhua1/201401/t20140106_61924.htm.

文明，尼罗河造就了古埃及文明，黄河则是中华民族繁衍生息的摇篮。当人类通过落叶与树木漂浮于水、顺流而行的现象悟出"浮"的原理后，便开始利用独木等简单的浮具在有限的水域从事水上活动；多根竹、木捆扎而成的浮筏问世，标志着人类利用天然水道漂航能力的提高；原始社会后期，人类创造出挖木为舟、削木为桨的制造技术，实现了水上漂航活动一次质的飞跃，大大提高了对天然水域的利用程度，航行范围逐渐从居住区域扩展到江河湖海，原始意义上的"航道"随之产生。

夏朝为加强对周边地区的管理和接受贡赋，充分利用天然河道，先后出现了三条重要的航道路线，即梁州贡道、荆州贡道和扬州贡道。商代，长江中下游地区，陆续开辟了一些民间交流和经商的水运航线，从事贸易的舟船已经发展到一定规模，天然航道在交通运输中发挥了主要作用。西周，对天然航道的开发利用有所深化，除继续用于贡赋与商业运输外，开始用于军事方面。春秋战国时期，长江流域、黄河流域形成了互相贯通的天然航道体系，并开始了对航道的综合开发治理，人工航道相继出现，其中最为著名的有第一条沟通长江与淮河两大水系的人工航道邗沟和都江堰工程。

公元前221年，我国第一个统一的封建集权制国家秦朝建立，有力地推动了航道的发展。自秦朝建立至东汉中期，最伟大的航道工程当属灵渠的开挖和褒斜道的开凿。灵渠连接了长江和珠江两大水系，从而实现了长江、珠江、淮河和黄河四大水系的全部贯通，形成了我国统一的航道网。

隋朝建立后，进行了一系列规模浩大的开河工程，特别是隋炀帝时期，建成了举世闻名的南北大运河，将钱塘江、长江、淮河、黄河、海河五大水系紧密地联系起来，我国内河航道的发展达到了崭新的水平。唐朝除加大对长江干流航道的利用和治理外，还先后对东南运河道、江淮汉沔道、大庾岭道、嘉陵故水道和灵渠进行了不断的整治疏通，使唐代的内河航运呈现出前所未有的繁荣局面。隋唐时期，与日本、朝鲜的往来十分频繁，与南亚以及西欧的往来也有了新的发展，远洋运输事业的兴盛促进了登州、扬州、明州、泉州和广州等一批以对外贸易为特点的沿海城市的发展，也反映出当时的造船、航海技术以及沿海航道的建设已发展到一个较高的水平。

两宋时期，由于我国经济重心逐步南移，长江流域成为全国经济最发达的地区，为保障长江下游南北漕运河道的畅通，先后开浚了扬州古河，疏浚了江南运河，开挖了芜湖至镇江的江东古河，并对长江下游干流航道进行了局部的改造；为实现四川和两湖地区物资顺利转运到京城，成功开凿了荆南漕河；为发挥长江的整体作用，对长江中上游航道以及嘉陵江等支流航道进行了较大规模的整治。

元朝对南北大运河进行了大规模的改建，将过去的"弧"形航道变成"弦"形的新航道，缩短大运河里程近1000公里，形成了元、明、清三朝一直使用的京杭大运河。明、清两朝继续保持着经济中心与政治中心南北分离的局面，以长江下游和南北运河为主体的航道备受重视，并得到进一步的建设和开发；通过对长江的荆江河段、川江航道以及湘江和灵渠航道的治理，对金沙江航道的开发，内河航道通航水平整体提升。随着沿海运输的再度兴起，明朝新开辟了从淮安到天津卫的海上运输路线。远洋方面，郑和率领船队七下西洋，先后到达亚非30多个国家和地区，成为世界远程航海史上的奇迹，把中国到西洋的海路交通推向了全盛时期。

(二)近代航道(1840—1949年)

我国近代航道的发展经历了三个阶段,即轮船航道的开辟和早期维护管理期(1840—1901年)、航道管理体系初步形成期(1901—1937年)、航道的破坏和突击恢复期(1937—1949年)。

1. 轮船航道的开辟和早期维护管理期

1840年的鸦片战争打开了中国封闭的大门。其后,列强与清政府签订了一个个不平等条约,通商口岸不断增加,外国轮船舰只自由出入我国领海,并通过长江、珠江等内河逐步向内地入侵,我国航权丧失殆尽。虽然当时的外国船舶多为夹板船、飞剪船,但较我国的木帆船轻便快捷,且载重量大,对航道及助航设施要求较高,客观上需要加强航道建设,开辟符合轮船航行的航道,增设各种助航标志。

1847年,在长江口北岸及南岸浅滩处各设立一具专为轮船服务的标桩,是近代中国第一次设立新式助航标志;1855年,在长江口铜沙西南设置了第一艘新式灯船;1899年煤油灯开始在我国内河航道上使用,到1904年在重要灯塔上逐步配置白炽纱罩灯头,燃用煤油瓦斯,光力进一步增强,助航水平进一步提升。

19世纪80年代,清政府向英国购买了我国第一艘小型自航链斗式挖泥船"安定号"以及几艘拖轮和泥驳,并于1883年和1889年两次在吴淞口挖泥,但效果不佳。此期间除对长江口航道进行了初步整治外,海河航道、川江航道以及长江的支流沱江、乌江、赤水河也得到了一定的治理。光绪年间还完成了浩大的三峡纤道工程。

2. 航道管理体系初步形成期

1901年《辛丑条约》订立后,列强竞相扩展在华航运势力,我国航运业得到一定发展。在航运业的刺激下,助航工作不断得到重视,专门管理机构先后设立,航标数量迅速增加,设标里程不断延长,测量和整治工作也相继进行,我国航道管理体系逐步形成。

1903年,海务部门对全国航标的类型、规模与作用作出了规定。1929年,长江中下游航道航标制式得到统一;1915—1936年,长江上游也逐步统一了航标制式。

1929年,首次制定了较为系统的航道工作制度《长江中下游江务工作制度》,有力地促进了长江航道的管理工作,并为国内其他航道的管理提供了借鉴。与此同时,《内河航行章程》《航行通告》《起除沉船章程》等航行规章逐步制定,对保证航道畅通、加强航道管理、形成航行秩序起到了一定的作用。

1935—1937年对长江口航道进行的第一次大规模机械疏浚工程,虽因抗日战争的爆发而中断,但为以后的航道治理提供了经验。

3. 航道的破坏和突击恢复期

1937年7月7日,抗日战争全面爆发。抗战初期,为防止日军沿长江西上进犯南京和侵占华中腹地,国民党政府军事委员会决定在江阴、镇江等处沉船、抛石,构筑阻塞线,并在长江中下游布设水雷,近代航道建设的成果遭到严重破坏。

随着国民政府迁至重庆,长江上游地区成为战时的大后方,长江上游航道也相应地得到较快发展。绞滩业迅速兴起、助航设施粗具规模,长江宜宾到重庆段、金沙江以及岷江、嘉陵江、乌江等支流航道得到不同程度的整治,改善了上游航道及支流航道的航行条件。

1945年抗日战争胜利结束后，为应对繁重的运输任务，航道部门积极投入航道、航标的恢复工作，到1946年年中，长江中下游航道、航标基本恢复到战前的水平，部分河段实现了夜航。航道建设方面，国家组织力量对中下游航道进行了水雷清扫和沉船打捞工程，并计划对中下游淤浅航道进行整治，但由于当时国民政府已经处于风雨飘摇之中，治理计划不了了之。

（三）现代航道（1949年至今）

1949年10月，中华人民共和国成立，揭开了我国航道发展史上的崭新一页。

1949—1952年，航道部门积极投入恢复航标、绞滩和打捞沉船等工作，用实际行动支援生产，支援解放战争，使航道通航能力迅速恢复。

第一个五年计划（1953—1957年）时期，为大力改善全国的航道条件，国家除投资对沿海主要港口及航线的建设外，对长江、珠江、淮河、松花江水系和大运河等也进行了较大规模的航道建设，出现了规模空前的航道建设高潮。

第二个五年计划（1958—1962年）时期，我国的航道建设事业得到进一步推进。这段时期，由于我国资金短缺，航道建设重点转移到内河，沿海港口及航线建设主要是完善以前所建的工程。

第三个五年计划（1966—1970年）时期，为适应"三线建设"和各地建设的需要，各地航道建设继续推进，并取得了一定的成绩。

1973年周恩来总理提出了三年改变港口面貌的号召，加快了我国港口建设的步伐，同时也促进了我国航道事业的迅速发展。1974年9月，长江口深水航道整治工程开始施工；珠江口段航道通过治理，2万吨级海船可满载乘潮进出黄埔港；黑龙江航道局开创了冰冻地区航道建设的先例；重要沿海港口的航道逐步实现深水化，沿海航线数量逐步增加、航标配布逐步优化。

1978年12月召开的党的十一届三中全会，开辟了我国社会主义建设事业的新时期。航道部门顺应改革的潮流，及时提出"有水大家行船"的方针，全面加强了航道的管理。与此同时，国家和交通部有计划地加强了对全国各条内河航道、沿海港口及沿海航线的建设。沿海方面，以设立深圳、珠海、汕头、厦门等沿海特区为发端，逐步开放了我国沿海港口城市，沿海港口及航道、航线的建设取得了举世瞩目的成就。内河方面，国家设立了内河水运建设专项资金，以长江干线航道、西江干线航道、京杭运河、长江与珠江三角洲高等级航道网和18条主要干支流高等级航道为主要内容的"两横一纵两网十八线"建设稳步推进，长江干线、京杭运河分别成为世界上运量最大的通航河流和内陆运河。

2006年9月和2007年6月，交通部分别发布了《全国沿海港口布局规划》《全国内河航道与港口布局规划》，对航道建设进行了全面安排；2007年7月，全国水运工作会议提出，到2020年总体实现我国水路运输现代化的宏伟目标；2011年12月，交通运输部印发了《全国航道管理与养护发展纲要（2011—2015年）》，明确了航道管理与养护的发展目标和主要任务等；2014年12月，《航道法》颁布，为航道规划、建设、养护、保护提供了有力的法律保障；2016年11月，交通运输部印发了《全国航道管理与养护发展纲要

(2016—2020年)》，明确了新时期航道管理与养护的发展目标和主要任务等；2017年2月，国务院印发《"十三五"现代综合交通运输体系发展规划》，明确到2020年，内河高等级航道网基本建成，沿海港口万吨级及以上泊位数稳步增加的建设目标。

四、航道的管理体制

(一) 航道管理体制的演变

中国古代航道多为朝廷交往和输贡纳赋的官方航运通道，夏朝以来，航道的管理部门总是辖于水官，唐代以后随着漕运的兴起，航道还多受漕运节制。

1840年鸦片战争后，航道逐步转变为以轮船为主要服务对象，其相应产生的航道设施与管理机构，均不是中国传统航运业自身发展的产物或延续，而是"舶来品"。19世纪50年代初，在上海海关成立了一个由英、法、美三国代表控制的关税管理委员会，较为重视航商关于改善航行条件的要求，并逐步担负了助航标志的设置与建造工作。1868年4月，清政府批准在海关总署之下设立近代中国的航道管理机构海务处，海务处由一名海务司掌管，海务司的职责是负责沿海、内河助航标志的建设与管理，打捞沉船，修浚港口水道，负责港口船舶的停泊及专门人才的延聘。海务处建立之初，工作重点放在沿海。进入20世纪之后，开始加强对内河航道的管理。在长江水系，直到1929年，在海关内部具有半独立性质的长江航道机构始得设立，并一直延续到中华人民共和国成立。

晚清政府、民国政府曾多次试图控制海关并收回航权，实现自主管理航道的目的，均被拒绝。直到1931年，民国政府交通部才获得与航道管理分离的理船部分管理权，该局面一直维持到中华人民共和国成立以前。

中国近代的航道管理是在海关统领下进行的，航道机构主要是利用航道自然水深"看水行船"，航道管理的重点是助航标志，影响和作用十分有限。

1949年10月1日，中华人民共和国成立，被列强控制近百年的内河海关及其管理的航道机构，被中国人民解放军军事管制委员会接管。1950年1月27日，中央人民政府政务院发布的《关于关税政策与海关工作的决定》中明确规定："关于管理海港河道、灯塔浮标、气象报道等助航设备的职责，连同其工作人员、物资、器材，全部移交中央人民政府交通部或各省市港务局。"[①]1950年11月6日，海关总署将航标管理移交交通部，其中港口航标管理移交各港港务局，长江航标管理移交长江航务管理局，结束了长达80多年由海关管理航标的历史。

1950年，交通部设立航务总局，并于当年设立黑龙江航道工程处管辖黑龙江航道；1952年设立松花江航标区和54个航道站，负责松花江干流航道的管理和黑龙江、乌苏里江国境河流主航道中方一侧的航道管理。1957年，交通部批准成立长江航道局，负责管辖长江干流航道，并形成了局、区、段三级管理体制；珠江水系航道则分别由广东省航道局和广西壮族自治区航道处管理；此外，凡是有通航河流的省份都设有航道管理机构；

---

① 转引自李矩海. 长江航道管理体制改革问题思考[J]. 武汉交通干部管理学院学报，1998(1)：33-36.

沿海的航标则由上海海运管理局、广州海运管理局、大连轮船公司和各地方港务管理局负责管理。①

1978年12月，十一届三中全会开启了我国航道建设的新纪元，我国航道管理逐步迈向法治化道路。1987年的《航道管理条例》（国发〔1987〕78号），明确交通部主管全国航道事业，并根据国家航道和地方航道的区别，确立了部、省两级分管的管理体制。1991年的《航道管理条例实施细则》（交通部〔91〕交工字609号）对管理体制的表述有所变化，将省区"交通主管部门管理"改为"各级交通主管部门设置的航道管理机构是对航道及航道设施实行统一管理的主管部门"，允许各省级地方交通主管部门根据具体情况自主确定地方航道的管理层级。② 1995年的《航标条例》明确了国务院交通行政主管部门设立的流域航道管理机构、海区港务监督机构和县级以上地方人民政府交通行政主管部门，负责管理和保护本辖区内军用航标和渔业航标以外的航标。

（二）现行航道管理体制

2014年12月通过的《航道法》确立了我国现行航道管理体制，明确了航道主管部门和负责航道管理的部门的区别，为依法管理航道提供了组织保证。

1. 航道主管部门

航道主管部门有中央航道主管部门和地方航道主管部门之分。国务院交通运输主管部门，即交通运输部，是中央航道主管部门，主管全国航道管理工作，承担的职责包括：编制航道发展规划，制定航道法规、政策和标准并监督实施，负责全国航道建设、养护、保护的行业管理，直接管理重要航道。

交通运输部直接管理的重要航道范围由国务院规定。目前，交通运输部派出机构长江航务管理局、珠江航务管理局分别对长江干线航道、珠江内河航道行使管理权；交通运输部直属事业单位北海、东海、南海三个航海保障中心负责辖区范围内航道、航标的建设养护工作；交通运输部直接管理澜沧江-湄公河等国际河流航道，中俄、中朝、中越、中缅间的国境河流航道。

县级以上地方政府交通运输主管部门是地方航道主管部门。由于我国航道分布不均衡，由省级政府确定不同和相同层级地方航道主管部门的管理权限。

2. 负责航道管理的部门

负责航道管理的部门具体承担航道管理工作。该部门包括两类：（1）交通运输部按照国务院规定设置的负责航道管理的机构，如长江航务管理局、长江航道局、长江海事局

---

① 以上有关管理体制的资料素材主要来源于：佚名. 航道的发展和历史状况［EB/OL］. (2014-01-06)［2016-08-18］. http://www.cjhdj.com.cn/detail/wenhua1/201401/t20140106_61924.htm.

② 《航道管理条例实施细则》第八条第二款规定："地方航道及其航道设施，由省、自治区、直辖市交通主管部门设置的航道管理机构负责管理；一般分省和地、市两级管理，也可由省级统一管理，水运发达地区，可增加县一级管理。"

等；（2）县级以上地方政府负责航道管理的部门或者机构。①

地方负责航道管理的部门情况较为复杂，存在交通运输主管部门直接管理、专门的航道管理机构管理、综合性水路管理机构管理、海事机构管理等多种模式；省域范围内层级安排和权限划定也各不相同、各有特色。

航道管理体制需要不断完善。2016年4月，《交通运输部关于深化长江航运行政管理体制改革的意见》（交人教发〔2016〕108号）中明确提出整合长江干线海事、航道、通信等现场执法职责，由长江干线海事机构统一承担，实现长江干线水上综合执法。根据该项改革要求，原属于长江航道局的航道行政执法检查、行政处罚、行政强制职责已经移交至长江海事局。《全国航道管理与养护发展纲要（2016—2020年）》要求进一步深化航道管理体制改革，主要内容包括：一是按照全面深化改革的总体要求和事业单位分类改革的具体要求，结合本地实际，完善各级航道管理体制；二是加大中央对跨省区重要干线航道管理统筹协调力度，充分发挥交通运输部派出机构的作用；三是按照财政事权与支出责任划分的改革要求，推动国际、国境河流航道管理体制机制改革；四是开展沿海航道管理养护机制研究，明确管理范围和责任主体，加强沿海港口公用航道维护管理；五是完善通航建筑物管理机制，优化梯级枢纽通航建筑物联合调度机制，引导和鼓励有条件的地区由交通运输部门组织对通航建筑物实行统一运行调度。

第二节　航道法概述

一、航道法的概念与性质

航道是国家重要的公益性交通基础设施。航道对水路运输的发展产生直接的促进或抑制作用，"航道畅则水运兴，航道塞则水运衰"。在对航道进行规划、建设、养护、保护过程中，不同主体之间会产生不同的社会关系，如：负责航道管理的部门在对危害航道通航安全行为查处过程中形成的管理关系，航道建设单位与设计、施工单位形成的合同关系，航道工程建设造成其他工程损害形成的侵权关系等。凡在与航道有关的活动中形成的社会关系，本书统称为航道关系。

航道关系可以根据不同的标准进行分类。按照主体的地位不同，可以分为隶属型关系和平权型关系；按照产生的阶段不同，可以分为航道规划关系、航道建设关系、航道养护关系、航道保护关系等。国家为了保证航道活动的有序进行，需要通过带有强制性的制度安排对航道关系进行规制，其中最具效力的是法律制度，航道法即是这些法律制度的总和。具体而言，航道法是指调整在航道规划、建设、养护、保护过程中发生的社会关系的法律规范的总称。

形式意义上的航道法，即指以《航道法》命名、确立基本原则、包含主要制度的一个

---

① 部门与机构存在一定的区别，但有时也存在混用的情况。简单理解，"部门"为某级政府的组成部分，性质上属于行政机关，依法享有特定的职权；"机构"是基于特定目的由政府及其部门设立的组织，根据法律、法规的授权和委托从事特定的管理工作。

体系化的法律性文件。按照我国的法律层级划分,该法律性文件居于"狭义的法律"地位,效力层级仅次于宪法,是航道法规体系中的"龙头法",为下位法制定提供依据性规则。

实质意义上的航道法,是不同层级的涉及航道关系的法律性文件、规范构成的整体,包括形式意义上的航道法、专门性航道法规[①]以及其他法律性文件中涉及调整航道关系的法律规范。

航道法属于交通法的组成部分。从交通法的性质上看,既非公法所能涵盖,也非私法可以包容,兼具公法和私法双重属性;同时,交通法具有明显的行业特色,适用主体、客体已然特定化。因而,可将航道法定性为行业类综合性法律。

二、我国航道立法的发展

1978年12月召开的十一届三中全会第一次确立了法制在我国社会生活中的地位,会议公报指出:"为了保障人民民主,必须加强社会主义法制,使民主制度化、法律化。"我国真正意义上的法制建设自此拉开序幕,立法工作有序推进。

2000年,交通部印发的《公路、水路交通法规体系框架和实施意见》(交体法发〔2000〕20号)中确立了航道法规系统作为水路交通法规体系的子系统之一。航道法规系统以《航道法》为龙头法,配套的行政法规包括《航道法实施条例》《过船建筑物管理条例》《航标条例》;配套的部门规章可包括航道维护管理规定(含航道勘查测绘、航道技术等级评定、航道维护标准);航道使用管理规定(含跨越航道建筑物管理、航道通告管理、航道水文监测设施和测量标志管理);内河航标管理细则。此外,需要制定、修订有关航道建设管理方面的规章,与《港口法》的配套规章相同,包括:水运工程建设管理规定(含水运工程勘察设计,水运工程可行性研究,水运工程概算预算编制,水运工程造价、定额,水运工程建设项目法人负责制,水运工程建设资质认证,水运工程建设招标投标,水运工程监理,水运工程竣工验收,水运工程建设项目后评价);水运工程质量管理规定。

2004年,交通部印发的《关于完善公路、水路交通法规体系框架和实施意见》(交体法发〔2004〕361号)基本沿袭了2000年的体系,仅对配套的行政法规的名称进行了微调,即以《航道管理条例》取代《航道法实施条例》。

2016年11月11日,交通运输部印发的《关于完善综合交通运输法规体系的实施意见》(交法发〔2016〕195号)确定综合交通运输法规体系框架由跨运输方式法规系统、铁路法规系统、公路法规系统、水路法规系统、民航法规系统和邮政法规系统六个系统构成;水路法规系统由水运基础设施法规子系统、水路运输法规子系统、水上交通安全和防污染法规子系统三个子系统构成;航道法规系统作为水运基础设施法规子系统之一,以《航道法》为"龙头法",重点配套两部行政法规《航道管理条例》和《航标条例》。

2016年11月29日,交通运输部印发《全国航道管理与养护发展纲要(2016—2020年)》,提出要加快制定并出台《航道通航条件影响评价管理办法》《航道保护范围划定和公布办法》《通航建筑物管理办法》,修订《航道养护管理规定》等。

从交通运输部(交通部)的规范性文件和现行立法状况分析,我国航道法规体系可以

---

① 此处的"法规"是指我国《立法法》确定的可以作为法律渊源的法律性文件。

归纳为"两个层面,多个层级"。"两个层面"是指国家层面和地方层面,国家层面的法规体系由全国人民代表大会、国务院和交通运输部制定的法律性文件组成;地方层面的法规体系由省级地方人民代表大会、政府及享有立法权的市级人民代表大会、政府结合本地的实际情况制定的地方法规、规章组成。"多个层级"是指航道法规体系的渊源包括法律、行政法规、部门规章、地方法规、地方规章等。

(一)国家层面的航道立法

国家层面的航道立法可分为专门性立法和关联性立法,专门性立法主要有:《航道法》《航道管理条例》《航标条例》以及交通运输部制定的一系列部门规章,如《内河航标管理办法》《船闸管理办法》等(见表1-1);关联性立法主要有:《海上交通安全法》《内河交通安全管理条例》《长江河道采砂管理条例》等。

表1-1　　　　　　　　　国家层面航道专门立法简表

名　称	层级	制定、修订时间	编　号
航道法	法律	2014年	主席令第17号
航道管理条例	行政法规	2008年	国务院令第545号
航标条例	行政法规	1995年	国务院令第187号
通航建筑物运行管理办法	部门规章	2019年	部令第06号
航道建设管理规定	部门规章	2018年	部令第44号
航道通航条件影响评价审核管理办法	部门规章	2017年	部令第01号
航道工程竣工验收管理办法	部门规章	2014年	部令第13号
航道管理条例实施细则	部门规章	2009年	部令第09号
航道建设管理规定	部门规章	2007年	部令第03号
沿海航标管理办法	部门规章	2003年	部令第07号
海区航标设置管理办法	部门规章	1997年	部令第12号
内河航标管理办法	部门规章	1996年	部令第02号
船闸管理办法	部门规章	1989年	部令第05号

注:(1)制定、修订时间的确定:无修订的,按制定时间;有修订的,按最新修订时间;(2)编号根据制定、修订时间确定。

(二)地方层面的航道立法

地方层面的航道立法,既有采取综合立法的模式,也有采取专门立法的模式;既有采取地方法规的形式,也有采取地方规章的形式;既有省级立法,也有市级立法。其中福建、广东、广西、黑龙江、江苏、上海、浙江、重庆等省域出台了专门的航道管理条例;甘肃、贵州、湖北、湖南、山东、山西、陕西、四川、吉林等省域出台了水路交通管理条例；安徽、吉林、山东、云南、河北、河南等省域出台了涉及航道管理的规章；南京、苏州、无锡、徐州、兰州等市域出台了专门的航道管理条例等。

地方层面涉及航道的立法主要内容基本一致，但也存在一定的差异。如《广东省航道管理条例》的主要内容包括航道主管部门、航道的规划和建设、航道保护、法律责任等；《黑龙江省航道管理条例》专门规定了监督检查的内容；《云南省航道管理规定》专门规定了执法人员的行为规范等。

在《航道法》实施后，地方立法应重点对航道及相关概念、执法主体、建设养护资金落实、违法行为处罚标准、航道影响评估制度等方面内容进行及时修订，以保持与《航道法》的衔接。

三、《航道法》的立法目的和原则

(一)《航道法》的立法目的

立法目的是立法者希望通过法律的实施所达到的境界或实现的结果，反映了立法者对一定价值目标的向往和追求。任何法律均以一定的立法目的作为确定法律原则、制定法律制度、措施的根本出发点和依据。立法目的基于层次的不同而有直接目的与间接目的之别，直接目的是指不经过中间环节所达到的结果；间接目的是指直接目的所引起的其他目的①，两者之间存在一种递进关系。

《航道法》开宗明义，规定了三个相互关联、有序递进的立法目的，既为该法制度设计指明方向，也为航道法体系构建划定界限。

1. 规范和加强航道活动管理

航道活动是以航道为中心开展的各类活动。作为现代航运重要基础设施的航道，已经脱离"纯天然"的状态，人工介入的广度和深度不断增加；作为航道得以存在所依托的水资源在社会发展中具有多重功能，需要在综合利用的原则下予以协调。多类主体的参与、多种活动的交错、多种关系的平衡，决定了基于航道活动所产生的社会关系的复杂性，必须借助公权力的全方位介入，以有效的管理进行规范。

航道活动管理是一个不间断的循环过程，主要涉及航道规划、建设、养护、保护等活动。航道规划作为全局性安排，指导航道建设、养护；航道建设是航道规划的具体落实，也是航道功能得以实现的基础；航道养护是航道建设的自然延伸，是发挥航道功能的必然要求；航道保护是以国家强制力为后盾，实现航道活动秩序化的重要手段。《航道法》制定的直接目的就是规范航道规划、建设、养护、保护活动，并随着我国法治社会进程的深化而不断强化，以实现"依法治航"的目标。

2. 保障航道畅通和通航安全

航道服务于水路运输，水路运输是航道存在的价值。水路运输的发展受多种因素的影响，其中航道的通航能力和条件是重要因素。从航道的技术等级看，不同等级的航道对航行船舶的吨位有直接要求；从航道的建设看，发达的航道网可为船舶航行提供更多的选

---

① 刘风景.立法目的条款之法理基础及表述技术[J].法商研究，2013(3)：48-57.

择;从航行的过程看,能够实现长距离连续运输才能发挥水运的优势。

《航道法》不能仅限于规范航道规划、建设、养护、保护的直接目的,而应促进航道价值的实现,确立保障航道畅通和通航安全的间接目的。一段航道满足划定等级的技术标准是航道畅通的最低要求,通航等级的不断提高、通航里程的不断增加、碍航状态的不断消除以及形成发达的航道网是航道畅通的更高要求。航道处于不断的变化之中,不是一种固化的存在,不同水位期航行条件有明显的差异,自然灾害、交通事故带来的改道、形成的沉船和沉物,船舶操作的难度和反应间隔,增加了船舶航行的不安全因素,因而需要充分重视航行安全问题,在法律制度中对与航道有关的安全事项提出明确要求,如禁止在航道中非法采砂。

3. 促进水路运输事业的发展

水路运输是国家综合交通运输体系的有机组成部分,在"共抓大保护、不搞大开发",坚持生态和环境优先的时代背景下,其所具有的资源节约、环境友好的比较优势得到充分认识,大力发展水路运输成为不同国家的共同选择。然而,我国水路运输尤其是内河水路运输与其他运输方式发展不同步,难以形成不同运输方式的衔接,成为综合交通运输体系建设中的薄弱环节。

水路运输与航道、港口、船舶等基本要素密切关联,对流域经济拉动作用明显,在国际海运中地位独特,甚至与国家安全息息相关。发展水路运输的基础是航道等要素的发展,因而《航道法》应立足航道又要超越航道,在交通运输的大视野下,将促进水路运输的发展作为立法的根本目的,以保证法律与社会、经济发展的协调。

(二)《航道法》的原则

作为法的要素之一的法律原则被认为是法的"灵魂",它是法律的基础性真理、原理,或是为其他法律要素提供基础或本源的综合性原理或出发点[①],是落实立法目的的基本准则,具有强制性、指导性、稳定性等特点。《航道法》是航道管理的基本法,所确立的法律原则应服务于实现其立法目的,为航道管理制度、规则建设提供指导。《航道法》的原则主要有:

1. 有效管理原则

《航道法》以对航道的管理为基本落脚点,并通过管理活动实现立法目的,因而必须追求管理的实效,并通过制度设计予以体现。有效管理原则要求:(1)管理主体的合法性。对社会事务的管理是一项系统性工程,国家必须根据社会发展的需要设立不同的管理部门并通过法律或者规范性文件划定每个部门的权力界限。权力界限通过管理职责予以具体化,管理主体履行职责的行为为法律所肯定,并可产生预期的效果;管理主体超越职责的行为本身不具有合法性,同时会导致权力行使的冲突。《航道法》通过管理体制明确管理主体的范围,并以此作为主体合法性的判断依据。(2)管理行为的规范性。合法性是有效性的前提,也是法治社会必须坚持的基本理念,合法管理不仅关注静态的"谁能管理",更需关注动态的"如何管理"。航道规划、建设、养护、保护活动中,存在多种社会关系,

---

① 周永坤. 法理学[M]. 北京:法律出版社,2010:171.

面临复杂利益纠葛，法律无法为每一个管理行为提供具体的应对指南，但需规定管理主体和管理相对人的基本行为准则，以保证管理行为的规范性。（3）管理效果的正向性。法律是经验的产物，只是对既往情况的一种理性、优化的反映，无法完全应对未来可能出现的新情况、新问题，因而管理主体依法实施管理行为后，需要有计划地进行法律实施制度评估，为未来的法律完善提供基础依据。当管理行为能够有效实施并对立法目的实现产生正效果时，可以认定制度设计的有效性，并在未来立法中予以坚持；当管理行为无法有效实施或对立法目的实现产生负效果时，应分析原因，通过制度的完善积极化解。

2. 统筹兼顾原则

航道以水为本，水是重要的自然资源。水资源具有航运、供水、灌溉、发电、养殖等多种功能，每一种功能都与社会、经济的发展密不可分，每一种功能的实现都会对其他功能的实现产生一定的影响。开发、利用水资源时，必须统筹兼顾，全面考虑水资源不同功能，发挥水资源利用的综合效益。《航道法》应体现统筹兼顾的原则：（1）综合利用水资源。既要通过航道规划、建设、养护、保护，发展航运事业，也要根据不同水域的特点促进其他功能的实现。在制定航道规划时，应考虑不同功能规划之间的协调；在航道建设、养护、保护过程中，应加强管理部门之间的沟通。（2）服从综合交通运输体系建设。《"十三五"现代综合交通运输体系发展规划》（国发〔2017〕11号）提出，到2020年，基本建成安全、便捷、高效、绿色的现代综合交通运输体系，部分地区和领域率先基本实现交通运输现代化的目标。水路运输作为综合交通运输体系的组成部分，应与其他运输方式协调发展，通过加强内河高等级航道网的建设，统筹航道整治与河道治理，逐步实现水运、公路、铁路之间的有效衔接，解决水运在综合交通运输体系中的瓶颈问题。（3）服从防洪总体安排。防洪关系着人们的生命和财产安全，在涉水管理中居于最重要的地位。《防洪法》明确规定，开发利用和保护水资源，应当服从防洪总体安排，实行兴利与除害相结合的原则。《航道法》亦明确规定航道活动应当服从防洪总体安排，并在航道发展规划技术等级评定、航道工程建设中提出防洪要求。

3. 保护生态环境原则

我国《宪法》第二十六条规定，国家保护和改善生活环境和生态环境，防治污染和其他公害。保护生态环境被《宪法》所确认，是我国的基本国策。虽然对生态环境的内涵存在认识上的差异，但其与人类生存息息相关却是共识。随着科技的进步，人类开发、利用自然资源的能力逐步增强，当这种外界干预超出自然承载能力的极限时，就会造成自然生态失衡，环境灾害频发。目前，生态环境问题是全世界关注的热点，已经成为制约经济和社会发展的重大问题。像对待生命一样对待生态环境，实行最严格的生态环境保护制度，形成绿色发展方式和生活方式，着力解决突出环境问题①需要通过法律、政策"落地"，将生态保护红线意识贯穿到交通发展各环节，建立绿色发展长效机制，建设美丽交通走廊②应是我国交通发展的基本追求。《航道法》确立了生态保护原则，并通过航道规划环境影响评价制度、航道发展规划等级评定要求和法律责任设定，以协调生态环境与航道发展的

---

① 参见2018年2月28日通过的《深化党和国家机构改革方案》。
② 参见《"十三五"现代综合交通运输体系发展规划》之基本原则。

关系，改善水域生态环境，促进水路运输可持续发展。

四、《航道法》的基本构成

(一)《航道法》的构架和内容

《航道法》分为总则、航道规划、航道建设、航道养护、航道保护、法律责任和附则七章，计四十八条。

第一章总则，主要涉及立法目的、航道定义、法律原则、政府的领导和资金保证责任、管理体制等内容。

第二章航道规划，主要涉及航道规划的类别和内容、相关规划的关系、航道技术等级的评定、航道规划的编制与公布、航道规划的效力与修改等内容。

第三章航道建设，主要涉及航道工程建设要求、建设单位资质、建设质量与安全监督、竣工验收、修复与赔偿责任等内容。

第四章航道养护，主要涉及养护技术规范制定、养护责任承担、养护资料公布、航道巡查与报告、养护作业与船舶疏导、航道修复抢通、航标管理、支持国防等内容。

第五章航道保护，主要涉及通航条件要求、闸坝建设要求、航道保护范围划定、航道通航条件影响评价、通航水位与下泄流量管理、工程施工要求、航标设置规定、危害通航安全的禁止性行为、采砂的限制、恢复通航等内容。

第六章法律责任，主要规定违法行为的行政责任。

第七章附则，包括军事、渔业港口专用航道适用除外和法律施行时间。

(二)《航道法》的制度创新与突破

《航道法》的通过，完成了航道立法效力层级从行政法规到法律的提升，改变了航道基本法长期缺位的状况，形成了《公路法》《铁路法》《民用航空法》《港口法》《航道法》等交通基础设施法律并存的格局，有利于完善综合交通运输体系、促进现代物流的发展。[1]《航道法》在制定过程中，总结了我国航道管理经验，考虑了航道发展需求，借鉴了国外相关制度，在制度设计上有不少创新和突破。

1. 明确航道建设、养护资金纳入财政预算

《航道管理条例》没有规定航道建设资金，所规定的航道养护经费亦缺乏稳定来源，使得资金短缺问题一直成为制约航道发展的瓶颈。由于航道的公共基础设施性质，建设和养护资金需求大，见效慢，对民间资本缺少吸引力，要保障稳定、充足的资金来源必须依靠政府投资。《航道法》以"经济社会发展水平和航道建设、养护的需要"作为依据，要求"在财政预算中合理安排"建养资金，在资金来源保障制度方面迈出了重要一步。

2. 设定航道通航条件影响评价制度

该制度被认为是《航道法》最重要的突破。《航道管理条例》规定，修建与通航有关的设施或者治理河道、引水灌溉应当事先征求交通主管部门的意见。"征求意见"的规定，

---

[1] 魏东.《中华人民共和国航道法》解读[J]. 中国海事, 2015(2)：34.

虽然赋予了交通主管部门表达观点的机会，但约束力较弱，无法有效阻止碍航工程建设。从实际情况看，因工程建设导致断航的事例时有发生。如，2002年贵州的构皮滩水电站工程截流后，造成乌江断航近10年；1975年广西大化水电站动工兴建以来，红水河水运通道阻断逾35年。①《航道法》以实际需要为基础，设定了航道通航条件影响评价制度，以交通运输主管部门或航道管理机构审核通过作为涉航工程建设的前置条件，对航道保护具有重要意义。

3. 加大对航道内非法采砂处罚力度

虽然国家对水域采砂实行行政许可制度，但由于颁发许可证的主体是水利管理部门，在沟通机制不健全、管理利益有冲突的情况下，难免忽视通航需求，导致非法采砂现象屡禁不止，成为航道管理中的难点，甚至出现水利管理部门与航道管理部门发生直接冲突的极端事件。《航道法》规定负责航道管理的部门对在航道和航道保护范围内非法采砂行为实施行政处罚权和最高30万元的罚款，为负责航道管理的部门提供了直接的执法依据，对有效打击非法采砂，保护航道通航条件作用明显。

4. 确立航道保护范围制度

航道与河道有不同的主管部门，与港口范围存在一定的交叉，与渔业保护存在密切的关联；同时，航道因所在地域不同差异巨大，且处于变动之中，其保护范围虽无法像公路一样进行统一划定，但只有划定明确的保护范围，才能明确航道管理部门管辖权的边界。《航道管理条例》没有航道保护范围的规定，《航道法》新设了航道保护范围制度，对交通运输部直接管理的航道和其他航道保护范围的划定主体、程序分别进行了规定，为航道管理部门履行职责提供了法律依据，并可有效减少履行职责过程中与其他部门可能出现的矛盾。

此外，《航道法》在航道的定义、管理体制、通航建筑物建设与运行、建筑物设标、危害通航安全的禁止性行为、规划制度等方面都有一定的突破，为实现"依法治航"打下了较好的制度基础。

五、《航道法》实施中的具体问题②

《航道法》历经20年的艰辛立法过程，经过了大量的沟通、协调、妥协，终于得以颁布实施，也设立了许多重要制度，对航道管理与发展具有积极作用，但依然留下了一些遗憾，给实际实施带来一些问题和困难。

1. 现实航道管理体制与法律要求存在差距

《航道法》第五条规定，交通运输部"按照国务院的规定直接管理跨省、自治区、直辖市的重要干线航道和国际、国境河流航道等重要航道"，但现实情况却是交通运输部仅直接管理长江干线航道，其他航道均由地方管理。如要落实《航道法》要求，需要解决机构、设施、人员、经费等各方面的问题，同时中编办、财政部门、地方政府的意见统一和协调

---

① 参见2011年12月，航道法立项论证工作小组完成《航道法立法论证报告》（征求意见稿）。

② 有关内容参考了长江航道局、武汉理工大学共同完成的研究报告《〈航道法〉配套法规体系及〈航道法〉在长江航道保护中的应用》（2016年5月）。

也存在一定难度。

2. 航道和船闸收费没有上位法依据

目前,《上海市内河航道管理条例》建立了内河航道岸线收费制度,江苏、浙江、河南也立法鼓励建设航道、船闸并收费维护,特别是江苏、浙江两省,船闸收费是整个航道建设和养护经费的重要来源。由于《航道法》第四条仅规定了"在财政预算中合理安排航道建设和养护资金",地方立法有关收费的规定因缺乏上位法依据,存在被废止、被抵制、被起诉的可能。

3. 航道规划与现实需求存在脱节

在航道规划方面,从全国到地方,均存在不全面、不系统,与现实航道的发展需求不相适应的地方,一是沿海航道没有规划,对于沿海航道的管理难以起到支撑作用;二是部分内河航道缺乏规划,以广东为例,仅有不到一半的航道进行了规划;三是部分水运发达的区域航道规划不能满足需求,以长江为例,诸多河段的航道维护标准已经达到规划标准,但很多地方政府仍反映不能满足经济发展的需求。

4. 航道发展规划技术等级与规划的关系不够清晰

《航道法》中的航道发展规划技术等级源自《航道管理条例》的"航道技术等级的划分"规定。《航道管理条例》中对技术等级划分、批准的程序和权限有清晰的规定,技术等级和航道规划实行两项并行的制度;但《航道法》中将航道发展规划技术等级评定纳入航道规划编制的统一过程中。如何处理技术等级与航道规划的关系需要明确和厘清。

5. 航道养护制度不够细化

(1) 航道应急抢通缺乏协调性规定。按照《航道法》规定,航道应急抢通是负责航道管理的部门的法定职责,该项工作同时涉及地方政府、海事管理机构、交通主管部门,应按照《突发事件应对法》的规定,细化相关处理程序、职权范围、组织架构、信息汇报和公布等各个方面的内容。

(2) 内河航道图的制作和发布缺少规范。《航道法》规定了负责航道管理的部门公布内河航道图的义务,这是一项新的职责。由于受各个方面因素的制约,不少地方负责航道管理的部门既没有资金支持,也缺乏人员设备,完成该项工作存在难度,而部分航运发达的航道却已经走上信息化的道路,逐步向电子航道图方向发展。同时,一些公司也已介入航道图的制作和发售,有必要平衡公益性管理和盈利性服务的关系,规范内河航道图的制作和发布。

(3) 养护作业和行政执法的分离缺乏安排。在《航道法》中,负责航道管理的部门既负责具体的养护作业,又履行相应的行政管理职责,在今后的改革中,这两项职责分属于事业单位、行政单位,必然要进行分离。如何既适应改革方向,又不影响养护和执法,需要提前做好相应的部署和安排。

(4) 沉船沉物的处理程序不够明确。《航道法》《海上交通安全法》《内河交通安全管理条例》对沉船沉物的打捞处理和设标进行了内容一致的规定。但是在实际操作中,对于沉船沉物水域的认定、设标费用的支出和收取、负责航道管理的部门与海事管理机构的协调配合等均要进行规范和明确,避免无谓的矛盾。

(5) 支持部队执行任务和战备训练不够细化。《航道法》要求对部队"给予必要的支持和协助",这是一项新的规定。由于涉及军、地两方,需要与军方就支持协助的范围、方式、程序以及保密等问题共同协商,制定规则。

6. 航道保护的原则和规定存在落实问题

(1)通航建筑物的"五同步"建设问题。通航建筑物与主体工程的"五同步"是《航道法》的创新,也是针对通航建筑物建设提出的针对性措施,如何将其落实到位,需要明确"五同步"的具体含义、适用范围、惩处机制等各方面内容。

(2)航道保护范围的划定问题。航道保护范围是新设立的一项制度,与江苏、浙江、上海的规划控制性制度有一定相似,但又有所超越。由于此项制度涉及面广,且在实际航道管理中运用频繁,迫切需要明确航道保护范围的划定原则、具体要求等,为保护航道提供支撑。

(3)施工时调整航标和收取费用问题。施工影响航道正常功能发挥,造成碍航时,负责航道管理的部门临时调整航标并收取费用是《航道法》的一项强制性规定。在执行的过程中,需要明确公示适用的范围、收费的标准等内容,规范自由裁量权,强化监督和指导。

(4)临时设施及其残留物清除问题。要对临时设施及其残留物清除的标准、提交的资料等予以细化和明确。

(5)采砂破坏航道的细化和管理问题。非法采砂是破坏航道的主要原因之一。《航道法》对于非法采砂破坏航道问题高度重视,赋予了负责航道管理的部门参与采砂管理的重要职责。在履行职责的过程中,迫切需要对损害航道通航条件的"度"进行界定和分类,明确处罚标准。

(6)桥区航标的设置维护及费用问题。桥区航标维护是航道维护管理中非常重要的内容。按照《航道法》的规定,桥区水上航标的设置费用由建设单位负责,但对航标建成后的维护费用承担主体却没有明确。在实际管理中已经引发了诸多的质疑和矛盾,迫切需要作出明确规定。

7. 航道管理范围的适时调整问题

在一些水运发达省份,由于航道用途的多样性、地方城乡规划的调整、城市旅游的发展等因素,一部分航道逐渐丧失了货运和客运功能,其管理事权也移交其他部门或企业。对于这些丧失航运能力航道的规划、建设、养护和保护,需要通过相应的制度予以规范,调整管理范围,厘清和移交相应的职责。

六、我国航道法律体系的优化

一般认为,法律体系是指一国在一定时期的全部现行法律规范,按照一定的标准和原则,划分为各个法律部门而形成内部和谐一致的统一体。[①] 航道法律体系是由一国现行的调整航道关系的法律规范组成的有机统一体。在《航道法》颁布的背景下,通过对与航道有关的法律性文件进行"立改废释",以形成完备的航道法律体系值得思考。

---

① 李龙.法理学[M].武汉:武汉大学出版社,1996:323.

(一)航道法律体系构建的总体要求

航道法律体系构建的总体要求是以《航道法》为主线，能够有效调整航道活动的各个方面，层次结构合理，法规之间既相对独立又有机联系。

《航道法》对我国航道管理的性质、任务、作用、体制、职责、权限等各个方面做出了明确的规定，起着主导和支配作用。构建航道法律体系，必须在《航道法》的框架内，以《航道法》相关内容为依托，不得违背《航道法》的立法原意，不得超越《航道法》的授权范围，切实保证《航道法》有效实施。

《航道法》配套法规作为一个整体，要求其内部在横向和纵向构成上做到内容和谐一致，形式完整统一。内容和谐一致是指构成《航道法》配套法规的同一层级法规之间以及不同层级法规之间的协调一致。除了每部航道配套法规要符合《航道法》外，还要与同一层级的法规保持一致，符合上一层级的法规要求，不能相互矛盾；同时，需要根据形势的变化，对已有的航道配套法规进行废、改、释工作，及时调整规范的内容，使其在新的情况下，达到新的统一。形式完整统一是指与《航道法》配套法规的形式规范、结构严谨、用语统一、内容明确。

(二)航道法律体系优化原则

《航道法》实施后，航道法律体系优化应遵循以下原则：

1. 系统性原则

系统性一方面要求航道管理的各个方面、各个环节都要做到有法可依，实现法律调整的"全覆盖"；另一方面要求规范之间效力关系明确，在共同原则指引下形成和谐的统一体，既要避免立法重叠带来的低效率，也要避免立法冲突带来的负效率。

2. 层级性原则

以《航道法》为引导，辅之以不同层级的下位法。充分重视规范性文件灵活性特点"先行先试"，一旦条件成熟就以法律的形式加以固化，以有效调整航道管理中不同的社会关系。

3. 协调性原则

新法制定过程中应考虑既有立法现状、层级关系。既要防止立法越多，冲突越多的现象出现；也要防止超越规范的层级限制，产生本身违法的规范。应该严格执行立法前审查和立法后评估制度。

4. 操作性原则

在体系的层级安排中，每一部下位法都应是在上位法基础上的细化，都应能提升规范的可操作性，以保证管理者和相对人进一步明确执法预期。

5. 一体化原则

内河航道与沿海航道虽然具有不同的自然属性，承担不同的社会功能，但在航道管理中具有许多共同的特点，因而在以《航道法》为龙头的配套法规制定中应逐步实现"江海一体化"，以节约立法资源，提高立法质量。

(三)航道法律体系优化思路

航道法律体系优化,应充分考虑航道立法需求、我国立法现实,以及借鉴国外立法经验。基本优化思路为:

1. 充分考虑立法资源的稀缺性

通过对各种法律体系构建方案进行比较、分析,在考虑现实紧迫性、科学合理性、实际操作性的基础上,提出优化方案。

2. 行政法规和部门规章应有侧重

行政法规主要解决水资源综合利用和综合交通运输体系之间的协调问题、不同部门之间的协商合作问题以及重大制度安排;部门规章则是在《航道法》及相关行政法规的指引下,将相关原则、制度、程序、标准等进行细化、规范和明确,以保证航道法规在实际管理工作中的有效实施。

3. 立法安排顺位清楚

在立法的先后顺位确定上,应根据现实需求和重要程度明确轻重缓急,分为非常迫切、较为迫切、常规需要三个等级有序进行。

4. 提出规范性文件制定建议

在法律体系之外,对一些现实工作急需但尚不具备立法条件的制度,通过规范性文件和标准予以替代,待条件成熟时再转化为航道法规。

(四)航道法律体系的架构

航道法律体系的架构主要包括法律、行政法规、部门规章、地方法规与规章,其中国家层级的立法定位于"一法、两条例、多规章"结构,居于主导地位,为地方立法提供依据和指导。"一法"指《航道法》,"两条例"指两部行政法规,包括《航道法实施条例》和《航标条例》,"多规章"指由交通运输部制定的部门规章。

1. 行政法规

对现行的《航道管理条例》进行修订,更名为《航道法实施条例》,定位于《航道法》的实施细则。主要内容包括:(1)涉及航道的水资源综合利用协商解决机制。着重解决《水法》《防洪法》《海上交通安全法》《渔业法》等涉水法律与《航道法》之间关于水资源利用衔接问题,建立协商解决机制。(2)涉及航道的行政执法协调机制。在《航道法》原则要求下,将《河道管理条例》《内河交通安全管理条例》《铁路安全管理条例》《公路安全管理条例》《自然保护区条例》《长江河道采砂管理条例》等行政法规涉及航道的相关制度和内容进行衔接,建立综合执法或联合执法的相关机制。(3)综合交通运输体系的合理配置和安排。设计和制定发挥水运及航道比较优势的制度,解决不同交通运输方式的衔接问题。(4)航道管理体制的调整和优化。根据《航道法》的相关规定,在国务院的领导下,制定和统一全国的航道管理体制。(5)航道建设养护资金的制度性安排。妥善解决航道建设养护资金的来源、申请、使用和考核的相关制度要求,以及鼓励和吸收多渠道资金投入建设养护航道并获取合理收益的制度。(6)增加通航建筑物管理的内容。细化通航建筑物运行管理制度、落实通航建筑物"五同步"制度、建立确定不同水位期通航所需流量的相关机制、细化闸坝建设期间碍航补救措施等。(7)《航道法》实施后面临主要问题和新问题的关联制度细化和补充。

对现行《航标条例》进行修订,在修订过程中应着重解决以下问题:(1)沿海和内河的航标管理体制;(2)航标概念的调整变化,例如 AIS、VTS、DGPS[①]、北斗等具有导航功能的系统纳入航标管理范畴,以及虚拟航标和信息化管理模式;(3)航标的统一规划、统一管理;(4)航标养护作业的公益性和市场化、航标养护机构的资质;(5)专用航标的规划、管理和法律责任等。

2. 部门规章

部门规章应通过"立改废"予以优化,即应制定《航道定义的适用范围》《航道建设养护资金投入管理办法》《航道规划管理规定》《航道通航条件影响评价审核管理办法》《航道保护范围划定和公布办法》《航道行政处罚规定》等;修订《航道建设管理规定》《航道养护管理规定》《航标管理办法》《通航建筑物及拦河闸坝管理办法》等;废除《航道管理条例实施细则》。

(1)《航道定义的适用范围》。着重厘清与《内河交通安全管理条例》《海上交通安全法》中内河通航水域、沿海水域、航路的相互关系,航道定义具体所指范围,航道划定和公布的方式,不同类型航道的维护管理责任,与"航标标示的水域范围""航道维护范围"的关系等。

(2)《航道建设养护资金投入管理办法》。由财政部门、交通运输部联合发布,根据《航道法》总则中"在财政预算中合理安排"的规定,对航道建设养护资金的来源、拨付、标准、使用、监督、考核等方面进行详细规定;同时,对多渠道来源资金建设航道及其设施并获取收益进行规范,如建设运河、船闸收费等。

(3)《航道规划管理规定》。根据"航道规划"的相关要求,对中央和地方两个层面的航道规划的编制、征求意见、公布、执行、修改等进行全面、系统的规定。此外,对已经丧失了货运和客运功能,其管理事权也移交其他部门或企业的航道,应规范其规划、建设、养护和保护问题,调整管理范围,厘清和移交相应的职责。根据"划分技术等级"的规定,对划分评定的标准、程序、参考因素、征求意见等进行规定,并妥善处理航道发展规划技术等级与航道规划的和谐统一。

(4)《航道建设管理规定》。按照《航道法》的规定,结合航道建设的实际情况和突出问题,对现有规定进行修订完善。可将现行《航道工程竣工验收管理办法》的内容融入本规定,针对竣工验收存在的问题进行修订。

(5)《航道养护管理规定》。按照《航道法》的规定对现有《航道养护管理规定》进行修订,补充航道信息发布和通报、航道巡查管理、内河航道图制作发布等几个方面内容;纳入航道应急抢通管理内容,按照《航道法》《突发事件应对法》的规定,细化航道应急抢通相关处理程序、职权范围、组织架构、信息汇报和公布等各个方面的内容,理顺地方政

---

① AIS 是英文 Automatic Identification System 的缩写,表示船舶自动识别系统;VTS 是英文 Vessel Traffic Services 的缩写,表示船舶交通管理系统;DGPS 是英文 Differential Global Positioning System 的缩写,表示差分全球定位系统。

府、海事部门、交通运输主管部门、负责航道的管理部门相互之间的关系；纳入沉船沉物管理规定，根据《航道法》《海上交通安全法》《内河交通安全管理条例》相关规定，对于沉船沉物水域的认定、设标费用的支出和收取、航道海事部门的协调配合等内容进行规范和明确，协调处理管理相对人、航道部门、海事部门的相互关系。

（6）《航标管理办法》。在主要内容保持不变的前提下，合并现行的《内河航标管理办法》和《沿海航标管理办法》，制定《航标管理办法》，并为《航标条例》的修订奠定基础。对于内河航标管理，主要考虑在现有办法的基础上对专设航标、桥区航标等相关内容进行修订和完善；根据行政事业单位改革趋势，调整行政职责和公益职责；针对科技发展和信息化技术发展需要，对内河航标的种类、管理的方式方法进行调整和探索；对于沿海航标的管理，主要考虑解决沿海航标的统一规划、统一管理问题，并针对新技术条件下的沿海航标发展的新趋势、新问题进行调整。

（7）《航道通航条件影响评价审核管理办法》。根据《航道法》的规定，参考长江和各地方航道管理的实际做法，对适用范围、职责分工、航评报告编制、申请与审核、后期监管等方面进行明确、可行的规定。2017年1月，交通运输部颁布了《航道通航条件影响评价审核管理办法》，自2017年3月1日起施行。

（8）《航道保护范围划定和公布办法》。根据《航道法》的规定，明确航道保护范围的划定原则、具体要求、共同划定和修改的程序、征求意见的范围和方式、对外公布的形式和程序等。

（9）《通航建筑物及拦河闸坝管理办法》。按照《航道法》相关规定，在现有《船闸管理办法》基础上，对通航建筑物设计、建设、验收、运行、调度等方面的管理进行详细规定，对相邻拦河闸坝的水位衔接、大幅度减流和大流量泄水以及管理职责进行细化和明确。2018年4月，交通运输部已经完成《通航建筑物运行管理办法（征求意见稿）》的起草和向社会公开征求意见工作[①]；2019年2月，交通运输部通过了《通航建筑物运行管理办法》，自2019年4月1日起施行。

（10）《航道行政处罚规定》。按照《航道法》规定的法律责任的相关内容，对各种违法行为的处分进一步明确，界定各种损害航道行为的危害程度，按照其危害程度在法律规定的范围细化处罚标准，规范自由裁量权，指导现场执法人员落实执行。

在航道法律体系[②]（见图1-1）完善过程中，不仅要关注国家层级的立法，也应注意地方立法、技术标准和其他规范性文件的建设，为航道活动的开展提供充分的制度依据。

---

① 2018年4月13日，交通运输部办公厅在官方网站发布《关于征求〈通航建筑物运行管理办法（征求意见稿）〉意见的函》（交办水函〔2018〕564号）。

② 有关航道法律体系的内容参考了长江航道局、武汉理工大学共同完成的研究报告《〈航道法〉配套法规体系及〈航道法〉在长江航道保护中的应用》（2016年5月）。

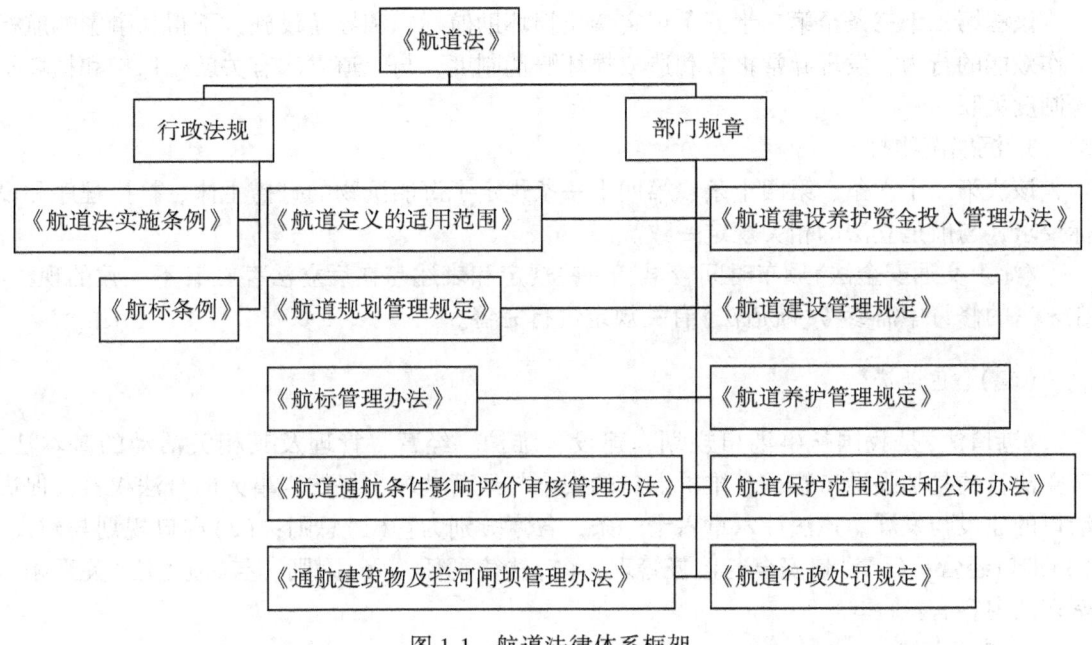

图 1-1　航道法律体系框架

第三节　与《航道法》关联的法律

水资源综合利用和交通运输的其他涉水法律中,《水法》《防洪法》《海上交通安全法》《石油天然气管道保护法》《渔业法》等均存在涉及航道的条款,内容涵盖航道管理体制、航道开发利用原则、航道建设与保护等方面。

一、与《航道法》关联的水路交通法律

(一)《海上交通安全法》

《海上交通安全法》是我国沿海水域航行、停泊和作业安全管理的基本法,其立法目的是加强海上交通管理,保障船舶、设施和人命财产的安全,维护国家权益。该法计十二章五十三条,各章分别为:(1)总则;(2)船舶检验和登记;(3)船舶、设施上的人员;(4)航行、停泊和作业;(5)安全保障;(6)危险货物运输;(7)海难救助;(8)打捞清除;(9)交通事故的调查处理;(10)法律责任;(11)特别规定;(12)附则。与《航道法》关系相对密切的内容有:

1. 涉及航道的工程建设及相关活动

该法第二十条、第二十二条规定了在沿海水域进行水上水下施工,在港区、锚地、航道等处设置、构筑设施或者进行其他有碍航行安全的活动的基本要求,与《航道法》中航道通航条件影响评价审核制度存在联系,并可能适用该项制度。

2. 航标管理

该法第二十三条至第二十五条规定禁止损坏助航标志和导航设施、不得从事影响航标工作效能的行为、发现异常报告和造成损坏赔偿制度，与航道立法有关航标保护和损坏报告制度关联。

3. 沉船沉物打捞

该法第二十六条、第四十条、第四十一条规定了沉船沉物的打捞主体、打捞程序和设标要求，与航道立法的相关规定一致。

《海上交通安全法》颁布时间较早，一些规定和表述与在后立法存在着不一致的现象，在未来的修订中需参考《航道法》有关规定进行完善。

（二）《港口法》

《港口法》是我国从事港口规划、建设、维护、经营、管理及其相关活动的基本法，其立法目的是加强港口管理，维护港口的安全与经营秩序，保护当事人的合法权益，促进港口的建设与发展。该法计六章六十二条，各章分别为：(1)总则；(2)港口规划与建设；(3)港口经营；(4)港口安全与监督管理；(5)法律责任；(6)附则。与《航道法》关系相对密切的内容有：

1. 港口范围

该法第三条规定港口由一定范围的水域和陆域组成，其中水域部分与航道存在着重叠关系，因而港口与航道管理应进行合作与协调。

2. 港口规划

该法第七条规定了港口规划应当与水路运输发展规划以及法律、行政法规规定的其他有关规划相衔接、协调。在港口规划编制过程中，要考虑与已经生效的、相关的航道规划的协调；在航道规划编制过程中，也要考虑与已经生效的、相关的港口规划的协调。

3. 港口建设项目

该法第十五条、第十六条涉及港口建设项目及其使用土地和水域的规定，其中与航道有关的建设工程应当符合航道管理的要求，并需组织对航道通航条件的影响评价。

4. 配套航道建设

该法第十八条、第二十一条涉及港口建设与配套航道建设的关系，明确要求航标设施应当与港口同步建设，并保证按期投入使用；同时，应当组织建设与港口相配套的航道等设施。

5. 港口水域内禁止性行为

该法第三十七条规定，禁止在港口水域内从事养殖、种植活动；禁止向港口水域倾倒泥土、砂石；不得未经批准在港口进行可能危及港口安全的采掘、爆破等活动，与《航道法》中禁止危害航道通航安全的行为存在关联，需要在管理和处罚等方面保持协调。

二、与《航道法》关联的其他法律

（一）《水法》

《水法》是我国开发、利用、节约、保护、管理水资源，防治水害的基本法，其立法目的是合理开发、利用、节约和保护水资源，防治水害，实现水资源的可持续利用，适应国民经济和社会发展的需要。该法计八章八十二条，各章分别为：（1）总则；（2）水资源规划；（3）水资源开发利用；（4）水资源、水域和水工程的保护；（5）水资源配置和节约使用；（6）水事纠纷处理与执法监督检查；（7）法律责任；（8）附则。与《航道法》关系相对密切的内容有：

1. 水资源综合利用体制

该法第十二条、第十三条确立了水行政主管部门统一管理和监督、有关部门按照职责分工具体负责的水资源综合利用管理体制，航道的开发利用属于水资源综合利用的组成部分，负责航道的管理部门应按照职责分工从事航道管理工作。

2. 水资源规划关系

该法第十四条、第十五条规定了规划类别与规划关系，明确区域规划服从流域规划、专业规划服从综合规划的原则。航道规划属于专业规划，应当服从同类的水资源利用的综合规划。

3. 水资源利用原则

该法第二十一条、第二十六条对水资源开发、利用的关系进行了原则规定：（1）开发、利用水资源，首先应满足城乡居民生活用水，兼顾农业、工业、生态环境用水以及航运的需要；（2）建设水力发电站，应当保护生态环境，兼顾防洪、供水、灌溉、航运、竹木流放和渔业等方面的需要。在水资源综合利用中，"航运需要"处于"兼顾"的地位。

4. 拦河闸坝建设

该法第二十七条对拦河闸坝建设进行了规定，在通航河流上修建永久性拦河闸坝，应当同时修建过船设施或者采取补救措施；在不通航河流或者人工水道上修建闸坝后可以通航的，应当同时修建过船设施或者预留过船设施位置。《航道法》的相关规定与《水法》保持了理念的一致，并更为全面和具体。

（二）《防洪法》

《防洪法》是我国防洪工作的基本法，其立法目的是防治洪水，防御、减轻洪涝灾害，维护人民的生命和财产安全，保障社会主义现代化建设顺利进行。该法计八章六十五条，各章分别为：（1）总则；（2）防洪规划；（3）治理与防护；（4）防洪区和防洪工程设施的管理；（5）防汛抗洪；（6）保障措施；（7）法律责任；（8）附则。与《航道法》关系相对密切的内容有：

1. 防洪安排

该法第四条规定了开发利用和保护水资源，应当服从防洪总体安排，实行兴利与除害相结合的原则。航道的开发利用不得与防洪总体安排相冲突，防洪的需要优于航运的需要。

2. 整治关系

该法第二十条规定了河道、湖泊和航道的整治关系，整治河道、湖泊，涉及航道的，应当兼顾航运需要，并事先征求交通主管部门的意见；整治航道，应当符合江河、湖泊防洪安全要求，并事先征求水行政主管部门的意见。"兼顾"具有一定的模糊性，"符合"带有明显的强制性。

(三)《石油天然气管道保护法》

《石油天然气管道保护法》是我国输送石油、天然气的管道保护的基本法,其立法目的是保护石油、天然气管道,保障石油、天然气输送安全,维护国家能源安全和公共安全。该法计六章六十一条,各章分别为:(1)总则;(2)管道规划与建设;(3)管道运行中的保护;(4)管道建设工程与其他建设工程相遇关系的处理;(5)法律责任;(6)附则。与《航道法》关系相对密切的内容有:

1. 保护范围

该法第三十二条、第三十三条规定了穿越河流的管道线路、管道专用隧道的保护范围,对航道建设活动具有一定的限制和约束作用。

2. 管道与航道关系

该法第四十九条规定了在管道与航道相遇时,确需在航道中修建管道防护设施的,应当进行通航标准技术论证,并经航道主管部门批准;管道防护设施完工后,应经航道主管部门验收;施工作业时,应当在批准的施工区域内设置航标。管道防护设施属于与航道有关的工程,批准程序的要求较《航道法》规定更为严格。

(四)《渔业法》

《渔业法》是在我国管辖水域从事养殖和捕捞水生动物、水生植物等渔业生产活动的基本法,其立法目的是加强渔业资源的保护、增殖、开发和合理利用,发展人工养殖,保障渔业生产者的合法权益,促进渔业生产的发展,适应社会主义建设和人民生活的需要。该法计六章五十条,各章分别为:(1)总则;(2)养殖业;(3)捕捞业;(4)渔业资源的增殖和保护;(5)法律责任;(6)附则。

与《航道法》关系相对密切的内容主要是该法第三十五条规定的进行水下爆破、勘探、施工作业时,应当事先同有关渔业行政主管部门协商,防止或者减少对渔业资源的损害。在航道建设、养护过程中应遵守《渔业法》的规定。

三、航道立法与其他涉水立法的不协调[①]

航道与其他涉水立法过程中,由于考虑的重心不同,不同法律之间也存在着一定的不协调,需要通过未来立法予以矫正,以实现法律实施的整体效益。

(一)水资源综合利用具体规定不尽一致

水资源有防洪、供水、发电、渔业、航运等多种用途,水资源立法由于调整的法律关系、解决的主要问题、制定的主导部门不同,各部法律虽然均遵循水资源综合利用的基本原则,但在具体内容规定上并非完全一致。

---

① 有关内容参考了长江航道局、武汉理工大学共同完成的研究报告《〈航道法〉配套法规体系及〈航道法〉在长江航道保护中的应用》(2016年5月)。

《水法》第二十一条、第二十六条分别规定了"城乡居民生活用水""保护生态环境"的优先权,仅"兼顾"航运、发电等需要;《防洪法》第四条规定了"防洪总体安排"的优先权;《渔业法》没有关于优先权的规定;《航道法》第三条保持了"保护生态环境""防洪总体安排"优先权的同时,规定"统筹兼顾"供水、渔业、发电等方面需要,与《水法》规定不完全相同。

当同一水资源不能同时满足多项用途时,就可能引发不同利益主体之间的矛盾,例如在重点浅险水道大量引水可能引发与航道畅通的矛盾、渔业水域保护和航运功能开发的对立等。这些问题通过部门之间的协商仅仅只能在表面上、暂时性解决个案问题,最终化解冲突有待于法律之间的协调和协商机制的完善。

(二)航道及相关概念之间的界限不清晰

《航道法》中的"航道",《内河交通安全管理条例》《海上交通安全法》中的"内河通航水域""沿海水域""航路"等概念之间,存在着一定的联系,但又不完全等同。

内河通航水域是指由海事管理机构认定的可供船舶航行的江河、湖泊、水库、运河等水域。它与内河航道的区别在于:第一,认定的主体不同。航道由航道管理机构认定,通航水域由海事管理机构认定。第二,包含的范围不同。航道是一种通道,范围当然包括水面之上的空间;通航水域更注重功能,范围是否包括水面之上的空间并不明确。

沿海水域是指沿海的港口、内水和领海以及国家管辖的一切其他海域。沿海水域的范围大大超过沿海航道,包括港口航运区、渔业资源利用和养护区、矿产资源利用区、旅游区、海水资源利用区、海洋能利用区、工程用海区、海洋保护区、特殊利用区和保留区。

航道和航路都是船舶航行所利用的水域,在很多情况下,二者是一致的,但航道的管理主体是负责航道管理的部门,航路的主管部门是海事管理机构,不同部门在理解航道与航路时往往存在一定的差异。

由于在不同的立法中存在航道及相关概念,如不能明确不同概念的内涵及相互间的关系,就会因理解的不同导致管理中的矛盾。

(三)自然保护区划定和航道开发利用不尽协调

一些河流和海域中的诸多水域依据《自然保护区条例》划定为核心区、缓存区和实验区等不同的自然保护区。有些保护区在划定范围和界线时,公布前未征求交通或航道部门意见,给航道建设和养护工作带来很大的障碍。如:长江上游向家坝以下至重庆马桑溪约353公里的江段分别被划定为核心区、缓存区和实验区,核心区禁止任何单位和个人进入,缓冲区内只能进入从事科学研究观测活动,实验区只能进入从事科学试验、教学实习、参观考察、旅游以及驯化、繁殖珍稀、濒危野生动植物等活动;而该江段自古以来就有船舶航行和航道建设养护,并且随着经济的发展对航道提出了更高的要求,必然伴随更多的建设和疏浚,自然保护区在划定时不充分进行协调,必然会对航道建设和养护带来难以逾越的约束和限制。

(四) 采砂管理中的程序规定不完善

采砂活动与航道保护关系极为密切。对于采砂许可的程序，《河道管理条例》规定水利部门需和有关部门"会同批准"，《长江河道采砂管理条例》规定水利部门需向有关部门"征求意见"。无论是"会同批准"，还是"征求意见"，一旦水利部门不执行规定，直接进行采砂许可，就可能给负责航道管理的部门带来非常大的管理难度。由于取得许可的采砂者缴纳了砂石资源费，且有地方政府、水利部门法律、政策上的支持，若不能协调好执法部门之间的关系，极易对航道造成极大破坏，甚至引发群体性事件。

(五) 对内河航道疏浚的规定不尽相同

《航道法》规定负责航道管理的部门进行航道疏浚、清障等影响通航的航道养护活动，应提前通报海事管理机构；《内河交通安全管理条例》规定进行航道建设和疏浚需要取得水下活动作业许可。同为航道建设疏浚活动，适用《航道法》和《内河交通安全管理条例》有着不同的管理部门、不同的管理要求，给实际工作带来很多不必要的麻烦和矛盾。

第四节　国外航道立法与借鉴

航运发达国家在长期的航道管理中积累了丰富的经验，制定了大量的法律，在我国航道立法未来完善过程中，以我国的实际国情为基础，充分吸收他国的成功经验将是必然的路径选择。

一、国外航道立法[①]

(一) 美国

美国内河、沿海航道主要有五个部分组成，即密西西比河水系、莫比河水系、哥伦比亚河水系、大西洋沿海水道和墨西哥湾沿海水道，其中内河航道通航里程总计4.1万公里。美国内河航道等级较高，通航1000吨级、500吨级以上船舶的航道分别为2.5万公里和3.1万公里，占比达到61%和75%。

美国政府高度重视内河运输在国民经济中的作用和地位，在大规模整治河流时期(20世纪30—70年代)，航道建设费用基本上由政府投资，规模达100亿美元以上，并建成了世界上最发达、先进的现代化内河航道网。1980年前美国内河航道的使用是免费的，在发达的内河航道建成以后，才开始对船舶征收燃油税。

美国建国伊始就建立了与航道相关的法律制度。1824年通过了《河流港口法》和第一个航道管理类专门法律《改善俄亥俄河和密西西比河航道条件法》，1938年通过了《防洪法》，1998年通过了《面向21世纪的交通运输平衡法案》。美国先后颁布、实施了40余部

[①] 该部分内容主要参考：信春鹰，王昌顺. 中华人民共和国航道法释义[M]. 北京：法律出版社，2015：264-276.

有关防洪和航运的法律法规，使得内河航运开发、管理等各个环节都有相应的法律进行规制。

美国航道管理职能分别隶属于两个不同的管理部门。航道的建设和维护由陆军工程兵团负责，内河航运水上安全工作（航标、灯塔等助航设施的建设和维护）由海岸警卫队负责。不同监管主体具有较为明确的法定职责，依法对不同领域进行监管，基本上避免了多头监管带来的职责交叉问题，这也是美国航运体制中的最突出特点。

在水资源综合利用中航运处于重要地位。在开发和治理密西西比河水系时，航运处于防洪以外的次重要地位，兼顾水电、灌溉、养殖和旅游等；航道和水利建设、管理由陆军工程兵团一体负责，提高了水资源综合利用的效率。

美国陆军工程兵团下设的各委员会按照职责分工对研究机构编制的河道开发规划以及对河流、航道、港口等建设和整治方案的建议等进行评审，并征求各州和公众的意见，最后报国会批准；航道建设和疏浚工程的大部分已经实现市场化运作，私营疏浚公司所完成的疏浚量约占全国疏浚量的85%；为了满足航道疏浚的应急需要和国防需要，保留了陆军工程兵团最小规模的12艘挖泥船，平时这些挖泥船与私营疏浚公司共同承担内河航道和进港航道的疏浚任务，应急时期或者战争时期，接受国土安全部和国防部的统一指挥和调动。

美国航道建设投资主要由国家拨款，在依靠各级政府预算拨款的同时，注意多渠道融资，如利用银行贷款、发行建设债券和股票以及利用私人投资等，有效地解决了资金的筹措问题。航道维护费用由国家财政拨款，少部分来自于电力开发和水上娱乐的收益。1980年起开始征收的燃油税，可弥补约10%的航道维护和管理费；1985年在"关于补偿内河水运网开发、管理开支的法案"推动下增收新税，新税法案实施后，可补偿约70%的内河航运网的维护和管理费用。

美国规定了建设可能影响航道或者通航安全的设施的批准制度。《河流港口法》规定，在港口、水道建设桥梁、闸坝或者围堤、码头或者进行河道整治，以及进行可能改变航道原有特性的工程，必须经陆军工程兵团批准。

（二）德国

德国境内航道里程为6700公里，其中天然河流航道占75%，人工航道占25%；可通航千吨级以上船舶的航道达3800公里，占比56.7%。内河主要有易北河、莱茵河、多瑙河水系航道和基尔运河、中部运河航道，运河沟通了境内重要水系；沿海主要有西北部的北海航道、东北部的波罗的海航道，沿海航道可以直通内河航道。由于水运的运量大、能耗低，特别是污染小，受到联邦政府的积极扶持，经科学规划和长期建设，德国业已形成以莱茵河为骨干，干支直达、河海联运的水运网，万吨海轮可直接驶入汉堡港。

德国《国家基本法》中规定，航运、铁路、航空资产属于国家所有，由国家负责建设和管理；20世纪70年代制定的《海船航道管理条例》和80年代末出台的《联邦航道法》对航道的发展、建设、维护管理和保护做出了规定。同时，德国也执行欧盟有关航道管理方面的条例、指令和签署的协议。

德国负责航道管理的中央机构联邦运输、建设与住房部（以下简称运输部）内设八个司局，其中水路司承担全国内河和海上航道的规划、建设、管理和维护，航标、航道上的坝、船闸和升船机、堤岸、节制闸等设施的管理和维护；全国按区域设有7个直属地区航道管理局、39个航道管理分局、3个科研所具体负责航道的建设、维护管理工作。由于德国航道管理是联邦政府的职能，因此涉及航道建设、航道设施维护和管理等所需资金也全部由联邦政府承担。

在水资源综合利用中，坚持航运优先，兼顾防洪、灌溉、发电等其他需求。德国航道与航运管理机构是统一的，但与水利管理机构分设。德国运输部在与州主管部门协商一致后决定航道规划，航道管理局负责规划的实施和监督；航道建设项目需要行政许可，涉及农业和水利的，项目批准前需与相关主管部门协商，但航道与通航设施的维护管理无须取得水利部门同意。

航道管理局根据国家授权负责管理、养护内河、沿海航道（不含进港航道），包括通航设施（航标、船闸、升船机等）、用于航道养护的岸边土地、航标站等，以及航道拓宽、裁弯取直后由陆域变成的水域部分；航道及通航设施的养护可委托第三方进行。

德国航运资产属于国家所有，由国家负责建设和管理。1992年前，部分航道由中央和地方共同出资建设，但从1992年起就全部由中央出资，所需建设和维护资金列入中央公共预算，年度所需基建投资、维护及管理经费，均通过中央财政预算安排。

德国对建设可能影响航道或者通航安全的设施采取许可制度，分为对国家有重大意义的大型项目许可和私人建设项目许可两类。《联邦航道法》规定，在联邦航道之上、之中、之下或者在其岸边修建、改建管理设施，可能影响到航道或者通航安全时，必须取得航道管理局的批准。航道管理局还负有检查批准后的项目是否履行规定的职责。

德国的航道、航标由同一部门管理和养护。非航道管理机构设置航标须经航道管理局或分局批准；航道上新建或者改建桥梁的，桥梁建设单位应承担航标等设施的建设、养护费用。

（三）俄罗斯

俄罗斯内河航道里程10.16万公里。从20世纪30年代起，苏联通过综合规划、开发内河资源，整治、疏浚和渠化了多条航道，修筑了一系列的通航运河和综合水利枢纽，基本形成了以伏尔加河为主干的欧洲地区统一的深水航道网。

苏联于1955年颁布了《苏联内河水路运输章程》，1956年成立了俄罗斯联邦河运部，与其他加盟共和国的河运局一起管理全苏联通航水道。2001年俄罗斯颁布了《俄罗斯联邦内河水运法典》，该法典规定内河航道，包括航标及通航设施均属于国家财产，由国家主管机关及其分支机构进行管理。

俄罗斯联邦交通部下设的河海总局负责全国航道管理，并按流域下设16个直属的地区航道管理局和运河管理局，统管全国航道管理工作。

在水资源综合利用中，以发电为主，兼顾航运。俄罗斯由不同部门负责航道、水利管理工作，但法律对航道通航水位的保证有明确要求。

各级航道管理部门负责航道建设、养护管理工作，同时负责公用港口进港航道、锚地的养护；非公用码头的进港航道、锚地等由所有者负责养护。

俄罗斯航道建设和维护的经费纳入国家财政预算，主要由财政拨款解决，同时也辅以自营收入和其他合法资金进行补充。

俄罗斯规定了建设可能影响航道或者通航安全的设施的批准制度和航道管理范围。在内河航道上建设桥梁、堤坝、管线、码头等必须取得航道管理部门的许可；主管水利的部门应该保证航道畅通、航行安全所必需的水位；内河航道的水边线或者岸边线向陆域方向的 20 米宽范围为航道管理部门进行航道养护和管理所用的岸边地带，岸边地带内建设构筑物要经过航道管理部门的许可。

俄罗斯航道、航标均由航道管理部门管理，在航道上建设通航建筑物，其所属企业或者部门应负责设置安全标志。

二、国外航道立法与管理借鉴

虽然在航道立法及管理体制方面，国外与我国存在一些差异，但国外航道建设和管理等方面的一些经验值得我国航道立法时借鉴。主要有：

（一）实行集中、统一的管理模式

德国成立了运输部统一管理全德境内航道的安全、规划、建设等事宜，美国陆军工程兵团负责航道规划、治理和建设。健全的航道主管机构和综合统一的管理体制，促进了内河航运的发展。

我国航道管理体制相对分散，较大的水系航道由中央管理，例如长江干线航道由交通运输部长江航务管理局管理；支流航道和地方的河流航道由地方航道管理部门管理。因此在内河航道管理和建设的过程中，中央和地方之间、干流和支流之间往往存在着一些矛盾，不利于内河航道的统一规划和建设。

（二）多方筹集航道建设和养护资金

美国大力发展和建设通航枢纽、渠化航道以及电站，重视河流的综合利用，发挥了水资源最大的综合效益，其所实施的以电养航政策，通过向航道的受益者征收有关专项税费等，用于保证航道的建设和维护，为取得航道建设资金开拓了一条有效的途径。

我国在内河航道开发建设方面的投入较少，近年来，国家开始重视对内河航运的开发和建设，逐步加大了对内河航道建设投资的力度，设立了内河建设专项基金，为内河航道建设开辟了稳定的资金来源。但是投入内河航道疏浚的资金严重不足，今后应该加强对航道建设、养护方面的投入，以确保全国航道的畅通。

（三）航道建设和养护的市场化运作

我国在航道建设和疏浚方面市场化运作不够，航道内部单位职能的交叉，影响了航道工程市场化的运作。应借鉴国外航道工程市场化的经验，加快我国航道管理体制的改革，努力培育航道养护工程市场，以逐步实现航道养护工程市场化运作。

(四)国家保留最低的疏浚船队

我国应借鉴美国在航道疏浚中的经验,航道管理部门应适当保留疏浚船,以满足航道应急和国防的需要。同时,要鼓励发展和建造适合我国内河航道要求的、高效率的疏浚船,以提高疏浚工程的规模效益和降低单位疏浚成本。

(五)统一负责河流的综合开发和管理

各国在河流的综合开发中都很重视内河航运的发展需要。德国在河流开发中,把航运放在首位,同时兼顾防洪、灌溉、发电等其他效益。我国在河流开发中,应统筹兼顾水资源的各项功能,充分重视航运在水资源综合利用中的重要价值。

(六)注重水资源综合利用中的环境保护

发达国家重视环保,坚持可持续发展。欧盟在制订运输总体规划时,将内河航运的环保优势作为决定性因素,用税收等经济措施制约公路、航空的过度发展,鼓励具有环保优势的水路运输发展,采取政府补贴等方式治理航道,保持航道沿岸的生态平衡,取得较大的环境效益。美国陆军工程兵团注重航道保护中的环境问题,在航道疏浚时,将疏浚土用于建立供生物繁衍的小岛或沼泽地,形成新的湿地。俄罗斯的航道管理十分重视基础工作和工程质量,如伏尔加-波罗的海运河航道,全河段有1‰的平面图,通过正常疏浚维护确保航道标准尺度及航标的正位率和发光率,一般城镇段砌筑条石护岸,港区和桥位段设钢板桩护岸,农村段采自然堤岸,全线绿化,景观宜人。我国应该借鉴国外经验,重视环境保护方面的研究和管理工作,成立专门的、权威的机构全面负责对疏浚工程的管理和疏浚物的排放和处理。

第二章 航道规划

第一节 概 述

一、规划与规划立法

(一)规划概念的界定

"规划"一词在现实生活中被广泛使用,如个人的"人生规划"、企业的"产品规划"、国家的"社会发展规划"等。按照《现代汉语词典》的解释,"规划"是指比较全面的长远的发展计划。任何"规划"不会脱离其本原的含义,但不同"规划"所产生的影响以及制定的要求大相径庭。法律一般会忽略不以国家权力为基础制定的规划,更多关注由国家机关制定的对社会整体、特定行业、特定区域、特定事项等具有长远影响和约束力的行政规划。若无特别说明,本书将规划与行政规划作为同义词使用。

一般而言,行政规划是指国家或地区的中长期发展计划,是对今后一个较长时期的指导性纲要,而不是具体项目的方案。① 对行政规划概念的表述存在一定的差异,如:行政规划指行政机关对影响范围大、时间持续长的一系列行政事项预先做出统筹安排的行为;行政规划是行政机关为达成特定的行政目标,为履行行政职能就所面临的需要解决的问题,从实际出发,对有关方法、步骤或措施等所做的设计与规划;行政规划是行政主体为了实现特定的行政目标而对未来一定时期内拟采取的方法、步骤和措施依法作出的具有约束力的设计与规划。② 行政规划的界定主要有两个视角,一是动态的行为,二是静态的文件。本书认为,基于行政规划与规划行为的区别,应将行政规划界定为一种具有约束力的正式文件。对行政规划进行界定,应包含以下要素:(1)制定依据为法律的授权;(2)制定主体为行政机关;(3)表现形式为正式文件;(4)制定目的是作出前瞻性、全局性安排;(5)规划内容应完整,包括规划事项、规划目标以及实现目标的方法、步骤和保证措施等。基于此种认识,本书认为:行政规划是指行政机关根据法律授权,对特定事项未来发展目标和实现目标的安排所制定的具有全局性和约束力的正式文件。

---

① 张守文等. 经济法学(马克思主义理论研究和建设工程重点教材)[M]. 北京:高等教育出版社,2017:244.
② 转引自孟鸿志. 行政规划法律规制研究[D]. 武汉:武汉大学,2006.

规划与计划意义相近，有时也相互混用。从目前的立法看，"规划"使用的频率更高，两者的区别基本清晰。规划侧重于长远和战略层面，计划侧重于短期和战术层面；规划注重指导性和原则性，计划注重执行性和操作性；计划是规划的延伸与展开，是实现规划的细化方案。

规划与战略关系密切。两者都具有全局性、长远性、前瞻性等特点；但两者也存在一定区别，一般认为，战略先于规划形成，是规划制订的指导思想；战略是规划的纲要，规划是战略实现的蓝图；战略的法律要求较少，规划的法律限制较多。

实践中，规划存在的具体形式不统一，表述规划的用语较为混乱，诸如"计划""目标""政策""预算""纲要""纲领"等都可能用于指代"规划"，如《全面推进依法行政实施纲要》（国发〔2004〕10号）就是一个以"纲要"形式出现的规划。

(二) 规划的特征

1. 法定性

规划产生约束力的前提是符合法律的要求。第一，规划的制定主体合法。规划的编制，从技术层面考虑只需要专业能力；从法律层面考虑，欲使规划产生效力，只有法律明确授权的主体才能编制和批准。第二，规划制定的程序合法。规划编制应遵循前期准备、编制组织、草案报批、规划公开等程序要求，特别是编制过程中涉及的部门协商、公开征求社会意见的要求，更需认真对待。第三，规划的内容合法。规划内容要符合法律和标准的要求，对法律强制要求的内容不得缺失。第四，不得与优位规划相冲突。法律使用"符合""服从"等用语表明不同规划之间的关系，在编规划对于"应当符合"的规划处于劣位，与优位规划冲突的劣位规划不产生预期的效力。

2. 综合性

规划编制是在认识现状、判定趋势基础上指向未来的设计，需要考虑历史的承继关系和相互的衔接，是历史、现状和未来的综合；特定事项的规划，虽有明确的中心事物，但绝不是仅仅考虑中心事物，也需考虑与关联事物的关系、对关联事物的影响，需要在共同目标指导下，调整和综合不同的行政政策，达到相互间的协调一致；在规划体系中，需要综合考虑不同规划之间的效力关系，避免规划之间的冲突，达成规划之间的和谐。

3. 时间性

规划是对未来的一种前瞻性安排，但必须立足于现实基础。社会、经济的发展受到多种主客观因素的影响，而人的认识存在天然的局限性，既无法完全正确地认识现实，更不能完全准确地预测未来，规划工作只能对未来一定时间的特定事项有指导意义，不可能一劳永逸，因此每部规划都必须明确规定有效期，并在有效期届满后以新的同类规划替代原有规划。

4. 强制性

规划自依法通过并公示后即产生约束力。所有规划对行政机关而言都必须执行，在制订工作计划、确定管理重点时，必须考虑规划的规定；在相关建设项目审批、资金拨付过程中应以规划为依据做出决定；对于行政相对人而言，规划对其权利和义务均会产生一定的影响，对其行为有一定的限制，若要从事规划所指向的工程、活动，只有与规划相符合，才能实现基本的预期。

5. 单方性

规划的制定、修改过程虽然存在民主程序的要求，如征询相关管理部门、企业、专业人士的意见，其中的部分意见也可能被接受而融入规划之中，但对于规划的编制、通过、修改最终由代表国家行使权力的部门单方决定，无须关联主体之间形成合意。

6. 动态性

规划从编制、实施到实现目标的过程中具有一定的不确定性，如编制规划时所依据的基础材料可能存在不完整、不准确等不足，形势的变化可能超越规划编制时的预期，国家战略可能发生了一定的转移，凡此种种都对规划的全面实施产生或多或少的影响。因而，规划具有天生的不稳定性，生效后的规划在有效期内不可能一成不变，行政主体需要根据在后的情势变化对规划进行一定的修正，只是这种修正是在审慎原则和规划目标指导下进行的，需要满足实体和程序条件的要求。

7. 裁量性

裁量权被认为是行政权的核心，实质上是对多种可选方案的一种确定过程。行政规划以目标为直接依据，而多元利益的冲突和博弈，无法实现唯一化的目标；行政规划是对未来的一种政策性预测，必须适应社会的发展与变化、必须平衡各种利益关系，甚至可能面对无法预测的突发事件，在规划的制定、执行和变更过程中客观上需要进行方案选择。行政规划的裁量与一般基于个案的裁量不同，裁量的结果具有全局和长期的影响力。

8. 系统性

规划是一种系统的存在，现代社会管理不论是关乎总体的社会、经济发展，还是专门指向某一特定的行业，都是在规划的指引下进行。在多类、多项规划并行的客观情况下，需要确立不同规划之间的效力关系，形成内部和谐的规划体系，共同作用于社会管理的各个方面，以最终实现各个规划的目标和社会的发展。

(三) 规划的类别

规划涉及的领域广泛、关联的主体众多、制定的目的各异，决定了规划的种类多样。按照不同的标准，可以对规划进行不同的分类。

1. 以对象和功能为标准

我国规范性文件以对象和功能为标准，将规划分为总体规划、专项规划和区域规划。[①]

(1) 总体规划

总体规划是指国民经济和社会发展的战略性、纲领性、综合性规划。它是编制本级和下级专项规划、区域规划以及制定有关政策和年度计划的依据，其他规划要符合总体规划的要求。总体规划由同级人民政府组织编制，规划期一般为5年，可以展望到10年以上。

(2) 专项规划

专项规划是指以国民经济和社会发展特定领域为对象编制的规划。它是总体规划在特

---

① 参见《国务院关于加强国民经济和社会发展规划编制工作的若干意见》(国发〔2005〕33号)。

定领域的细化，也是政府指导该领域发展以及审批、核准重大项目，安排政府投资和财政支出预算，制定特定领域相关政策的依据。专项规划由各级人民政府有关部门组织编制，规划期可根据需要确定。国家级专项规划原则上限于关系国民经济和社会发展大局、需要国务院审批和核准重大项目以及安排国家投资数额较大的领域。主要包括：农业、交通等方面的基础设施建设，土地、石油等重要资源的开发保护，生态建设、社会保障等公共事业和公共服务，需要政府扶持或者调控的产业，国家总体规划确定的重大战略任务和重大工程，以及法律、行政法规规定和国务院要求的其他领域。

（3）区域规划

区域规划是指以跨行政区的特定区域国民经济和社会发展为对象编制的规划。它是总体规划在特定区域的细化和落实，也是编制所跨区域内各区域总体规划、专项规划的依据。区域规划由政府发展改革部门组织有关部门和区域内政府有关部门编制，规划期一般为5年，可以展望到10年以上。跨省（区、市）的区域规划主要涉及经济社会发展联系紧密的地区、有较强辐射能力和带动作用的特大城市为依托的城市群地区、国家总体规划确定的重点开发或保护区域等，主要内容包括：对人口、经济增长、资源环境承载能力进行预测和分析，对区域内各类经济社会发展功能区进行划分，提出规划实施的保障措施等。

2. 以行政层级为标准

我国国民经济和社会发展规划以行政层级为标准可分为国家级规划、省（自治区、直辖市）级规划、市县级规划三级。[①] 不同行政层级的规划由相应层级的政府或所属部门编制。

3. 以拘束力为标准

规划以拘束力为标准可分为指导性规划、调控性规划和命令性（指令性或处理性）规划。[②] 指导性规划是提供数据和预测的规划，以完整数据和发展趋势为基本内容，为规划的关联方决策提供依据；调控性规划是对实现目标的手段有一定要求的规划，具有明确的导向性，但不通过强制的方法实施；命令性规划是对相关主体具有拘束力的规划，相关主体必须按照规划的要求开展相关活动。

4. 以效力范围为标准

规划以效力范围为标准可分为内部规划和外部规划。内部规划是行政主体对自我管理的事务进行的规划，直接效力仅及于内部行政组织，不直接影响外部公众的权利和义务，如政府机构改革方案；外部规划是行政主体对社会公共事务进行的规划，不仅对行政主体有约束作用，对行政相对人也有一定的约束作用，如道路交通规划。

外部规划以其是否产生特定的法律效果为目的，可以细分为行政行为性质的规划和事实行为性质的规划。行政行为性质的规划是以产生特定的影响和限制行政相对人权益为目的的规划，具有强制性，行政主体和相对人都必须执行，不得擅自调整；事实行为性质的规划是指不以产生特定的影响和限制相对人权益为目的的规划，该类规划旨在引导行政相对人作为或不作为，以实现行政管理的目标。

[①] 参见《国务院关于加强国民经济和社会发展规划编制工作的若干意见》（国发〔2005〕33号）。

[②] 孟鸿志. 行政规划法律规制研究[D]. 武汉：武汉大学，2006.

此外，规划以是否有法律依据为标准分为依据法律的规划和依据职权的规划、以存在形式为标准分为法规性规划和非法规性规划、以位阶关系为标准分为上位规划和下位规划、以规划的周期为标准分为长期规划、中期规划和短期规划等。

(四)规划的冲突与处理

规划是一种体系的存在，各种规划之间存在着纵横交错的复杂关系。规划作用的发挥不仅仅是某一个规划目标的实现，而是规划体系共同作用下产生最大的效力。规划的冲突既是一种现实的存在，也是一种无法完全避免的现象，认识规划冲突产生的原因，确定规划冲突解决的原则十分必要。

1. 规划冲突的含义与类型

规划冲突是指在规划体系中，不同规划就同一事项的强制性内容做出了矛盾的规定。[①] 出现规划冲突可能产生实施一个规划会导致其他相冲突的规划无法实施或无法实现预期目的的结果。

规划冲突产生的原因有多种，如规划的长期性与现实的变动性之间的矛盾、规划的综合性与行政机关专门性之间的矛盾等。规划冲突的类型也可以做多种界定，其中根据规划的效力不同分为垂直(纵向)冲突和水平(横向)冲突。

垂直冲突是上位规划与下位规划之间的冲突，水平冲突是同位规划之间的冲突。上、下位规划关系的判断一般依据两个标准：(1)制定主体的法律地位。如上下级政府之间，上级政府制定的规划为上位规划。(2)规划的综合性程度。具有相同法律地位的主体制定的规划，综合性程度高的为上位规划。然而，有时法律地位高低的判断也存在一定的困难，如上级政府与下级人大之间、上级政府部门与下级政府之间。

2. 规划冲突的处理[②]

防止和减少规划冲突，保证规划之间的衔接，是发挥规划整体合力的重要工作。《国务院关于加强国民经济和社会发展规划编制工作的若干意见》规定，规划衔接要遵循专项规划和区域规划服从本级和上级总体规划，下级政府规划服从上级政府规划，专项规划之间不得相互矛盾的原则。编制跨省(区、市)区域规划，还要充分考虑土地利用总体规划、城市规划等相关领域规划的要求。这种规定并辅之一定的协调机制，基本能够解决现实中的规划冲突，但尚不全面，有必要根据规划冲突的特殊性进行更深入的思考。

(1)垂直冲突的处理

规划之间的冲突不能仅简单地适用"上位规划优于下位规划"的原则，规划制定时间、规划周期均可能存在不同，适应新形势的下位规划比脱离现实的上位规划享有更高的正当性。解决垂直冲突应遵循以下原则：第一，整合原则，实质上体现上位规划优先，即上位规划指导下位规划制定，下位规划不得违反上位规划。实现整合原则的要求，需要赋予上位规划制定者的监督权，并通过审批、备案和监督制度予以落实。第二，逆流原则，即制定上位规划时，应为制定下位规划预留空间和征询下级主体的意见。实现逆流原则的要

[①] 王贵松. 调整规划冲突的行政法理[J]. 清华法学，2012(5)：42.

[②] 本部分参考了王贵松《调整规划冲突的行政法理》中的有关观点。

求，需要赋予下位规划制定者的参与权，并通过征询意见、参与起草、共同组织等制度予以体现。

(2) 水平冲突的处理

同位规划的具体事项不同，但指向的对象可能存在一定的交叉，如水资源综合利用中就会涉及港口、航道、水利、水产养殖方面的多个规划。解决水平冲突应遵循以下原则：第一，合法原则，即制定主体只能在规定的权限内，按照同位规划之间的效力关系制定规划。实现合法原则的要求，需要法律确定不同主体的权限范围；在法无规定或规定不明时，需要通过有权机关解释、上级机关裁定制度予以保证。第二，协商原则，即同位规划的制定者对同一事项进行规划设计时，通过磋商达成一致。实现协商原则的要求，必须在合法的框架内，建立规划信息通报和共享、征询意见、共同对话、上级裁决等机制予以保证。

处理规划的冲突在于维护规划体系的统一性，确立规划冲突的处理原则和机制，便于预防规划冲突并在发生规划冲突时能够对冲突的规划进行一定的调整以恢复规划的统一性。然而，规划冲突的处理毕竟是一种事后救济措施，防范冲突于编制之时是一个有效的选择。目前，各地所进行的"多规合一"的探索为不同事项规划的协调、避免冲突提供了一种新的思路。

(五) 规划立法

历史传统和行政理念的差异，使得不同国家和地区对待规划和规划立法的态度各不相同。总体而言，大陆法系国家和地区较之英美法系国家和地区更为重视规划和规划立法的作用。我国自改革开放以来，经济体制实现了从计划经济向市场经济的转型，市场对资源配置从"基础性"作用转变为"决定性"作用；特别是在法治国家建设中，确立了政府及其所属部门"法无授权不能为"、社会主体"法不禁止即可为"的新理念，在限制政府权力的前提下保障权力的行使，在尊重社会主体权利的前提下强调义务的履行。虽然2010年我国已经建成了具有中国特色的法律体系，法制建设迈上了新的台阶，但有关规划方面法律规范尚不健全，既没有规划方面的基本法，也未形成严谨的体系，有关规范散见于不同的法律法规和规范性文件之中。

1.《宪法》

《宪法》中涉及规划的主要内容[①]有：(1) 国民经济和社会发展计划、国家的预算编制、批准、执行和监督权的分配。国务院负责编制和执行国民经济和社会发展计划和国家预算，全国人民代表大会及其常务委员会审查、批准计划及执行过程中的部分调整。(2) 区域内国民经济和社会发展计划、预算以及地方建设计划的批准权归属。经济建设、文化建设和公共事业建设的计划由地方各级人民代表大会审查和决定，区域内的国民经济和社会发展计划、预算由县级以上的地方各级人民代表大会审查、批准并监督执行。(3) 国家计划的效力。民族自治地方的自治机关安排和管理地方性的经济建设事业需遵循国家计划的指导。

---

① 参见《宪法》(2018年) 第62条、第67条、第89条、第99条、第118条。

2. 法律

目前，我国尚未制定调整规划关系的基本法，但有一部调整特定规划关系的专门法——《城乡规划法》。《城乡规划法》对城乡规划的适用范围、体系、管理体制、制定、实施、修改、监督检查和法律责任等内容进行了规定。此外，在《地方各级人民代表大会和地方各级人民政府组织法》《土地管理法》《水法》《港口法》《航道法》等法律中均涉及规划的内容。

行政法规、部门规章以及地方性法规、地方性规章也存在一些关于规划的细化规定，如《城市规划编制办法》。

从我国现有的规划立法看，主要存在的问题有：（1）缺少规划基本法。这种缺失，导致立法缺少统一的标准、规划之间的关系不清、规划的表述差异明显。如，《港口法》规定，港口规划包括港口布局规划和港口总体规划。《城乡规划法》规定，城乡规划包括城镇体系规划、城市规划、镇规划、乡规划和村庄规划；城市规划、镇规划分为总体规划和详细规划；详细规划分为控制性详细规划和修建性详细规划。《水法》规定，水资源规划分为流域规划和区域规划，并细分为综合规划和专业规划。① （2）规划程序笼统、民主参与和沟通机制欠缺。不少法律中只有编制、审批、公布、变更四个阶段的规定，向社会公开程序、部门协商程序或缺失、或粗略，无法保证社会的有效参与和不同规划的有机衔接。（3）缺少规划关系人的救济机制。规划关系人因规划实施而导致权益受损时，无法利用诉讼程序维权；规划变更导致的损害，变更机关无须承担责任，规划关系人也缺少要求行政主体采取过渡措施和补救的权利。

二、航道规划的概念、体系与关系

（一）航道规划的概念

航道规划是指由交通运输主管部门和法律规定的其他主体对航道未来发展目标和实现目标的安排所制定的具有全局性和约束力的正式文件。

交通运输主管部门主管航道管理工作，航道规划作为指导航道建设、保护航道资源的重要依据，由其承担主要编制和编制组织工作是行使职权的体现；航道规划立足于航道，但影响却超越航道，与水资源综合利用、综合交通运输体系建设、航运发展关系密切，为保证航道规划的权威性、科学性，由政府批准或会同其他部门共同编制是必然选择。

航道规划属于专项、外部规划，不仅具有内部效力，也具有外部效力。作为服务于航运业的航道，所能提供的通航条件直接影响航运企业及关联主体的经营决策，航道规划亦是航运企业内部发展规划编制的重要参考。

我国对航道规划制定工作较为重视，已经制定的重要航道规划有：《全国内河航道与港口布局规划》（2007年）、《长江干线航道总体规划纲要（2011—2015年）》、《全国航道管理与养护发展纲要（2016—2020年）》等。

---

① 参见《港口法》第8条、《城乡规划法》第2条、《水法》第14条。

(二)航道规划的体系

航道规划体系是指不同的航道规划按照特定的标准组成的统一体。选择的标准不同，体系构成也不同。以《航道法》确定的空间效力范围为标准，我国航道规划体系由全国航道规划、流域航道规划、区域航道规划和省、自治区、直辖市航道规划四类两级构成。"两级"指国家级和省级，其中全国、流域、区域规划为国家级规划；每类规划可以在确定二级标准后进一步细分。法律规定的规划，应该制定；法律规定以外的规划，有关行政主体可以基于需要自行制定。

全国航道规划，是指国家对全国内河及沿海航道重要航道进行的具有布局性质的规划。① 如《全国内河航道与港口布局规划》(2007年)中确定的内河航道"两横一纵两网十八线"的布局安排。

流域航道规划，是指国家对境内重要流域航道进行的规划，如《长江干线航道发展规划》。区域航道规划，是指国家对境内特定区域航道进行的规划，如《长江三角洲高等级航道网规划》。在不同的语境下，流域与区域的含义有所区别，《现代汉语词典》对"流域"的解释为"一个水系的干流和支流所流过的整个地区"；对"区域"的解释为"地区范围"②。除"行政区域"具有明确的界限外，流域、区域的范围都需要在具体事务中进行个别的界定。这种不确定性，导致流域、区域航道规划效力所及的范围可能存在交叉。

省级航道规划，是指由各省、自治区、直辖市对本省、自治区、直辖市辖区内的航道进行的规划。如《广东省航道发展规划(2016年—2030年)》《浙江省航道养护"十三五"规划》等。

《航道法》中未涉及地市级航道规划，但我国内河水运发达地区的部分地级市也开展了航道规划编制工作，如苏州、镇江、佛山等地。

(三)航道规划之间的关系

《航道法》对四类航道规划之间的关系界定并不完整，只是明确了全国航道规划具有优先效力，即流域、区域、省级航道规划应当符合全国航道规划。③ 对于全国航道规划中的强制性内容，其他航道规划均不得与之发生冲突。

《水法》第十五条规定，流域范围内的区域规划应当服从流域规划。所反映的立法态度是两者存在冲突时，流域规划有优先效力；《国务院关于加强国民经济和社会发展规划编制工作的若干意见》规定，专项规划草案由编制部门送上一级人民政府有关部门与其编制的专项规划进行衔接，具体到省级航道规划，则须由交通运输部进行衔接；交通运输部的意见对省级规划的通过有直接影响，可理解为部委编制的国家级专项规划具有一定的优先地位。

---

① 信春鹰，王昌顺. 中华人民共和国航道法释义[M]. 北京：法律出版社，2015：26.《航道法》规定的其他航道规划定义亦参考该书表述。
② 参见商务印书馆出版的《现代汉语词典》(第7版)第838、1076页。
③ 参见《航道法》第八条第四款。

基于现有的法律和规范性文件确立的原则，不同航道规划之间的效力关系需按照以下原则进行判定：(1)内容相同的航道规划，效力顺位从高到低为全国航道规划、流域航道规划、区域航道规划和省级航道规划；(2)同一主体制定的航道规划，综合性程度高的规划效力高于综合性程度低的规划；(3)同一主体制定的航道规划，综合性程度相当的规划效力相同，如航道建设规划与航道养护规划，两者关系由制定者进行协调；(4)不同省级交通主管部门制定的航道规划，效力相同，规划实施中相互影响，无法协商达成一致时，由共同的上级交通主管部门裁决确定。

三、航道规划与关联规划关系

（一）与航道规划关联的其他规划

航道在水资源综合利用、航运发展中具有重要作用，与流域、区域的经济、社会发展密不可分，决定了航道规划会与其他多种规划发生联系，需要相互衔接。除了涵盖航道内容的流域、区域综合规划外，与航道规划有关联的规划主要有：

1. 水资源规划

《水法》专章规定了水资源规划。[①] 水资源规划包括全国水资源战略规划、流域水资源规划、区域水资源规划；流域、区域水资源规划均可细分为综合规划和专业规划。此处的综合规划，是指根据经济社会发展需要和水资源开发利用现状编制的开发、利用、节约、保护水资源和防治水害的总体部署；专业规划，是指防洪、治涝、灌溉、航运、供水、水力发电、竹木流放、渔业、水资源保护、水土保持、防沙治沙、节约用水等规划。

2. 防洪规划

《防洪法》专章规定了防洪规划。[②] 防洪规划，是指为防治某一流域、河段或者区域的洪涝灾害而制定的总体部署，包括国家确定的重要江河、湖泊的流域防洪规划，其他江河、河段、湖泊的防洪规划以及区域防洪规划。它是江河、湖泊治理和防洪工程设施建设的基本依据。

3. 海洋功能区划

《海域使用管理法》专章规定了海洋功能区划。[③] 海洋功能区，是指根据海域及其相邻陆域的自然资源条件、环境状况和地理区位，结合海洋开发利用现状和社会经济发展的需要，而划定的具有特定主导功能，有利于资源的合理开发利用，能够发挥最佳效益的区域。根据《全国海洋功能区划(2011—2020年)》的规定，我国海洋功能区划分为八大类，即农渔业区、港口航运区、工业与城镇用海区、矿产与能源区、旅游休闲娱乐区、海洋保护区、特殊利用区和保留区。海洋功能区划，是指对我国管辖海域的开发利用和环境保护做出的全面部署和具体安排。海洋功能区划分为全国海洋功能区划和地方海洋功能区划，它是合理开发利用海洋资源、有效保护海洋生态环境的法定依据。

---

① 参见《水法》第二章。
② 参见《防洪法》第二章。
③ 参见《海域使用管理法》第二章。

4. 涉及水资源综合利用的专业规划

水资源综合利用，是指通过各种措施对水资源进行综合治理、开发利用、保护和管理。水资源具有多种功能，可以满足人类供水、灌溉、水力发电、水运、竹木流放、水产养殖、水上娱乐及生态环境等方面的需要，对水资源进行综合利用可以产生社会、经济和环境的综合效益。涉及水资源综合利用的专业规划是涉及水资源某一功能或数项功能利用方面的规划，种类繁多，无法逐一列举。

5. 城乡规划

《城乡规划法》是我国目前关于规划方面的唯一的专门性法律，该法适用于制订和实施城乡规划，在规划区内进行建设活动。城乡规划，是指对一定时期内城乡土地利用和空间布局以及各项建设的综合部署。① 城乡规划包括城镇体系规划、城市规划、镇规划、乡规划和村庄规划，它是城乡建设和规划管理的依据。

6. 环境保护规划

环境②，是指影响人类生存和发展的各种天然的和经过人工改造的自然因素的总体，包括大气、水、海洋、土地、矿藏、森林、草原、湿地、野生生物、自然遗迹、人文遗迹、自然保护区、风景名胜区、城市和乡村等。保护环境是国家的基本国策，我国环境保护方面的基本法《环境保护法》关于规划的内容主要有：(1)环境保护工作应当纳入国民经济和社会发展规划；(2)各级环境保护主管部门应该会同有关部门，编制国家环境保护规划和本行政区域环境保护规划，经批准、公布后实施；(3)环境保护规划的基本构成；(4)环境保护规划应当与主体功能区规划、土地利用总体规划和城乡规划等相衔接。

7. 军事设施保护区划

军事设施③，是指国家直接用于军事目的的特定建筑、场地和设备，如军用港口、码头、助航标志等。军事设施保护区划分为军事禁区、军事管理区以及军事禁区外围安全控制范围。军事禁区，是指设有重要军事设施或者军事设施具有重大危险因素，需要国家采取特殊措施加以重点保护，依照法定程序和标准划定的军事区域。军事管理区，是指设有较重要军事设施或者军事设施具有较大危险因素，需要国家采取特殊措施加以保护，依照法定程序和标准划定的军事区域。

(二)航道规划与关联规划的关系

航道规划与关联规划的关系定位有两种，一是符合关联规划，二是与关联规划协调。

1. 应当符合的关联规划

航道规划应当符合的关联规划有：(1)流域、区域综合规划；(2)水资源规划；(3)防洪规划；(4)海洋功能区划。法律使用了"符合"一词，表明了规划之间存在效力的上下位关系，航道规划在编制过程中不得与上位关联规划的强制性内容发生冲突。

---

① 参见《广东省城乡规划条例》第二条。
② 参见《环境保护法》第二条。
③ 参见《军事设施保护法》第二条。

2. 应当协调的关联规划

航道规划应当协调的关联规划有：(1)水资源综合利用专业规划；(2)城乡规划；(3)环境保护规划；(4)军事设施保护区划。法律使用了"协调"一词，表明了不同规划之间无上下位关系，但为了发挥不同规划的整体效益，在后的航道规划编制过程中应充分考虑在先需要协调的规划内容，依法或主动征询有关主管部门的意见，以实现航道规划与关联规划之间的协调，防止规划强制性内容的冲突。

第二节 航道规划的编制

航道规划的编制对应不同的规划，含义有一定的不同。需要上级管理部门批准的规划，"编制"等同于"制订"；不需要上级管理部门批准的规划，"编制"类似于"制定"。无论如何理解，"编制"均有"完成规划文件"的基本含义。编制规划需要明确规划内容、编制主体和编制程序。

一、航道规划的内容

航道规划的内容主要包括航道的功能定位、规划目标、发展规划技术等级、规划实施步骤以及保障措施。此外，在具体的航道规划中往往会对规划范围内航道现状进行介绍、存在不足进行归纳、发展形势进行分析。

(一)航道功能定位

航道功能是航道在社会、经济活动中可以发挥的效用。航道作为水路运输的公共基础设施，其基本功能是保证船舶航行畅通和通航安全。对于特定的航道规划，在满足基本功能的前提下，具体功能的定位存在不同。如《全国内河航道与港口布局规划》(2006—2020年)对航道功能的定位是：(1)发展区域和省际的客、货运输；(2)实现水资源综合利用；(3)维护国家安全。《长江三角洲高等级航道网规划》对航道功能的定位是：(1)有效促进区域内矿产资源与国土开发和沿江河产业带的形成；(2)沟通地级以上主要城市、主要工矿基地和主要港口，拓展内河航运的服务范围和空间；(3)主要承担跨区域、涉及国计民生的大宗物资运输；(4)提供集装箱快速运输通道，发展到上海国际航运中心主要港区的支线运输等。

(二)航道规划目标

目标是特定活动所追求的一种预设的结果。航道规划目标，是指规划期内航道基础设施、网络结构、服务能力、支持保障等方面达到的水平，以及与国民经济和社会发展的适应程度。《全国航道管理与养护发展纲要(2016—2020年)》确定了到2020年，基本形成航道管理养护现代化体系的发展目标，即法律法规体系基本完善，标准规范体系较为完备，公共服务体系更加高效，支持保障体系更加有力，监督管理体系更加严密，总体适应水运和经济社会发展需要；确定了内河航道养护里程10.4万公里、沿海航道养护基本覆盖和内河航标一类、二类维护达标率100%等主要目标。

(三)航道发展规划技术等级

发展规划技术等级与现状技术等级相对,分别指向未来应达到的和现在已达到的技术等级。发展规划技术等级不低于现状技术等级,《全国内河航道与港口布局规划》(2006—2020年)标定长江干线水富-重庆段的现状技术等级为五至三级,发展规划技术等级为三级;西江航运干线南宁-广州段的现状技术等级为五至三级,发展规划技术等级为三级及以上。达到发展规划技术等级的时间与航道规划的水平年并非完全对应,有时会指向航道规划水平年后的20~30年。发展规划技术等级在保护航道资源方面具有重要作用,是航道建设和开展与航道有关的拦河、跨河、临河建筑物通航条件影响评价的重要依据。

(四)航道规划实施步骤

对航道规划确定的各项具体任务,需要通过实施步骤明确先后顺序,包括规划实施的阶段划分、每个阶段的主要工作、资金的投入安排等。如《长江三角洲高等级航道网规划》专门对"规划实施安排"进行了规定。

(五)航道规划实施保障措施

保障措施是实现某种目标的各种处理办法,航道规划实施保证措施是实现航道规划目标,保证航道规划按照既定安排顺利实施的各种处理办法,主要有组织保证、资金保证、政策保证等。《全国内河航道与港口布局规划》(2006—2020年)规定的保障措施有:(1)建立长期稳定的建设资金渠道;(2)鼓励多种形式发展内河高等级航道;(3)加强与相关行业的协调;(4)加强法制化管理;(5)加强港口规划,指导港口建设;(6)加强标准化建设,提高运输装备技术水平和运输效率;(7)依靠科技创新,实现产业升级;(8)注重环境保护,保障安全运营。

二、航道规划的编制主体

航道规划属于行政规划,编制航道规划是行使国家行政权的一种表现,只能由国家行政机关、部门承担。根据不同主体在规划编制过程中的角色不同,将编制主体分为决策性主体(审批机关)、主导性主体(编制机关)、参与性主体和辅助性主体四类,其中主导性主体在规划编制过程中起关键性作用。决策性主体,是指有权决定航道规划能否发生效力的主体;主导性主体是指组织航道规划编制工作,并负责完成编制草案的主体;参与性主体,是指全程参与航道规划编制工作,并对完成编制草案起重要作用的主体;辅助性主体,是指在航道规划中需要专门征求意见的主体。在某些规划编制中,某一部门同时具有决策性主体与主导性主体的身份;对参与性主体和辅助性主体的确认,主导性主体有一定的自主性。多类主体参与到航道规划编制之中,对保证规划本身的科学性、减少规划之间的冲突、实现规划的既定目标具有重要意义。

(一)全国航道规划编制主体

全国航道规划编制的主导性主体是国务院交通运输主管部门,即交通运输部。《航道法》规定,国务院交通运输主管部门会同国务院发展改革部门、水行政主管部门等部门编制全国航道规划,涉及海域、重要渔业水域的,应当有同级的海洋主管部门、渔业行政主管部门参加;编制过程中,应当征求有关部门、有关军事机关、相关省级政府的意见;编制完成后,需报国务院批准公布。从法律规定可知,国务院是编制的决策性主体;国务院发展改革部门、水行政主管部门是当然的参与性主体,海洋主管部门、渔业行政主管部门等部门是选择的参与性主体;其他有关部门、有关军事机关、相关省级政府是法定的辅助性主体。选择的参与性主体、法定的辅助性主体与规划的实施均具有关联性,但关联的强弱有明显的差异,前者直接影响职权的行使,后者对职权的行使会产生影响。

(二)流域、区域航道规划编制主体

流域、区域航道规划范围均跨越了省级行政区划,属于全国性的航道规划,应由国家层级的行政管理部门主导编制。法律对两类规划的编制主体做出了一致性规定,国务院交通运输主管部门享有编制和公布权,即决策性主体、主导性主体同一化;该两类规划并无当然的参与性主体,但存在选择的参与性主体和辅助性主体。

(三)省级航道规划编制主体

省级航道规划与全国航道规划编制主体的规定区别在于:(1)编制的主导性主体、参与性主体的职能相同,但层级下移至省级主管部门。(2)决策性主体由省级政府和国务院交通运输主管部门共同担任,也即两者意见一致才能保证规划的生效。(3)辅助性主体为有关部门和有关军事机关。

主导性主体在航道规划编制过程中为了保证规划的编制质量,也可以采取不同方式征求有关企事业单位、专家和社会公众的意见,由于该类主体的确认和参与的随机性很大,因而不纳入本书所称的编制主体之内。

三、航道规划的编制程序

无论从理论上还是从立法实践看,规划的构想和拟定、规划的公开和听证、规划的确定或裁决以及规划的变更或废止等方面构成行政规划的制定的基本程序。[①] 我国有学者认为,完整的行政规划程序一般分为规划草拟(构想)、规划拟定(选定)、规划公开(发布)、规划确定(核定)、规划实施和变更五个必经阶段,并认为这五个程序是最低标准程序内容。[②] 我国法律有一些航道规划编制程序的规定,但不够具体、明确,本书结合法律规定和实践,将航道规划编制程序的起点定为有权主体作出编制特定航道规划的决定,终点定为经批准的航道规划向社会公布,并认为:航道规划的编制程序是指航道规划从决定编制到生效过程中所需经历的步骤和先后顺序。具体而言,编制程序包括:决定编制规

---

① 孟鸿志.行政规划法律规制研究[D].武汉:武汉大学,2006.
② 杨海坤,黄学贤.中国行政程序法典化:从比较法角度研究[M].北京:法律出版社,1999:251.

划、规划起草前准备、规划草案的拟定、规划的批准和公布。

(一)决定编制规划

航道规划有多个层级、多个类别，实践中无法也不必要在同一个时间段进行所有航道规划的编制，因而何时编制、编制何种规划均需要享有编制职权的主体做出决定，此种决定是启动某一具体航道规划后续编制工作的前提。做出编制决定前，一般应明确规划必要性、规划范围、规划目标、规划期限等对做出决定有影响的基础事项。

(二)规划起草前准备

编制规划是一项系统性工程，在规划起草前应进行必要的前期准备，在法律、政策要求或可能的情况下，可以制定规划编制工作方案，对后续编制工作进行全面的安排。此阶段，重点应做好以下工作：(1)明确编制的组织机构、人员。组织机构由决定编制规划的主体负责组建，可分为组织型和业务型两类，前者负责编制过程中重要事项的决策、部门间协调，以管理人员为主要构成；后者负责规划起草和关联工作，以专业人员为主要构成。(2)进行全面的调查研究。指导未来的规划必须以对现实的准确了解为基础，因而在规划起草前的最重要工作是对规划所要调整的社会关系和客观事实进行全面的调查研究。调查研究可以通过专题研究、实地调研、专家访谈等多种方式进行，调查研究越深入、掌握资料越全面、收集数据越可靠，越能保证所编制规划的科学性。

(三)规划草案的拟定

拟定规划草案，应以规划目标为指导，以调研成果为依据，它是编制工作中最重要的一个环节，也是编制成果的集中体现。拟定过程是一个不断吸收新的建议、不断修改规划内容，保证规划草案趋于完善的过程。在这个环节，应重点做好两个方面的工作：(1)民主参与。规划草案完成后、定稿前应向社会公开，广泛征询意见，并在对各种建议进行整理、分析的基础上予以取舍，保证合理的建议在规划草案中有所反映。(2)规划衔接。规划草案在完成后、定稿前，应对航道规划草案与其他规划之间的衔接关系进行认定，对于规划之间存在的冲突，按照规划之间的效力关系进行处理；对于无法化解的冲突，应由有权的共同上级部门协调决定。

(四)规划草案的批准和公布

经过批准的规划草案即转化为正式的规划，经过公布的规划方具有对外的法律效力。航道规划的批准由分离式和合一式两种方式，分离式适用于全国航道规划和省级航道规划，即由组织编制工作以外的主体行使批准权；合一式适用于流域航道规划和区域航道规划，即由负责编制工作的主体行使批准权。批准权与公布权由同一个主体行使，但公布权的行使方式以及批准后的规划公布时限缺少法律的明确规定。

四、航道规划的环境影响评价

1964年，在加拿大召开的国际环境质量评价会议上首次提出了环境影响评价的概念。

1969年，美国在《环境政策法》中率先确立了环境影响评价制度。[1] 1979年，我国《环境保护法(试行)》中规定了环境影响评价制度，开始了我国建设项目环评的实践；2002年，《环境影响评价法》的颁布，进一步完善了我国环评制度，确立了规划环评制度，标志着我国从单纯的建设项目环评发展到项目、规划环评并行的阶段；2009年，《规划环境影响评价条例》进一步明确规划评价的内容、要求以及审查程序等；2014年，《航道法》明确规定，编制航道规划应当依法进行环境影响评价。

(一) 环境影响评价的含义与范围

1. 环境影响评价的含义

一般认为，环境影响评价，是指在环境的开发利用之前，对该开发或建设项目的选址、设计、施工和建成后将对周围环境产生的影响、拟采取的防范措施和最终不可避免的影响所进行的调查、预测和估计[2]。该定义所指的环境影响评价仅包括预断评价的内涵。按照《环境影响评价法》的规定，环境影响评价，是指对规划和建设项目实施后可能造成的环境影响进行分析、预测和评估，提出预防或者减轻不良环境影响的对策和措施，进行跟踪监测的方法与制度。法律的界定不限于预断评价，还包括环境监控型评价和环境回顾评价。[3]

根据评价对象的不同，环境影响评价可分为建设项目环境影响评价和战略环境影响评价。战略环境影响评价的对象是规划、政策和法律等，此种评价可以克服建设项目环境影响评价的局限性，更好地从源头预防环境污染和生态破坏。我国法律仅确认了战略环境影响评价中的规划环境影响评价，但《"十三五"环境影响改革实施方案》(2016年)中将推进战略环境评价作为一项重要的任务。

2. 环境影响评价的范围

(1) 建设项目环境影响评价范围。我国按照管辖权、环境影响两个标准确定需要进行环境影响评价的建设项目范围。①管辖权标准，即该建设项目应在我国领域和我国管辖的其他海域。②环境影响标准，即该建设项目建成后可能会对环境造成重大影响、轻度影响。

(2) 规划环境影响评价范围。我国按照编制机关和规划类别两个标准确定需要进行环境影响评价的规划范围。①编制机关。需要环评的规划编制机关分为确定性和不确定性两类。确定性编制机关包括国务院有关部门、设区的市级以上地方人民政府及其有关部门；不确定性编制机关为县级人民政府，县级人民政府能否成为需要环评的规划编制机关由所在地的省级人民政府根据实际情况确定。②规划类别。需要参加环评的规划包括：第一，土地利用的有关规划；第二，区域、流域、海域的建设、开发利用规划；第三，工业、农业、畜牧业、林业、能源、水利、交通、城市建设、旅游、自然资源开发的有关专项规

---

[1] 陈蕃. 我国环境影响评价制度研究[D]. 长沙：湖南大学，2017.
[2] 王灿发. 环境法学教程[M]. 北京：中国政法大学出版社，1997：88.
[3] 参见李迎春. 行政法视角下的环境影响评价制度研究[D]. 北京：中国政法大学，2008.

划。其中，第一、第二类规划属于综合性规划。① 2004年7月，原环保总局经国务院批准，发布了《编制环境影响报告书的规划的具体范围(试行)》和《编制环境影响篇章或说明的规划的具体范围(试行)》，对需要参加环评的规划具体范围进行了明确。

(二)航道规划的环境影响评价

航道规划属于与交通有关的专项规划，《航道法》对航道规划的环境影响评价并无专门规定，故需按照一般法中有关专项规划的要求组织环评工作，航道规划的编制机关承担环境影响评价的主体责任，对环境影响评价文件的质量负责。

1. 评价文件

专项规划的环境影响评价文件一般采取环境影响报告书形式，但专项规划中以发展战略为主要内容的指导性规划采取环境影响篇章或者说明的形式。

环境影响篇章或者说明的主要内容有：(1)规划实施对环境可能造成影响的分析、预测和评估。主要包括资源环境承载能力分析、不良环境影响的分析和预测以及与相关规划的环境协调性分析。(2)预防或者减轻不良环境影响的对策和措施。主要包括预防或者减轻不良环境影响的政策、管理或者技术等措施。

环境影响报告书除包含环境影响篇章或者说明的内容外，还应包括环境影响评价结论，即规划草案的环境合理性和可行性，预防或者减轻不良环境影响的对策和措施的合理性和有效性，以及规划草案的调整建议。

2. 评价内容

对航道规划进行环境影响评价，应当分析、预测和评估规划实施可能对相关区域、流域、海域生态系统产生的整体影响，可能对环境和人群健康产生的长远影响，可能产生的经济效益、社会效益与环境效益之间以及当前利益与长远利益之间的关系。

3. 评价依据

对航道规划进行环境影响评价的依据为有关环境保护标准以及环境影响评价技术导则和技术规范。其中，规划环境影响评价技术导则由国务院环境保护主管部门会同国务院有关部门制定，如《规划环境影响评价技术导则 总纲》(HJ 130-2019)；规划环境影响评价技术规范由国务院有关部门根据《规划环境影响评价技术导则 总纲》制定。

4. 公众参与

对可能造成不良环境影响并直接涉及公众环境权益的航道规划，在规划草案报送审批前，应当通过多种形式向有关单位、专家和公众征求意见；在有关单位、专家和公众意见与环境影响评价结论有重大分歧的，编制机关应进一步论证，并在报送审查的环境影响报告书中附具对意见采纳与不采纳情况及其理由的说明。

(三)航道规划环境影响评价文件的审查

对航道规划的环境影响评价文件进行审查是保证规划的环境影响评价工作质量的重要

---

① 参见《规划环境影响评价条例》第二条。该条例综合性规划与专项规划对应，与我国有关政策规定并不一致。

手段。航道规划在报送审批时，应同时报送或附送环境影响评价文件，否则审批机关不予审批。

1. 环境影响评价组织主体

国务院、省级政府审批的航道规划的环境影响报告书，由所属环境保护主管部门负责组织审查；国务院交通运输主管部门审批的航道规划的环境影响报告书，由同级环境保护主管部门负责组织审查。环境保护主管部门在审查中承担以下职责：(1)制定有关审查办法。如，2003年国家环境保护总局制定的《专项规划环境影响报告书审查办法》。(2)组成审查小组。审查小组成员由有关部门代表和专家组成，其中专家成员从依法设立的专家库内相关专业的专家名单中随机抽取，人数不得少于审查小组总人数的二分之一。

2. 审查小组的审查意见

审查小组通过对基础资料、数据的真实性，评价方法的适当性，环境影响分析、预测和评估的可靠性，预防或者减轻不良环境影响的对策和措施的合理性和有效性，公众意见采纳与不采纳情况及其理由的说明的合理性，环境影响评价结论的科学性六个方面的内容进行审查后，提出审查意见。

审查小组提出的审查意见包括三种情形。(1)通过。审查小组认为各项审查内容符合要求的，应当提出通过环境影响报告书的意见。(2)修改并重新审查。审查小组发现审查内容中存在重大缺陷或者遗漏的，如评价方法选择不当，应当提出对环境影响报告书进行修改并重新审查的意见。(3)不予通过。审查小组发现规划实施可能产生的不良环境影响无法做出科学判断，或者可能造成重大不良环境影响、且无法提出切实可行的预防或者减轻对策和措施的，应当提出不予通过环境影响报告书的意见。

审查意见应当经审查小组四分之三以上成员签字同意；审查小组成员有不同意见的，应当如实记录和反映。

3. 审查意见的效力

航道规划的环境影响报告书通过环境影响评价后，产生以下效力：(1)作为审批规划草案的重要依据。航道规划审批机关在审批规划草案时，应当将审查意见作为决策的重要依据；对审查意见不予采纳的，应当逐项就不予采纳的理由作出书面说明，并存档备查。(2)简化建设项目环境影响评价的内容。已经通过环境影响评价审查的规划包含具体建设项目的，有关建设项目的环境影响评价内容可以根据规划环境影响评价的分析论证情况予以简化。

第三节 航道规划的执行

一、航道规划的效力

"效力"一词在法律上含有约束力的意思。航道规划的效力是指航道规划在航道管理中所具有的约束力。航道管理部门从事与航道规划有关活动的管理时应严格遵守规划要求，保证规划设定的目标、方案得以实现。

《航道法》规定："依法制定并公布的航道规划应当依照执行。"可见，航道规划具有普遍性的法律效力应具备两个条件：(1)依法制定。制定不同于编写，编写的结果是完成规划草案,制定是通过决策性主体(审批机关)的批准赋予规划确定力,也即非依法定程序不得变更。(2)依法公布。制定与公布是前后相继的两个程序,一般而言,完成制定程序的航道规划应该向社会公布,但制定完成与公布之间可能存在一个时间差。如《安徽省干线航道网规划》(皖政办秘〔2018〕261号)的成文(制定)时间为2018年11月2日,发布(公布)时间为2018年11月14日。[①] 依法公布包含着公布主体的适格、公布渠道的适当、公布时间的及时等方面的内容,《航道法》对公布主体的规定明确,但对公布渠道和时间等一般性问题没有涉及,存在一定的灵活性。

行政规划具有一般法律效力,航道规划也不例外。一般法律法律效力主要有:(1)公定力,即航道规划一旦公布,不论其内容如何,都推定为有效,非经法定程序变更、撤销以及失效前,任何主体都应给予承认、尊重和服从,而不得根据自己的判断对其无视、否定或抵抗。[②] (2)执行力,即行政主体应严格按照航道规划要求进行审批、管理和监督,航道项目建设方应严格按照审批内容进行建设,违反规划的行为会被强行矫正或强制执行。(3)确定力,即航道规划一旦生效,就有相对稳定性,非经法定程序不得变更或撤销,这一方面限制了行政权的滥用,另一方面保证了规划实施的可预期。

行政规划具有特殊的法律效力,包括许可效力、形成效力和集中效力。[③] 许可效力表明规划实施中拟采取的行政措施、涉及的利益关系调整和价值取向获得了相关行政部门的许可;形成效力表明规划一经确定,规划内容中所确定的法律关系也因此形成;集中效力表明规划实施中的管辖权集中于特定的行政主体,并按照统一的程序、做出统一的决定。航道规划的特殊法律效力,业界一般从其功能角度予以界定,主要表现为三个方面:(1)航道开发建设的重要依据。规划中所确定的航道技术等级、建设内容和时限、通航条件要求等,适用于航道建设的全过程,不符合规划要求的建设项目不能立项,达不到立项要求的建设项目不能通过竣工验收。(2)航道资源保护的重要依据。航道资源的有效利用,受多重因素影响,其中建设与航道有关的拦河、跨河、临河等建设工程影响最为直接。为保护航道资源,除法律明确规定的工程以外,其他相关工程均需以航道规划为依据,在立项前进行通航条件影响评估并通过审核。(3)与其他规划协调的重要依据。水资源具有航运、灌溉、养殖、供水、发电、防洪等多种用途,在水资源综合利用过程中涉及多个需要相互协调的规划。航道规划制定前,必须充分考虑在先的上位和同位规划的既有规定,避免规划之间的冲突;其他规划制定前,必须考虑在先的同位航道规划的既有规定,避免与航道规划发生矛盾,减损航道规划的实施效果。

二、航道规划的变更

(一)航道规划变更的理解

汉语中"变更"的基本含义是改变、变动,可以理解为现实状态与初始状态的不同。

---

① 引自 http://xxgk.ah.gov.cn/UserData/DocHtml/731/2018/11/14/938308497176.html。
② 刘平. 行政执法原理与技巧[M]. 上海:世纪出版集团,上海人民出版社,2015:17.
③ 张思思. 行政规划基本问题的法学分析[D]. 北京:中国政法大学大学,2006.

法律上"变更"的外延与其基本含义并非完全一致，如合同法中将合同变更、转让、解除进行了区分，虽则三者均表明在合同履行期内初始状态发生了改变，但变更指向合同的内容而不涉及主体，转让指向合同的主体而不涉及内容，解除表明权利义务未完全实现时的终结。《航道法》在航道规划的规定中使用了"修改"一词，没有涉及航道规划实施中可能出现的中止、废止的情形，在周延性上存在一定的不足。中止是一种暂时性的"停止"，存在恢复的可能，但对规划而言从未出现过此种情形；废止是一种"确定性"状态，虽然发生的概率很小，但出现诸如政权更迭、法律失效等重大外部环境变化时就是必然选择。基于此种认识，本书将航道规划变更界定为：在航道规划有效期内，规划制定者因规划制定基础发生改变而对规划的修改和废止。

1. 航道规划修改

航道规划修改是航道规划生效后未实施或未实施完成时，对原规划内容所做出的部分改变。哈特穆特曾言"就其实质而言，计划（规划）始终处于稳定性与灵活性的紧张关系中"[1]，航道规划指向未来，并在一个相对长的时间内发生效力，而现实环境却处于不断变化之中，不论是环境的突变或是渐变的累积，都可能造成规划与现实的脱节，对规划进行适度调整无法避免。现实中，规划修改时有发生，如2006年召开的第十届全国人民代表大会第四次会议批准了修改后的国民经济和社会发展第十一个五年规划纲要，修改内容涉及农民住宅建设等34处。

2. 航道规划废止

航道规划废止是航道规划生效后未实施或未实施完成时，不再实施或不再继续实施原规划。从某种意义而言，"修改"实际上是对原规划内容的"部分废止"，修改的内容超过一定程度，与废止产生的效果并无质的差异，因而修改的"度"应该控制在规划涉及的具体项目、非核心内容以及非原则的改变等方面。规划废止会带来全局性影响、规划衔接等一系列现实问题，决定了它在实践中被采用的可能性极低，在规划制度中的作用不突出，因而不但《航道法》中未出现规划废止的内容，就连专门性的规划立法《城乡规划法》中亦未出现规划废止的内容。

(二) 航道规划变更的要求

航道规划的变更具有不可避免性，且会对与规划有关的不特定主体产生不同影响，因而对航道规划变更必须本着慎重的原则，按照法律规定的要求实施。《航道法》对规划修改的要求主要有两项：(1) 确需修改；(2) 依照编制程序。在法律视角下，规划编制本身包含着规划的创制、修改、废止活动，因而按照编制程序进行修改活动具有操作性，但是在修改的实体条件上使用"确需"作为限定，存在一定的不确定性。第一，"确需"的认定主体。航道规划编制存在决策性主体与主导性主体合一与分离两种情况，在两者分离时，决策性主体认定的权威性与主导性主体认定的效率性、准确性难免发生一定的冲突。第二，"确需"的认定标准。对"确需"的判定有一定的主观成分，如果没有具体的认定标准、具体的认定事项，认定主体的自由裁量权便无法有效控制，有可能导致权力的滥用。为保

---

[1] [德]哈特穆特·毛雷尔等. 行政法学总论[M]. 高佳伟译, 北京：法律出版社, 2000：413.

证航道规划变更的顺利进行，必须明确变更的要求。

1. 变更提出的主体

启动规划变更程序与决定规划变更的主体并非完全一致。启动者需要对规划实施情况有全面的了解，能够对规划与现实需求的关系做出准确的判断。就航道规划而言，交通运输主管部门既是航道规划编制的主导性主体，也是生效的航道规划实施的组织主体，对规划实施效果有最直观、最全面的认识，由其作为变更提出的主体有较强的合理性。

2. 变更提出的事由

规划目的不能实现是规划变更的终极理由，《城乡规划法》对相关规划需要修改的情形做了列举性规定，包括：(1)上级人民政府制定的城乡规划发生变更，提出修改规划要求的；(2)行政区划调整确需修改规划的；(3)因国务院批准重大建设工程确需修改规划的；(4)经评估确需修改规划的；(5)城乡规划的审批机关认为应当修改规划的其他情形。① 虽然影响规划目的实现的原因多种多样，但均可归属为法律原因和事实原因两大类。法律原因表明规划制定和实施过程中出现了法律上的瑕疵，事实原因反映现实状况与规划制定时所依据的基础事实出现重大偏差。引发航道规划变更主要有以下情形：(1)规划之间出现冲突。上位航道规划修改对下位航道规划实施产生直接影响时，需变更下位航道规划；同位相关规划修改、制定对航道规划实施产生直接影响时，可能需要变更航道规划。(2)航道发展规划技术等级明显不符合航运发展要求。不同航道在经济发展过程中的地位会发生变化，有些航道因需求旺盛对通航能力的要求越来越高，有些航道因需求萎缩逐渐被废弃，航道规划需要对此种变化做出必要的修改。(3)国家重大工程建设。诸如"南水北调"、三峡工程对关联的航道都会产生直接和长期的影响，对于尚有较长有效期的航道规划应及时修改。(4)国家重大战略实施。类似"一带一路"倡议、长江经济带战略等国家级重大战略的提出和实施，必然伴随着相关区域经济结构的调整和对航运需求的变化，进而影响航道规划的实施和要求对航道规划进行修改。

3. 变更生效的程序

航道规划的变更涉及规划内容的修改和废止，法律要求按照规划的创制(编制)程序办理。对于航道规划修改，需经过启动规划修改程序决定、进行规划修改前准备、拟定规划修改草案、批准和公布修改后规划；对于航道规划废止，需经过启动规划废止程序决定、进行规划废止前准备、批准和公布废止决定。修改后的航道规划一旦公布即替代原规划发生效力，废止航道规划的决定一旦公布即导致原规划失去效力。

(三)航道规划变更的信赖利益保护

任何主体对事物的发展都不具有绝对的控制力，无论法律采取多么审慎的态度，都无法完全阻却规划在有效期内的变更。虽然规划编制的目的并不是为特定主体设定具体的权利和义务，然而规划一旦生效并实施，其所产生的影响就会特定化，那些基于对规划信赖而做出决策的主体就有可能因规划的变更而出现利益上的损益。受益的被动性决定了受益者并不需要为此种受益向国家或其他致益者支付补偿；受损的被动性则要求国家或其他致

---

① 参见《城乡规划法》第四十七条。

损者对受损者信赖利益的损害进行补偿。

1. 信赖利益

利益是指人们受客观规律制约的,为了满足生存和发展而产生的,对于一定对象的各种客观需求,有私人利益与公共利益、物质利益与精神利益等不同的划分。通俗理解,利益即为"好处",在法律层面上与权利相联系,但"利益不同于权利,它不是法律的创造,而是一种客观存在"①。

信赖利益与信赖相关,没有信赖就没有信赖利益。信赖的一般含义是"信任并依靠",是对相对人允诺或行为的一种信任的事实状态,定位于主客观的统一,即主观上信任,客观上采取了行动。信赖利益则是指信赖者基于对相对人允诺或行为的合理信赖,而为此付出的代价或牺牲所表征的利益。② 具体到航道规划变更中的信赖利益,即是有关主体基于对航道规划持续有效的信赖所付出的代价或牺牲所表征的利益。

2. 信赖利益保护

信赖是引起利益保护的原因,信赖利益是法律保护的对象。信赖利益保护经历了从私法领域逐步适用到行政法领域的过程,是公法私法化的产物。③ 确立信赖利益保护原则的目的在于保障私人的既存法益,以维护法的安定性和私人对法的确信;宪法对"财产权保障"的原则构成其法律基础,2003年8月颁布的《行政许可法》在我国行政法治中首次确立了信赖利益保护原则。

信赖利益保护要求行政机关对授益性行政行为不得轻易变更;若因公共利益的需要必须变更的,应当按照法定权限、经过法定程序,尤其要听取利益相关者的意见以及说明理由,造成损失的应依法给予补偿;未经补偿,不得剥夺行政相对人已经获得的授益性权利。行政行为变更虽不可避免,但不可任性,其合理性的现实基础是对公共利益的维护,"公共利益优先"不是排除尤其是损害私人利益的借口,信赖利益保护为公共利益与私人利益的平衡提供了一种法律解决的路径。

航道规划依法制定,具有强制执行力,相关主体基于对航道规划的信赖而决定实施的行为并取得一定的利益受法律保护,而航道规划的变更一旦减损相关主体已经获得的利益,代表国家的决定者就应该给予补偿以符合信赖利益保护原则的要求。

3. 信赖利益保护请求权

信赖利益保护可以通过程序性保护、存续性保护和财产性保护等多种方式进行。从利益保护的角度而言,一般都是通过行使特定的请求权而实现。涉及航道规划信赖利益保护的请求权主要有以下几项:

(1) 存续请求权。该项请求权的行使目的在于通过请求维持规划的效力而保障基于规划已经取得的合法利益。然而,基于规划享有的信赖利益属于私人利益,规划的变更基础却是维护公共利益,公共利益的优先地位决定了法律一般不会规定此项权利或者规定此项权利时会附加诸多条件限制,享有信赖利益者很难通过此项请求权的行使维护自身利益。

---

① 王利民. 民法的精神构造:民法哲学的思考[M]. 北京:法律出版社,2010:130.
② 于德江. 信赖利益保护研究[D]. 大连:大连海事大学,2015.
③ 刘平. 行政执法原理与技巧[M]. 上海:世纪出版集团,上海人民出版社,2015:76.

（2）实施请求权。生效的规划具有执行力，有关主管部门应当按照规划的规定组织实施，不实施或不按规定实施都是对规划的违反。然而，这种违反可能也存在公共利益的考量，只有在对私人信赖利益构成损害时，享有信赖利益者才能通过实施请求权以维护自身利益。

（3）补救请求权。航道规划变更必须考虑既存的信赖利益，如果变更不损害甚至提升既存利益，这种变更自然不会招致异议；如果变更会不可避免地损害既存利益，就要考虑采取减少、消除此种不利影响的补救措施。当此种补救措施不被主动采用时，享有信赖利益的主体可以通过行使补救请求权维护自身利益。

（4）补偿请求权。航道规划可以依法变更，但合法变更并不能免除变更决定者应承担的责任，否则无法遏制公权力侵害私人利益的行为发生。补偿在于对私人利益的"填补和回复"，也就是保证私人利益处于规划变更前的状态。如果在规划变更时通过补救措施可以避免此种损失，自然是一种优先选择；如果无法避免损失的发生，则必须通过补偿的方式，实现公共利益与私人利益的平衡。当补偿方式不被主动采用时，享有信赖利益的主体可以通过行使补偿请求权维护自身利益。

第三章 航道建设

第一节 概 述

一、航道建设的概念

航道是国家重要的公益性交通基础设施，没有现代化的航道，就没有现代化的水运，航道的建设及其功能的发挥直接影响着水路运输的发展和地区经济发展。目前，我国航道基础设施依然较为薄弱，通航能力不足，加强航道建设是加快航道创新发展、转型升级，发挥水运优势的基础性工作。

航道建设的直接目的在于改善通航条件，提升通航能力，并通过一系列的航道建设工程去实现。建设工程是为人类生活、生产提供物质技术基础的各类建筑物和工程设施的统称。《建设工程质量管理条例》（2017）规定，建设工程是指土木工程、建筑工程、线路管道和设备安装工程及装修工程。① 建设工程有不同的类别划分，按照自然属性可分为建筑工程、土木工程和机电工程；按照建设性质，可分为新建、扩建、改建、迁建、恢复工程；按照建设规模，可分为大型、中型、小型工程；按照投资目的，可分为生产性和非生产性建设工程；按照投资效益，可分为竞争性、基础性和公益性工程。从行业管理的角度看，水运工程是一种专业性建设工程，《公路水运工程安全生产监督管理办法》规定，水运工程，是指经依法审批、核准或者备案的水运基础设施的新建、改建、扩建等建设项目。② 水运工程中的航道工程主要包括航道整治、航道疏浚、航运枢纽、过船建筑物等及其附属建筑物和设施的新建、改建、扩建及其相关的装修、拆除、修缮等工程。

完成建设工程，需要进行工程建设。工程建设作为基础性经济活动，表征的是从投资立项开始，直到竣工使用，发挥效益的全部生产过程及与之相关的其他建设工作。我国法律未直接对航道建设进行界定，但有水运建设、航道建设活动等相关概念。水运建设，是指水路运输基础设施包括港口、码头、航道及相关设施等工程建设；③ 航道建设活动包括

---

① 参见《建设工程质量管理条例》第二条、《建设工程安全生产管理条例》第二条。
② 参见《公路水运工程安全生产监督管理办法》第二条。《水运工程建设项目招标投标管理办法》第二条规定，水运工程包括港口工程、航道整治、航道疏浚、航运枢纽、过船建筑物、修造船水工建筑物等及其附属建筑物和设施的新建、改建、扩建及其相关的装修、拆除、修缮等工程。
③ 参见《水运建设市场监督管理办法》第二条。

航道整治、航道疏浚和航运枢纽、过船建筑物等航道设施及其他航道附属设施的新建、扩建和改建活动。[①] 从《航道法》规定看，航道建设应理解为新建航道以及为改善航道通航条件而进行的航道工程建设。此处的"新建航道"指向增加通航里程的建设活动，不包括作为航道组成部分的通航建筑物等的新建，但所有工程建设的目的都是为了改善通航条件。基于法律的规定和自身的认识，本书认为，航道建设与航道工程建设为同义语，是指为改善航道通航条件，以航道建设工程项目为依托，依法进行的全部建设活动的统称。

航道建设有新建、扩建和改建的区别。新建，是一种"从无到有"的建设；扩建与改建都属于"从有到变"的建设，但前者注重原工程基础上"规模的扩展"，后者强调规模不变时"能力的提升"。从航道建设的内容看，主要涉及：(1) 航行通道，包括新开人工运河、提高航道等级、渠化不通航水域等建设活动。(2) 通航设施，包括航电枢纽拦河水坝、船闸、升船机、上下引航道等建设活动。(3) 助航设施，包括航标等建设活动。(4) 航道整治，包括航道疏浚、清障、筑坝、护岸等建设活动。(5) 附属设施，包括信息系统、航道维护船艇和工作船码头等建设活动。总体而言，航道建设就是围绕水路通道以及发挥通道能力的设施而展开的一系列建设活动，一个航道建设项目往往包含不同的航道建设内容。

二、航道建设基本要求

航道建设涉及多个部门、行业，有众多的参与主体，专业性强、影响面广，要保证建设的秩序和工程质量，必须严格遵守各项要求。按照《航道法》的规定，航道建设的基本要求主要有：

（一）遵守法律法规

在法治社会，遵守法律法规是对所有活动的最低限度要求。航道建设既要遵守工程建设的一般法律要求，也要遵守航道建设的特殊法律要求。与航道建设有关法律法规主要有：《建筑法》《招标投标法》《政府采购法》《安全生产法》《航道法》《建设工程质量管理条例》《建设工程安全生产管理条例》《公路水运工程安全生产监督管理办法》《水运工程建设项目招标投标管理办法》《水运建设市场监督管理办法》《航道建设管理规定》《航道工程竣工验收管理办法》等。《航道法》特别强调航道建设应当遵守有关质量管理、安全管理和生态环境保护的规定。

1. 质量管理规定

质量管理是指确定质量方针、目标和职责，并通过质量体系中的质量策划、质量控制、质量保证和质量改进实现所有管理职能的全部活动。[②] 通俗地理解，质量管理就是为了实现质量目标而进行的所有管理性质的活动。我国法律要求航道建设工程实行政府监督、法人负责、社会监理、企业自检的质量管理制度，并规定了监管主体、建设市场主体的质量责任和义务。

[①] 参见《航道建设管理规定》第二条。
[②] 参见《质量管理和质量保证术语》（ISO8402）中质量管理的定义。

(1) 监管主体的监管责任

国家实行建设工程质量监督管理制度，国务院建设行政主管部门对全国的建设工程质量实施统一监督管理，交通运输主管部门负责全国航道建设的行业管理，水利等有关管理部门按照职责分工，负责全国其他专业建设工程质量的监督管理。县级以上地方人民政府有关主管部门按照职责分工对本行政区域内的建设工程质量实施监督管理。各级管理部门可以委托经考核合格的建设工程质量监督机构具体实施监督管理工作。

各级管理部门应当依法开展监督检查。对国家出资的重大建设项目，国务院发展计划部门应当组织稽查特派员实施监督检查；对国家重大技术改造项目，国务院经济贸易主管部门应依据职责实施监督检查。实施监督检查时，有关管理部门可以要求被检查的单位提供有关工程质量的文件和资料、可以进入被检查单位的施工现场进行检查，发现有影响工程质量问题时应当责令改正。

(2) 建设市场主体的质量责任和义务

建设市场主体主要有建设单位和从业单位，从业单位包括勘察、设计、施工、监理单位。《建设工程质量管理条例》分别对建设市场不同主体的质量责任和义务分章进行了具体规定。

建设单位应保证勘察、设计、施工、监理单位具有相应的资质等级，承担依法组织招标、提供相关的原始资料、委托监理单位、办理质量监督手续、组织竣工验收、移交建设项目档案等方面的义务。

勘察单位应当在资质等级许可的范围内承揽工程，对勘察的质量负责。禁止勘察单位转包和违法分包所承揽的工程，禁止勘察单位允许其他单位或者个人以自己的名义承揽工程；勘察作业需遵守工程建设强制性标准，勘察成果必须真实、准确。

设计单位应当在资质等级许可的范围内承揽工程，对设计的质量负责。禁止设计单位转包和违法分包所承揽的工程，禁止设计单位允许其他单位或者个人以自己的名义承揽工程；设计单位应按照工程建设强制性标准和勘察成果文件进行设计，设计文件中选用的建筑材料、建筑构配件和设备的质量要求必须符合国家规定的标准并不得指定生产厂、供应商；设计单位有义务详细说明施工图设计文件，参与工程质量事故分析，提出与设计有关的技术处理方案。

施工单位应当在资质等级许可的范围内承揽工程，对施工质量负责；实行总承包的，总承包单位应当对全部建设工程质量负责，对分包工程的质量承担连带责任。禁止施工单位允许其他单位或者个人以自己的名义承揽工程；施工单位应按照工程设计图纸和施工技术标准施工，保证工程使用的建筑材料、建筑构配件、设备和商品混凝土合格，负责返修存在质量问题的建设工程，建立、健全质量责任制、施工质量检验制度和教育培训制度等。

监理单位应当在资质等级许可的范围内承揽监理业务，对施工质量承担监理责任。禁止监理单位转让工程监理业务，禁止监理单位允许其他单位或者个人以自己的名义承揽监理业务；监理单位应当选派总监理工程师和监理工程师进驻施工现场，按照法律、法规以及有关技术标准、设计文件和建设工程承包合同，采取旁站、巡视和平行检验等形式实施监理。

(3) 质量体系认证制度

国家对从事建设活动的单位推行质量体系认证制度。[①] 质量体系认证制度是指根据国际通用的质量管理和质量保证系列标准,经过认证机构对申请单位质量体系的检查和确认,通过颁发认证证书的形式,证明申请单位质量体系和质量保证能力符合相应要求的制度。

质量体系认证具有以下特点:第一,认证采用自愿原则。质量体系认证的目的主要是为了提高质量信誉和自身竞争能力,是否申请认证由从事建设活动的单位自行决定。第二,认证对象是质量体系。质量体系认证是对"影响持续按需方的要求提出产品或服务的能力和某些要素"所构成质量体系进行的一种综合性认证,涉及质量保证机构、人员、制度及实施多方面的内容。第三,认证依据是质量保证标准。为了保证认证的公信力,所选择的标准一般都是国际通用、权威的标准,如 ISO9000 系列标准。第四,认证机构是独立第三方。在我国,从事认证的机构需要经过国务院产品质量监督管理部门或者国务院产品质量监督管理部门授权的部门认可。第五,认证通过是注册和颁发证书。认证机构通过对标,认为申请者符合标准的,给予注册和颁发证书,认证通过的单位可在宣传品等资料中使用有关认证合格的标志。

(4) 质量保修制度

我国法律确立了建设工程质量保修制度。[②] 建设工程质量保修制度是指建设工程竣工经验收后,在规定的保修期限内,因勘察、设计、施工、材料等原因造成的质量缺陷,应当由施工承包单位负责维修、返工或更换,由责任单位负责赔偿损失的法律制度。该制度的主要内容涉及建设工程的保修范围、保修期限和保修责任等。

保修范围应当包括地基基础工程、主体结构工程、屋面防水工程和其他土建工程,以及电气管线、上下水管线的安装工程,供热、供冷系统工程等项目。

保修期限按照保证合理寿命年限内正常使用、维护使用者合法权益的原则确定,具体建设工程的保修期限由双方协商确定,但法律对最低保修期限有规定的,不得低于该期限。保修期自建设工程竣工验收合格之日起算,期间届满终止。

保修责任包括两方面的内容,一是在保修范围和保修期限内发生质量问题的保修义务,二是因质量问题造成损失的赔偿义务。

为保证质量保修制度在实践中的落实,法律要求建设工程承包单位在向建设单位提交工程竣工验收报告时出具质量保修书,并明确建设工程的保修范围、保修期限和保修责任等。

2. 安全管理规定

《安全生产法》明确规定,安全生产工作应当以人为本,坚持安全第一、预防为主、综合治理的方针,强化和落实生产经营单位的主体责任,建立生产经营单位负责、职工参与、政府监管、行业自律和社会监督的机制。安全管理是保证安全生产的重要措施,通过对生产中的人、物、环境因素状态的管理,有效控制人的不安全行为和物的不安全状态,

---

[①] 参见《建筑法》第五十三条。
[②] 参见《建筑法》第六十二条、《建设工程质量管理条例》第三十九条。

消除或避免事故，管理内容包括安全生产管理机构、安全生产管理人员、安全生产责任制、安全生产管理规章制度、安全生产策划、安全生产培训、安全生产档案等。航道建设安全管理涉及从开工到竣工交付的全部过程，既包括航道建设活动本身的安全管理，也包括相关的消防安全、特种设备安全等方面的监督管理。我国法律从政府管理部门的监管职责、建设市场主体的安全责任等方面进行了规定。①

(1)监管主体的监管责任

国务院负责安全生产监督管理的部门对全国建设工程安全生产工作实施综合监督管理，建设行政主管部门对全国的建设工程安全生产实施监督管理，交通运输等有关部门按照职责分工，负责有关专业建设工程安全生产的监督管理。县级以上地方人民政府有关主管部门按照职责分工对本行政区域内的建设工程安全生产实施监督管理。

有关主管部门实施安全管理采取事前、事中和事后相结合的方式。建设行政主管部门应依法审核发放施工许可证，并会同其他有关部门制定、公布淘汰的工艺、设备、材料目录。有关主管部门履行安全监督检查职责时，可以要求被检查单位提供有关建设工程安全生产的文件和资料、可以进入被检查单位的施工现场进行检查，有权纠正施工中违反安全生产要求的行为；检查中发现安全事故隐患的，有权责令立即排除、从危险区域内撤出作业人员或者暂时停止施工。有关主管部门接到建设工程生产安全事故及安全事故隐患的检举、控告和投诉，应及时受理；对施工现场的监督检查可以委托给建设工程安全监督机构具体实施。

(2)建设市场主体的安全责任

《建设工程安全生产管理条例》对建设、勘察、设计、工程监理、施工及其他有关单位的安全责任做出了具体规定。

建设单位的安全责任主要涉及提供可靠资料、保证工期和安全费用、确定安全施工措施、选择有资质的施工单位等。勘察、设计、工程监理及其他有关单位依法履行安全义务，如勘察单位提供的勘察文件应当真实、准确，设计单位应当对防范生产安全事故提出指导意见，工程监理单位发现存在安全事故隐患的应当要求施工单位整改，出租单位应当对出租的机械设备出具检测合格证明等。

施工单位的安全责任是法律最为关注的内容。其安全责任主要涉及：第一，资质要求，即只能在资质等级许可的范围内承揽工程；第二，有关人员的责任分配，即主要负责人对该单位安全生产工作全面负责，项目负责人对建设工程项目的安全施工负责，专职安全生产管理人员负责对安全生产进行现场监督检查，负责项目管理的技术人员应当对有关安全施工的技术要求进行详细说明，作业人员应当正确使用安全防护用具、机械设备等；第三，制度建设要求，即应当建立健全安全生产责任制度和安全生产教育培训制度，制定安全生产规章制度和操作规程、消防安全责任制度等；第四，机构和人员配备要求，即依法设立安全生产管理机构，配备专职安全生产管理人员；第五，资金保证要求，即对列入建设工程概算的安全作业环境及安全施工措施所需费用应专款专用；第六，特种作业人员要求，即从事垂直运输机械作业人员、安装拆卸工等特种作业人员上岗作业前需经过专门

---

① 参见《建设工程安全生产管理条例》第二章至第五章。

的安全作业培训,并取得资格证书;第七,方案编制要求,即在施工组织设计中编制安全技术措施和施工现场临时用电方案,对达到一定规模的危险性较大的分部分项工程编制专项施工方案;第八,其他要求,包括设置明显的安全警示标志、采取安全施工措施、做好现场防护、分开设置施工现场不同区域、防止或者减少环境危害、提供安全防护用具和安全防护服装,定期进行检查、维修和保养施工现场的安全防护用具、机械设备、施工机具及配件,组织安全生产教育培训,为施工现场从事危险作业的人员办理意外伤害保险等。

3. 生态环境保护规定

生态环境保护是全世界共同关注的问题,保护和改善生活环境和生态环境,防止污染和其他公害是各国的共同任务,"不搞大开发、共抓大保护",生态优先,绿色发展,再现青山绿水,成为新时代推动我国经济科学、有序、高质量发展的重要理念。《航道法》确立了生态保护的原则,《环境保护法》《海洋环境保护法》《环境影响评价法》《防治海洋工程建设项目污染损害海洋环境管理条例》等法律法规对环境保护提出了具体要求。航道建设中需严格遵守有关环境保护的法律规定。

(1)建设项目环境影响评价

航道建设项目应当依法进行环境影响评价。根据建设项目对环境的影响程度,国家对建设项目的环境影响评价实行分类管理,建设单位组织编制环境影响报告书、环境影响报告表或者填报环境影响登记表。①

环境影响报告书、环境影响报告表实行审批制,环境影响登记表实行备案制。国务院环境保护行政主管部门负责审批与航道建设有关的项目主要包括:跨省、自治区、直辖市行政区域的项目,由国务院审批的或者由国务院授权有关部门审批的建设项目;其他项目的审批权限由省级人民政府规定。建设项目可能造成跨行政区域的不良环境影响,有关环境保护行政主管部门对评价结论有争议的,由共同的上一级环境保护行政主管部门审批。

环境影响评价文件经批准后,建设项目的性质、规模、地点、采用的生产工艺或者防治污染、防止生态破坏的措施发生重大变动的,应当重新报批;批准后五年方决定项目开工建设的应当重新审核。

项目建设、运行过程中产生不符合经审批的环境影响评价文件的情形的,建设单位应当组织环境影响的后评价,采取改进措施;环境保护行政主管部门应当对建设项目投入生产或者使用后所产生的环境影响进行跟踪检查,并依法追究有关主体的法律责任。

航道建设项目与规划的环境影响评价应当避免重复,如作为一项整体建设项目的规划,按照建设项目进行环境影响评价,不进行规划的环境影响评价。

(2)其他重要规定

航道建设项目的环境影响评价文件未依法经审批部门审查或者审查后未予批准的,建设单位不得开工建设。

---

① 参见《环境影响评价法》第十六条:(1)可能造成重大环境影响的,应当编制环境影响报告书,对产生的环境影响进行全面评价;(2)可能造成轻度环境影响的,应当编制环境影响报告表,对产生的环境影响进行分析或者专项评价;(3)对环境影响很小、不需要进行环境影响评价的,应当填报环境影响登记表。

航道建设项目中防止污染的设施，应当与主体工程同时设计、同时施工、同时投产使用；防治污染的设施应当符合经批准的环境影响评价文件的要求，不得擅自拆除或者闲置；防止污染设施未经检查批准，项目不得试运行；未经验收或经验收不合格的，项目不得投入生产或使用。

航道建设项目中防止污染所需资金应当纳入建设项目投资计划；在依法划定的自然保护区、风景名胜区、重要渔业水域及其他需要特别保护的区域，不得从事污染环境的项目建设。

(二) 符合航道规划

《国务院关于投资体制改革的决定》(国发〔2004〕20号)明确规定，要加强和改善投资的宏观调控，国务院有关部门要依据国民经济和社会发展中长期规划，编制交通等重要领域的发展建设规划，明确发展的指导思想、战略目标、总体布局和主要建设项目等；按照规定程序批准的发展建设规划是投资决策的重要依据。《航道法》规定，依法制定并公布的航道规划应当依照执行。航道规划反映着我国航道事业的未来发展方向，是航道投资决策的重要依据，具有强制执行力，所有的航道建设项目不得与航道规划存在冲突。

国务院及交通运输主管部门十分重视规划的作用，编制了多项涉及航道的规划。目前，与航道建设有关的规划主要有《"十三五"现代综合交通运输体系发展规划》(国发〔2017〕11号)、《水运"十三五"发展规划》(2016年)、《全国内河航道与港口布局规划》(2007年)、《长江干线航道总体规划纲要》(2009年)、《西部地区内河航运发展规划纲要》(2000年)、《长江三角洲地区高等级航道网规划》(2005年)、《珠江三角洲高等级航道网规划》(2005年)等。

(三) 执行标准规范

《航道法》规定，航道建设应当执行有关的国家标准、行业标准和技术规范。《标准化法》第二条规定，标准(含标准样品)，是指农业、工业、服务业以及社会事业等领域需要统一的技术要求。《中国大百科全书》认为，技术规范是指规定人们支配和使用自然力、劳动工具、劳动对象的行为准则。[①] 两者都属于与技术有关的规则，在工程建设领域，标准(狭义)、规范、规程都是标准的表现形式，习惯上统称为标准(广义)，只是在针对具体对象时才加以区别。《航道法》将技术标准与技术规范并列，更多强调技术标准作为结果的判定依据，技术规范作为行为的指导依据，两者均被《标准化法》界定的"标准"所涵盖。

从制定主体角度可将标准分为国家标准、行业标准、地方标准、团体标准和企业标准；从标准的效力角度可将标准分为强制性标准和推荐性标准。国家标准有强制性标准、推荐性标准之分，行业标准、地方标准都是推荐性标准。

强制性国家标准必须执行，推荐性国家标准、行业标准、地方标准鼓励采用，团体标准、企业标准自愿采用。推荐性国家标准、行业标准、地方标准、团体标准、企业标准的

---

① 转引自冯向宇. 论技术规范与标准的关系[J]. 中国标准化，1994(4)：5-7.

技术要求不得低于强制性国家标准的相关技术要求；国家鼓励社会团体、企业制定高于推荐性标准相关技术要求的团体标准、企业标准。

目前航道建设中使用的国家标准、行业标准和技术规范较多，如国家标准《内河通航标准》(GB50139-2014)，行业标准《通航海轮桥梁通航标准》(JTJ311-97)、《水运工程质量检验标准》(JTS257-2008)，行业规范《航道整治工程技术规范》(JTJ312-2003)、《水运工程测量规范》(JTS131-2002)等。

技术标准与规范是在实践经验的基础上总结而成，也需根据科学技术发展和经济建设需要适时修订、废止，以保证其先进性、有效性，不断提高我国航道建设的水平。

（四）办理相关手续

《航道法》要求航道建设工程依法办理相关手续，意在保证航道建设全过程需要符合法律的程序性规定。"相关手续"是基于航道建设工程涉及面广而做出的灵活、简洁规定，既包括航道建设的专门性规定，也包括航道建设的关联性规定；既考虑了现有的规定，也适应未来可能出现的变化。

《航道建设管理规定》(2018年)对航道建设项目的专门程序进行了规定，并根据政府投资航道建设项目与企业投资航道建设项目的不同，对两类建设程序进行了具体化（见表3-1）。

表3-1   航道建设项目建设程序

程序	政府投资航道建设项目	程序	企业投资航道建设项目
		1	确定建设项目投资人
1	编制项目建议书		
2	编制可行性研究报告	2	编制工程可行性研究报告
		3	编制项目申请报告
3	编制初步设计文件	4	编制初步设计文件
4	编制施工图设计文件	5	编制施工图设计文件
5	组织项目监理、施工招标	6	组织项目监理、施工招标
6	进行施工前准备工作、办理开工备案	7	进行施工前准备工作、办理开工备案
7	组织工程实施	8	组织工程实施
8	办理工程竣工前的各项工作	9	办理工程竣工前的各项工作
9	组织竣工验收，办理固定资产移交	10	组织竣工验收，办理固定资产移交

按照法律规定并结合表3-1，政府投资航道建设项目有9个程序、企业投资航道建设项目有10个程序。对两种航道建设项目的程序关系可做以下归纳：(1)程序差异的原因主要是政府投资航道建设项目实行审批制，企业投资航道建设项目实行核准制和备案制。(2)两类建设项目的程序从编制初步设计文件开始具有一致性。(3)两类建设项目可行性

研究与项目建议(申请)顺序相反,政府投资航道建设项目先编制建议书再进行可行性研究,企业投资航道建设项目先进行可行性研究再编制申请报告。(4)政府投资航道建设项目的投资人是国家,无须确定建设项目投资人程序。法定的建设程序在项目实际操作中既不能错位,也不得擅自简化。[①]

前后相继的程序递进,以在先程序完成、通过批准为条件,项目不同,批准主体也有所不同。交通运输部按权限批准由国家发展改革部门批准或核准的航道建设项目的项目建议书、可行性研究报告、设计文件;省级交通运输主管部门负责经省级人民政府有关部门批准的航道建设项目的前期工作和设计文件审批、经省级人民政府核准的航道建设项目的设计文件审批。

在航道建设项目实施过程中,除了要履行上述专门程序外,还需要办理其他关联手续。如用地预审批复、环境影响评价审批、水土保持方案审批等。

(五)符合防洪要求

洪水是一种自然现象,常造成江河沿岸河谷、冲积平原和河口三角洲、海岸地带的淹没,对人类的生命和财产安全造成威胁和损害,因此,防洪在很多国家的江河治理中被列为首要或主要任务。

航道建设的直接目的在于改善通航条件,然而作为水资源综合利用组成部分的航道建设与防洪工作密切相关,航道建设不当将影响河势的稳定,对防洪工作产生负面影响。我国《防洪法》确立了防洪工作实行全面规划、统筹兼顾、预防为主、综合治理、局部利益服从全局利益的原则;明确规定了开发利用和保护水资源,应当服从防洪总体安排;整治航道,应当符合江河、湖泊防洪安全要求,并事先征求水行政主管部门的意见。

《航道法》有关航道建设与防洪关系的规定与《防洪法》一致。《航道法》规定,航道建设应当服从防洪总体安排;应当维护河势稳定,符合防洪要求。因而,在实际工作中,需要做好以下工作:第一,保证航道规划符合防洪规划,即两者不发生冲突;第二,在航道建设项目立项审批阶段,充分重视项目与规划的衔接、项目对防洪的影响、水行政主管部门对项目的意见。

(六)保护相关工程

水资源的综合利用,涉及诸多主管部门,相应也关联着基于不同目的而建设的各类工程项目。一个项目的建设、运行对其他项目必然会产生或多或少的影响,因而有必要对项目之间的相互影响进行明确定位和要求。《航道法》规定,进行航道工程建设以"不得危及"依法建设的其他工程或者设施的安全为基本要求,以"修复或赔偿"作为造成其他工程或者设施损坏的补救措施。

"危及"意味着对其他工程或者设施,如水利水电工程、跨河建筑物的安全构成危险,严重时会导致其他工程或者设施功能的丧失。因而,在项目立项阶段,要考虑此种"危及"风险的存在,防患于未然;在项目建设阶段,要按照技术规范安全作业,避免"危及"

---

① 参见《航道建设管理规定》第十一条。

事实的发生。"不得危及"是一种禁止性要求，表明法律不允许此种情况的存在，一旦出现即需阻止并回复到航道工程建设前的状态。

对于未达到"危及"程度但对其他工程或者设施造成损害的，航道建设单位承担修复或者赔偿的责任。从法律的表述看，航道建设单位似乎在两种补救措施中享有选择权，但本书认为，只有修复才能保证其他工程或者设施功能的发挥，因而修复是基础性措施；赔偿是为修复服务的，赔偿的额度应以修复需要为标准；如果出现不能修复的情况，实际上已经不能仅仅定性为"损坏"，而是可能已经达到"危及"安全的程度，需要根据现实情况，多方协调，妥善处理。

三、航道建设资金

提升航道的公共服务能力，必须不断加强航道建设。航道建设面临的首要问题就是如何保证有充足的资金投入，各国的实践表明政府投入是航道建设资金的主要来源。虽然我国法律已然确认企业作为航道建设项目的投资主体，但无法获取投资收益的项目，社会资本一般不会参与，如湖北省"十二五"期间航道建设投资总计37.8亿元中，部省补助27.8亿元、市县投入4.7亿元、银行贷款5.3亿元、企业投资为0，[1] 因而通过法律的规定保证政府对航道建设资金的投入，积极鼓励社会资本参与航道建设显得十分必要。

《航道法》第四条第二款规定，国务院和有关县级以上地方人民政府应当根据经济社会发展水平和航道建设、养护的需要，在财政预算中合理安排航道建设和养护资金。该规定第一次在法律层级规定了政府对航道建设资金的财政支出责任，是一个重大突破，对保证航道建设资金来源、缓解航道建设资金不足有重要意义。但该规定的裁量空间较大，以经济社会发展水平和建设需求为基础，以"合理安排"为要求，在实践中都难以进行准确的判定。

航道建设资金筹集以"政府主导、多元筹资"为原则，构建多渠道、宽领域、全方位的筹融资机制是社会共识。2015年9月，交通运输部发布《关于深化交通运输基础设施投融资改革的指导意见》（交财审发〔2015〕67号），提出建立和完善交通运输发展"政府主导、分级负责、多元筹资、规范高效"的投融资管理体制，促进交通运输健康可持续发展。各地方也在积极探索航道建设资金的来源渠道，并通过地方立法予以明确。《江苏省航道管理条例》（2010年）明确规定航道建设坚持政府投入为主的原则，鼓励多种方式筹集建设资金，资金来源渠道包括：（1）财政拨款和专项资金；（2）贷款；（3）交通规费；（4）社会资本投资；（5）其他合法方式筹集的资金。[2]《湖北省水路交通条例》（2013年）明确规定航道建设、养护资金以政府投入为主，鼓励多种方式筹集，来源包括：（1）中央财政拨款；（2）省财政港航建设专项资金；（3）市（州）、县（区）人民政府安排的财政资金；（4）航运（航电）枢纽的部分发电收益；（5）其他合法方式筹集的资金[3]。总体而言，投入航道建设的资金有两类，一是公益性资金，该类资金投入后全部转化为公共资产，无资金

---

[1] 王耀惠，张国旭，叶秦."十三五"航道筹融资探讨[J]. 交通财会，2016(4)：8-21.
[2] 参见《江苏省航道管理条例》第十一条。
[3] 参见《湖北省水路交通条例》第十三条。

使用收益要求，但可能有一定的成本；二是营利性资金，该类资金投入后需要有一定的回报。具体而言，资金来源方式主要有：

1. 财政资金

该类资金是航道建设资金来源的主体部分，属于纯投入性质，由中央和地方政府通过财政预算的方式确定。中央和地方的投入范围、侧重按照事权和支出责任相适应进行划分，根据国务院规定，交通运输部直接管理的跨省域的重要干线航道和国际、国境河流航道等重要航道，其建设、养护所需资金，由中央财政支出；其他航道，其建设、养护所需资金，以地方政府的财政预算安排为主，中央财政给予适当补助。①

2. 地方政府债券

对于没有收益的内河航道等建设养护资金需求，可纳入地方政府一般债券的融资渠道；对于有一定收益的航电枢纽等交通基础建设运营资金需求，可纳入地方政府专项债券的融资渠道。该类资金作为政府性债务资金需纳入预算管理。

3. 交通专项资金投资补助

车辆购置税资金专项用于纳入交通运输行业规划范围的内河水运建设等重点项目支出，并优先保障符合国家战略的重点项目建设；港口建设费主要用于港口公共基础设施、内河水运及支持保障系统建设支出。该笔资金由交通运输部批准使用，并需与财政安排的其他资金一并纳入预算管理。

4. 交通产业投资基金

该类基金可采取两种设立方式，一种由政府发起设立，以财政性资金为引导，吸引社会法人投入；一种由民间资本发起设立，财政性资金通过认购基金份额等方式参与。

5. 金融机构贷款

按照不同金融机构的性质、支持方向等获得资金支持，对于政策性金融机构，需考虑航道建设项目与其支持方向的一致性；对于商业性金融机构，需考虑航道建设项目的收益来源和偿债能力。

6. 社会资本

通过特许经营权，积极引导社会资本参与航电枢纽等交通基础设施投资。操作中，可以根据项目的特点采取 BOT、PPP 等灵活多样的方式，并以特别目的公司为载体开展融资、建设活动。社会资本参与的项目一般要辅之相应的获益路径，如征收过闸费、取得发电收益、资源捆绑开发、政府购买服务等。

7. 证券融资

随着我国证券市场的不断发展与完善，对于有经营收入来源的航道建设项目可以通过企业债、项目收益债券、资产证券化等市场化方式进行融资。

8. 其他合法来源

凡符合法律规定、不被政策禁止的其他方式均可运用。如转让项目经营权、接受私人捐款等。

---

① 信春鹰，王昌顺．中华人民共和国航道法释义［M］．北京：法律出版社社，2015：19．

第二节 航道建设主体

航道建设从项目的发起到竣工交付使用，涉及多类主体。法律对不同主体应承担的责任、具备的资质有明确的要求。从航道建设市场主体角度看，主要包括航道建设单位、从业单位和相关从业人员。

一、航道建设单位

航道建设单位与航道建设项目的投资方有关，实际上就是项目业主。对于政府投资的航道建设项目，国内基本上都是航道管理部门作为项目业主进行建设管理，采用从规划、立项、设计、招标施工、验收交付使用到管理养护一条龙的全负责模式[1]，也即航道管理部门是建设单位；对于企业投资的航道建设项目，由项目投资人或者投资人另行组建的特殊目的公司作为建设单位。从一般意义理解，航道建设单位是指发起并组织实施项目建设，享有相应权利，对工程质量和安全负责的单位。

航道建设单位主要承担下列义务：(1)依法选择从业单位；(2)依法采购与工程建设有关的重要设备和材料；(3)办理开工备案，组织项目实施；(4)组织项目交工验收等。

航道建设单位对项目建设管理的方式有两种，即自行建设管理和委托建设管理。

1. 自行建设管理

自行建设管理是指航道建设单位依靠自己的力量从事建设项目管理的方式。航道建设项目的复杂性和系统性，决定了并非每一个航道建设单位均具有自行建设管理的能力。航道建设单位自行建设管理需满足一定的能力要求：(1)项目主要负责人或者技术负责人具有相应的管理经验。对于项目主要负责人而言，需有在2个以上类似的建设项目的工程、技术、计划等关键岗位担任过负责人的阅历；对于技术负责人而言，除具有前述阅历要求外，还要求具有相关专业的高级技术职称或者相应的技术能力。(2)项目管理机构的设置和人员配备满足项目管理需要。管理机构按需设置，工程技术、质量、安全和财务等部门的负责人需满足阅历和技术能力要求[2]，其中技术能力判定指标之一是中级以上技术职称。分析法律规定的条件，最为核心的是对项目各级负责人的阅历和技术能力要求。

2. 委托建设管理

委托建设管理是指航道建设单位委托代建单位[3]从事建设项目管理的方式。当建设单位不满足自行建设管理的条件时，法律强制要求采用委托建设管理方式；当建设单位满足自行建设管理的条件时，法律允许自愿采用委托建设管理方式。

代建单位除具有自行建设管理时建设单位的能力外，还应满足下列要求：(1)具有法人资格；(2)具有类似项目建设或者管理相关业绩和良好的市场信誉；(3)有满足建设质量、安全、环境保护等方面要求的管理制度。

---

[1] 罗海燕.关于公益性航道项目建设模式的思考[J].西部交通科技，2018(4)：196-198.
[2] 参见《水运建设市场监督管理办法》第十条。
[3] 代建单位是指受项目单位委托从事建设项目管理的单位。

代建单位既可以是专业性的航道建设管理单位，也可以是从事工程勘察、设计、施工、工程监理的企业，国家鼓励符合条件的企业参与代建工作。为防止利益冲突，代建单位不得在所代建的项目中同时承担勘察、设计、施工、供应设备或者与以上单位有隶属关系及其他直接利益关系。

航道建设单位应当择优选择代建单位，并通过代建合同明确相互权利和义务。代建工作内容包括履行工程质量、安全、进度、工程计量、资金支付、环境保护等相关管理责任，承担项目档案及有关技术资料的收集、整理、归档等工作，负责质量缺陷责任期内的缺陷维修管理等工作。

二、航道建设从业单位

航道建设从业单位，是指为航道建设提供各类服务的单位，包括从事航道建设勘察、设计、施工、监理、试验检测以及提供咨询、项目代建、招标代理等相关服务的单位。我国航道建设市场依法实行准入管理，航道建设从业单位需依法取得相应资质，并在核定的业务范围内承揽工程，禁止无证或者越级承揽工程。

（一）资质取得的一般要求

《建筑法》对从事建筑活动的建筑施工企业、勘察单位、设计单位和工程监理单位取得资质的一般条件做出了规定。具体包括：（1）有符合国家规定的注册资本；（2）有与其从事的建筑活动相适应的具有法定执业资格的专业技术人员；（3）有从事相关建筑活动所应有的技术装备；（4）法律、行政法规规定的其他条件。

资质等级划分主要根据该单位的注册资本、专业技术人员、技术装备和已完成的建筑工程业绩等确定，不同资质的单位从事业务活动的范围有所区别。如：取得水运工程专业甲级监理资质，可在全国范围内从事大、中、小型水运工程项目的监理业务；取得水运工程专业乙级监理资质，可在全国范围内从事中、小型水运工程项目的监理业务。[①]

（二）资质等级的类别

建设勘察单位是指根据建设工程的要求，查明、分析、评价建设场地的地质地理环境特征和岩土工程条件，编制建设工程勘察文件的单位。勘察资质分为综合甲级，专业资质甲级、乙级共三个等级。

建设设计单位是指根据建设工程的要求，对建设工程所需的技术、经济、资源、环境等条件进行综合分析、论证，编制建设工程设计文件的单位。设计资质分为工程设计综合甲级，水运行业甲级、乙级、丙级，专业甲级、乙级、丙级共七个等级。

建设施工单位是指从事土木工程、建筑工程、线路管道设备安装、装修工程施工的单位。施工资质分为施工总承包特级、一级、二级，专业承包资质一级、二级、三级共六个等级。

建设监理单位是指受建设单位委托，依照国家法律、法规和建设单位要求，在委托范

---

① 参见《公路水运工程监理企业资质管理规定》第六条。

围内对建设工程进行监督管理的单位。水运监理资质分为甲级、乙级、丙级三个等级和水运机电工程专项资质。[1]

按照有关法律、行政法规规定，建设行政主管部门是建设工程勘察、设计、施工、监理单位资质的统一监管部门，建设行政主管部门在核发涉及航道工程建设的勘察、设计、施工资质前，应征求交通运输主管部门的意见。水运监理资质核发现由交通运输主管部门负责，交通运输部于2018年颁布了《公路水运工程监理企业资质管理规定》（部令2018年第7号）对资质管理的有关内容进行了规定。

三、航道建设从业人员

航道建设从业人员是指所有为航道建设从业单位提供劳务的人员。从业人员与从业单位的关系主要由《劳动法》《劳动合同法》进行调整，有关航道建设方面的立法关注的是航道建设项目有关的负责人、实施资质管理人员。

（一）有关负责人

航道建设从业单位与建设单位签订有关合同后，勘察、设计、施工单位的项目负责人和技术负责人、工程监理单位的总监理工程师等主要人员，未经建设单位同意不得变更；建设单位同意变更的，变更后人员的资格能力不得低于约定的条件。[2]

（二）实施资质管理人员

实施资质管理的人员应当按照相关法律、法规规定执业，不得有下列行为：（1）出租、出借注册执业证书或者执业印章；（2）超出注册执业范围或者聘用单位业务范围从事执业活动；（3）在非本人负责完成的文件上签字或者盖章；（4）法律、法规禁止的其他行为[3]。

第三节　航道建设工程的实施

一、航道建设从业单位的确定

航道建设单位可以通过招标、竞争性谈判、协商等方式确定航道建设从业单位。招标方式能够较好地实现"公开、公平、公正"原则，能够有效地防止"暗箱操作"，但也存在程序较多、成本较高的不利因素，因而法律一般只会对达到一定规模的建设项目强制要求采用招标方式。本书关注通过招标方式确定从业单位，法律依据主要有《招标投标法》《政府采购法》《招标投标法实施条例》《政府采购法实施条例》《水运工程建设项目招标投标管理办法》《必须招标的工程项目规定》等。

---

[1] 有关资质等级的分类转引自信春鹰，王昌顺. 中华人民共和国航道法释义[M]. 北京：法律出版社，2015：51-52.
[2] 参见《水运建设市场监督管理办法》第二十二条。
[3] 参见《水运建设市场监督管理办法》第二十三条。

一个完整的招标投标过程,包括招标、投标、开标、评标、定标、订立合同六个环节。

1. 招标

招标是指招标人以法定方式邀请符合条件的主体参与竞争特定招标项目的活动。《招标投标法》将招标分为公开招标和邀请招标。公开招标,又称无限竞争性招标,是指招标人以招标公告的方式邀请不特定的法人或者其他组织投标;邀请招标,又称有限竞争性招标或限制性招标,是指招标人以投标邀请书的方式邀请特定的法人或者其他组织投标。

招标人是依法提出招标项目、进行招标的法人或者其他组织。航道建设工程招标人是指提出招标项目并进行招标的航道工程建设项目法人,即航道建设单位。招标事宜既可自行办理,也可委托办理。自行办理时,招标人需具有编制招标文件和组织评标的能力,具体应当具备以下条件①:(1)招标人是该建设项目的项目法人;(2)具有与招标项目规模和复杂程度相适应的技术、经济等方面的专业人员;(3)具有能够承担编制招标文件和组织评标的组织机构或者专职业务人员;(4)熟悉和掌握招标投标的程序及相关法规。招标人选择招标代理机构办理时,招标代理机构②应当具备下列条件:(1)有从事招标代理业务的营业场所和相应资金;(2)有能够编制招标文件和组织评标的相应专业力量。同时,招标代理机构不得与行政机关和其他国家机关存在隶属关系或者其他利益关系。

法律对招标环节的禁止性情形有所规定,主要有:(1)招标人不得有影响或可能影响公平竞争的行为,如对潜在投标人实行歧视待遇、向他人透露标底等;(2)招标文件不得含有倾向或者排斥潜在投标人的内容,如标明特定的生产供应者;(3)接受投标邀请书的法人或者其他组织不足3个;(4)强制招标项目的投标期间③不足20日;(5)投标保证金不得超过招标项目估算价的2%,招标人不得挪用;(6)招标人不得规定最低投标限价。

对技术复杂或者无法精确拟定技术规格的项目,招标人可以分两阶段进行招标。第一阶段,投标人按照招标公告或者投标邀请书的要求提交不带报价的技术建议,招标人根据投标人提交的技术建议确定技术标准和要求,编制招标文件;第二阶段,招标人向在第一阶段提交技术建议的投标人提供招标文件,投标人按照招标文件的要求提交包括最终技术方案和投标报价的投标文件。

航道建设项目按照国家有关规定需要履行项目立项审批、核准手续的,在取得批准后方可开展勘察、设计招标;通过初步设计审批后,方可开展监理、施工、设备、材料等招标。需要履行项目立项审批、核准手续的项目,招标人应当按照项目审批、核准时确定的招标范围、方式、组织形式开展招标;项目审批、核准时未确定或者不需要履行审批、核准手续的项目,其招标范围、招标方式、招标组织形式,依据国家有关规定确定。招标人应当合理划分标段、确定工期,并在招标文件中载明。

---

① 参见《水运工程建设项目招标投标管理办法》第十六条。
② 招标代理机构是依法设立、从事招标代理业务并提供相关服务的社会中介组织。参见《招标投标法》第十三条。
③ 投标期间是指自招标文件开始发出之日至投标人提交投标文件截止之日的期间。

2. 投标

投标是指投标人按照招标人的要求参加竞争特定招标项目的活动。投标人完成投标文件，并在规定的时间、地点提交给招标人，即完成投标过程。

投标人是响应招标、参加投标竞争的主体，一般为法人或者其他组织。航道建设项目的投标人为航道建设从业单位。投标人可以独立投标，也可以组成联合体投标；以联合体投标的，联合体各方均应当具备承担招标项目的相应能力，满足国家有关规定、招标文件对投标人资格条件的要求；由同一专业的单位组成的联合体，按照资质等级较低的单位确定资质等级。

招标人采用资格预审办法对潜在投标人进行资格审查的，应当按照资格预审文件载明的标准和方法进行审查，未通过资格预审的申请人不具有投标资格。资格预审审查方法分为合格制和有限数量制，一般情况下采用合格制，潜在投标人过多时可采用有限数量制，但该数额不得少于7个。

招标人采用资格后审办法对投标人进行资格审查的，应当在开标后由评标委员会按照招标文件规定的标准和方法对投标人的资格进行审查。

招标人可以自行决定是否编制标底，但一个招标项目只能有一个标底。

投标文件有下列情形之一的，招标人应当拒收：(1)逾期送达的；(2)未送达指定地点的；(3)未按资格预审文件、招标文件要求密封的。

投标环节，不得出现下列禁止性情形：(1)招标人不得有影响或可能影响公平竞争的行为，如强制投标人组成联合体共同投标、与招标人串通投标等；(2)投标人不得有影响或可能影响公平竞争的行为，如相互串通投标报价、行贿评标委员会成员、以低于成本的报价竞标等；(3)投标人与招标人存在利害关系可能影响招标公正性；(4)单位负责人为同一人或者存在控股、管理关系的不同单位，不得参加同一标段投标或者未划分标段的同一招标项目投标；(5)投标人接受未通过资格预审的申请人提交的投标文件，以及逾期送达或者不按照招标文件要求密封的投标文件；(6)联合体各方在同一招标项目中以自己名义单独投标或者参加其他联合体投标。

3. 开标

开标是指招标人在提交投标文件的截止时间、在预先确定的地点向所有投标人公开投标文件的活动。对于截止时间的确定方法最好事先在招标文件中明确规定。

开标应按照招标文件确定的程序进行。开标时，需检查投标文件的密封情况，当众拆封后，宣读投标文件的主要内容；招标人设有标底的，应当同时公布标底，标底只是评标的参考，不得作为中标或者否决投标的条件。开标过程应当记录，并存档备查。

投标人对开标有异议的，应当在开标现场提出；投标人未参加开标的，视为承认开标记录，事后对开标结果提出的任何异议无效。

4. 评标

评标是指按照规定的标准和方法，对各个有效的投标文件进行评价、比较和分析，完成书面评标报告的活动。

评标由招标人依法组建的评标委员会负责。强制招标的项目，评标委员会由招标人的代表和有关技术、经济等方面的专家组成，成员人数为五人以上单数，其中专家不得少于成员总数的三分之二。专家成员从政府部门提供的专家名册、招标代理机构专家库内的专家名单中，由招标人直接确定或随机抽取。直接确定专家仅适用于技术复杂、专业性强或者国家有特殊要求，采取随机抽取方式确定的专家难以保证胜任评标工作的项目。评标委员会成员不得与投标人有利害关系。

评标委员会应当按照招标文件确定的评标标准和方法，在严格保密的情况下进行评标。评标委员会应当否决投标的情形有：(1)投标文件未经投标单位盖章和单位负责人签字；(2)投标联合体没有提交共同投标协议；(3)投标人不符合国家或者招标文件规定的资格条件；(4)同一投标人提交两个以上不同的投标文件或者投标报价，但招标文件要求提交备选投标的除外；(5)投标报价低于成本或者高于招标文件设定的最高投标限价；(6)投标文件没有对招标文件的实质性要求和条件做出响应；(7)投标人有串通投标、弄虚作假、行贿等违法行为；(8)其他法定、约定情形。如投标人名称或者组织结构与资格预审时不一致且未提供有效证明的。

评标中，评标委员会可以否决所有投标；评标完成后，应当向招标人提出书面评标报告，并排序推荐不超过三个合格的中标候选人。

5. 定标

定标是指招标人根据评标报告，在中标候选人中确定中标人的活动。中标人是取得招标项目的投标人，其确定方式有：(1)招标人根据书面评标报告，在中标候选人确定中标人；(2)招标人授权评标委员会确定中标人。

中标人的投标应当符合下列条件之一：(1)能够最大限度地满足招标文件规定的各项综合评价标准；(2)能够满足招标文件的实质性要求，并且经评审的投标价格最低，但是投标价格低于成本的除外。

中标人确定后，招标人应当向中标人发出中标通知书，并同时将中标结果通知所有未中标的投标人。中标通知书具有法律效力，一旦发出，招标人改变中标结果或者中标人放弃中标项目均应承担法律责任。

因违法行为影响中标结果、谋取中标或者违法确定中标人的，中标无效。

6. 订立合同

订立合同是指在确定中标人后，招标人和中标人按照招标文件和中标人的投标文件明确相互权利和义务的活动。双方应在中标通知书发出之日起30日内完成书面合同的订立，合同的标的、价款、质量、履行期限等主要条款应当与招标文件和中标人的投标文件的内容一致。招标文件要求中标人提交履约保证金的，中标人应当按照招标文件的要求提交。履约保证金不得超过中标合同金额的10%。

一方不履行订立合同的义务，需向对方承担违约责任；中标人无正当理由不与招标人订立合同，取消其中标资格，投标保证金不予退还；双方不按照招标文件和中标人的投标文件订立合同的，或者招标人、中标人订立背离合同实质性内容的协议的，责令改正；可以处中标项目金额千分之五以上千分之十以下的罚款。

在招投标的各个环节中，招标在性质上属于要约邀请，投标属于要约，确定中标人属于承诺；开标、评标和订立合同属于事实行为。

因法定和招标文件确定的原因出现，无法完成招标工作的，应重新组织招标。法定原因有：(1)资格预审文件、招标文件的内容违反法律、行政法规的强制性规定，违反公开、公平、公正和诚实信用原则，影响资格预审结果或者潜在投标人投标的；(2)获取资格预审文件的潜在投标人或者通过资格预审的申请人少于三个的；(3)投标人少于三个的；(4)所有投标被否决的；(5)因违法导致中标无效的；(6)招标人与中标人未能签订合同的。

二、强制招标的航道建设项目

(一)强制招标建设项目的一般规定

《招标投标法》规定①，在我国境内进行下列工程②建设项目，包括项目的勘察、设计、施工、监理以及与工程建设有关的重要设备、材料等的采购，必须进行招标：(1)大型基础设施、公用事业等关系社会公共利益、公众安全的项目；(2)全部或者部分使用国有资金投资或者国家融资的项目；(3)使用国际组织或者外国政府贷款、援助资金的项目；(4)法律或者国务院对其他项目的范围规定。法律通过项目性质、资金来源等标准对强制招标的范围进行了明确；对于项目的具体范围和规模标准，则由国务院发展改革③部门会同国务院有关部门制定，报国务院批准。《必须招标的工程项目规定》(国家发展改革委2018年第16号令)、《必须招标的基础设施和公用事业项目范围规定》(发改法规规〔2018〕843号)对强制招标的项目进行了细化和明确。

1. 使用国有资金投资或国家融资项目

该类项目包括：(1)使用预算资金200万元人民币以上，并且该资金占投资额10%以上；(2)使用国有企业事业单位资金，并且该资金占控股或者主导地位。

2. 使用国际组织或外国政府贷款、援助资金项目

该类项目包括：(1)使用世界银行、亚洲开发银行等国际组织贷款、援助资金；(2)使用外国政府及其机构贷款、援助资金。贷款方、资金提供方对招标投标的具体条件和程序有不同规定的，在不违背我国社会公共利益的前提下可以适用其规定。

3. 其他基础设施和公用事业项目

"其他"是指第1类、第2类项目以外的基础设施和公用事业项目，该类项目的资金全部或主要来源于社会资本，按照确有必要、严格限定的原则确定范围。具体范围包括：(1)煤炭、石油、天然气、电力、新能源等能源基础设施项目；(2)铁路、公路、管道、水运，以及公共航空和A1级通用机场等交通运输基础设施项目；(3)电信枢纽、通信信息网络等通信基础设施项目；(4)防洪、灌溉、排涝、引(供)水等水利基础设施项目；

---

① 参见《招标投标法》第三条。

② 工程，是指建设工程，包括建筑物和构筑物的新建、改建、扩建及其相关的装修、拆除、修缮等；与工程建设有关的货物，是指构成工程不可分割的组成部分，且为实现工程基本功能所必需的设备、材料等；与工程建设有关的服务，是指为完成工程所需的勘察、设计、监理等服务。参见《招标投标法实施条例》第二条。

③ 《招标投标法》(2017)使用"国务院发展计划部门"、《招标投标法实施条例》(2019)使用"国务院发展改革部门"，本书统一使用"国务院发展改革部门"。

（5）城市轨道交通等城建项目。

4. 勘察、设计、施工、监理以及采购规模标准

满足下列规模标准的项目，必须招标：（1）施工单项合同估算价在400万元人民币以上；（2）重要设备、材料等货物的采购，单项合同估算价在200万元人民币以上；（3）勘察、设计、监理等服务的采购，单项合同估算价在100万元人民币以上。

同一项目中可以合并进行的勘察、设计、施工、监理以及与工程建设有关的重要设备、材料等的采购，合同估算价合计达到前款规定标准的，也必须招标。

对于法律要求强制招标的项目，不得通过化整为零或者以其他任何方式规避招标。

（二）可以不进行招标的项目

《招标投标法》《招标投标法实施条例》对可以不进行招标的项目进行了规定。《水运工程建设项目招标投标管理办法》对有关规定进行了特定化处理。有下列情形之一的航道建设项目，可以不进行招标：

（1）涉及国家安全、国家秘密、抢险救灾或者属于利用扶贫资金实行以工代赈、需要使用农民工等特殊情况，不适宜进行招标的；

（2）需要采用不可替代的专利或者专有技术的；

（3）采购人自身具有工程建设、货物生产或者服务提供的资格和能力，且符合法定要求的；

（4）已通过招标方式选定的特许经营项目投资人依法能够自行建设、生产或者提供的；

（5）需要向原中标人采购工程、货物或者服务，否则将影响施工或者功能配套要求的；

（6）国家规定的其他特殊情形。

招标人为达成不招标的目的弄虚作假的，属于规避招标行为。

（三）可以邀请招标的项目

强制招标的项目，公开招标为一般要求，邀请招标为特殊情况。采取邀请招标前，需要经过有权机关的批准、认定。下列项目可以采取邀请招标：

（1）国务院发展改革部门确定的国家重点项目不适宜公开招标的；

（2）省级人民政府确定的地方重点项目不适宜公开招标的；

（3）国有资金占控股或者主导地位，技术复杂、有特殊要求或者受自然环境限制，只有少量潜在投标人可供选择的；

（4）国有资金占控股或者主导地位，采用公开招标方式的费用占项目合同金额的比例过大的。

三、航道建设项目的承包与分包

航道建设单位无论是通过招标，还是其他方式确定从业单位，双方均需通过建设工程合同明确双方的权利和义务。从建设工程合同的角度而言，航道建设单位为发包方，航道

建设从业单位为承包方，发包方通过总承包或者单项承包的方式将建设任务交由承包方，承包方通过自己或者分包方的行为完成建设任务，最终实现项目建设的目的。

(一) 承包

承包与发包相对应，并以发包为前提。发包是指航道建设单位依法确定建设项目各项任务完成方的行为。发包前需满足一定的条件，如项目已经立项、项目资金已经到位等，发包方需要选择有资质的承包方，并不得将工程肢解发包。[①]

承包是指航道建设从业单位依法取得建设项目特定任务的行为。"特定任务"是指项目的勘察、设计、施工、监理以及设备、服务采购等。根据不同的标准，对承包方式可以做不同的分类，如按照承包内容的不同，可以分为总承包和单项承包；按照承包主体的数量不同，可以分为独立承包和联合承包；按照承包任务来源的不同，可以分为初始承包和分包等。不同的承包方式在同一个工程项目中可以同时出现，其中总承包和分包为法律特别关注。

1. 总承包与单项承包

我国法律允许采取总承包的方式组织项目建设。总承包不能理解为一个主体对一个工程建设项目的勘察、设计、施工、采购等各类单项任务的承包，而是指一个主体承担一项或者多项单项任务的承包。不同内容、数量的单项任务以及不同组合构成不同的总承包方式，并通过承包合同予以明确。《建设工程质量管理条例》规定，建设工程勘察、设计、施工、设备采购的一项或者多项实行总承包的，总承包单位应当对其承包的建设工程或者采购的设备的质量负责。

采用总承包方式可以发挥专业单位的主导作用，统筹安排建设任务，提高项目的建设效率。我国目前施行的最主要的总承包模式是 EPC (Engineering-Procurement-Construction) 模式，即由总承包方按照合同约定，承担工程项目的设计、采购、施工、试运行服务等工作，并对承包工程的质量、安全、工期、造价全面负责的承包方式。作为 EPC 模式延伸的交钥匙总承包，特指总承包方最终向发包方提交满足使用功能、具备使用条件的工程项目的承包方式。

单项承包是一个主体承担勘察、设计、施工、采购等单项任务中作为独立发包项目的承包。作为与总承包并列的单项承包具有以下特点：(1) 承包内容不涉及两类不同性质的任务；(2) 单项任务分解为两个以上的独立分包项目；(3) 承包方无须对第三方的建设行为负责。

2. 独立承包和联合承包

独立承包是指一个主体对作为独立发包项目的承包。此种方式下，承包方与发包方通过合同明确相互权利和义务。联合承包是指两个以上的主体对作为独立发包项目的共同承包。此种方式下发包方与承包方、承包方之间的权利和义务通过合同明确，但参与承包的各方需对发包方承担连带责任。

[①] 肢解发包，是指建设单位将应当由一个承包单位完成的建设工程分解成若干部分发包给不同的承包单位的行为。

（二）分包

我国法律对分包采取较为严格的限制态度，规定了分包需满足一定的条件。分包，是指承包人承包建设工程任务后，将其承包的部分任务转给他人承包的行为。从发包人角度看，分包是与第一次发包有直接联系的第二次发包，只是发包方由建设单位变成了作为承包方的从业单位；从承包人的角度看，由于法律对再次分包的禁止，分包是选择最终承包方的行为。

1. 分包的限制

法律从主体资格、发包人同意、分包范围、次数等方面对分包进行了限制，这些限制构成实施分包的条件。

（1）资质。分包人是实际完成工程建设项目某一特定任务的主体，特定任务的实施对承包人有资质要求的，承包人在选择分包人时需要满足同样的资质要求。

（2）同意。分包人虽与发包人没有直接的合同关系，但分包人完成工程建设任务的结果与发包人有直接的利益关系，因而需要经过发包人同意。这种同意可以在发包人与承包人之间签订的合同中明确，也可以由发包人采取明示的方式确定。在采取招投标方式确定承包方时，还要求投标人在投标文件中载明分包意向。

（3）范围。法律对工程建设中不同任务的分包范围规定有所差异。对于勘察、设计任务，分包范围是工程设计中跨专业或者有特殊要求的勘察、设计工作；对于施工任务，分包范围是非主体、非关键性或者适合专业化施工的工程；对于监理任务则不允许分包。① 从法律规定可以得出以下结论：第一，在法律允许的范围内才可以分包。在具体的工程建设项目中，法律划定的界限虽通过发包方的同意而具体化，但发包方的同意范围若超过法律的界限不产生法律效力。第二，分包的范围只能是承包任务的一部分。如果承包方将全部承包任务转移给发包方，就属于法律禁止的转包②，不产生法律效力。

（4）次数。分包只能进行一次，不得再次分包。《水运建设市场监督管理办法》明确规定，禁止分包单位将其承包的水运建设工程再分包。

2. 违法分包

违法分包是指不满足分包条件的分包。《建设工程质量管理条例》对违法分包情形进行了列举，包括：（1）总承包单位将建设工程分包给不具备相应资质条件的单位的；（2）建设工程总承包合同中未有约定，又未经建设单位认可，承包单位将其承包的部分建设工程交由其他单位完成的；（3）施工总承包单位将建设工程主体结构的施工分包给其他单位的；（4）分包单位将其承包的建设工程再分包的。

---

① 参见《建设工程质量管理条例》第十八条、第二十五条、第三十四条。
② 《建设工程质量管理条例》第七十八条规定，本条例所称转包，是指承包单位承包建设工程后，不履行合同约定的责任和义务，将其承包的全部建设工程转给他人或者将其承包的全部建设工程肢解以后以分包的名义分别转给其他单位承包的行为。多部立法对违法分包和转包都做出了禁止性规定，如《航道建设管理规定》第三十五条规定，航道建设从业单位必须按照合同规定履行其义务，不得随意压缩建设工期，禁止转包和违法分包。

3. 分包的责任承担

在合法分包的情况下，承包人应就全部承包任务向发包人承担责任；分包人应就分包任务向发包人承担责任，同时，承包人应当加强对分包任务的管理，与分包人一起就分包任务向发包人承担连带责任。

在违法分包的情况下，除认定分包无效外，需要责令改正，没收违法所得，处以勘察费、设计费、工程价款、监理酬金一定比例的罚款；可以责令停业整顿，降低资质等级；情节严重的，吊销资质证书。

四、航道建设的监督管理

(一)监督管理职责的划分

航道建设实行统一领导，分级管理制度。县级以上交通运输主管部门应当依法对航道建设实施监督管理并贯穿始终，保障航道建设工程的质量与安全。《航道建设管理规定》对各级交通运输主管部门的监管职责进行了划分。

1. 国务院交通运输主管部门

国务院交通运输主管部门负责全国航道建设的行业管理。具体负责：(1)审核并按照权限批准国务院发展改革部门批准或核准的航道建设项目的项目建议书和可行性研究报告；(2)监督管理国务院发展改革部门批准或核准以及交通运输主管部门批准可行性研究报告的航道建设项目的设计文件审批、开工备案、竣工验收以及招标投标等项目的实施过程。

2. 省级交通运输主管部门

省级交通运输主管部门负责本行政区域内航道建设的监督管理。具体负责：(1)监督管理省级人民政府有关部门批准的航道建设项目的前期工作和设计文件审批、招标投标、开工备案、竣工验收等项目实施过程；(2)实施经省级人民政府核准的航道建设项目的设计文件审批、开工备案和竣工验收工作。

3. 设区的市和县级交通运输主管部门

设区的市和县级交通主管部门按照省级人民政府的有关规定负责本行政区域内航道建设项目的监督管理。

交通运输主管部门可以委托建设工程质量监督机构具体实施航道工程质量监督管理。被委托的建设工程质量监督机构应当满足法定基本条件，包括：(1)从事质量监督管理工作的专业技术人员数量不少于本单位职工总数的70%，且专业结构配置合理，满足质量监督管理工作需要，从事现场执法的人员应当按规定取得行政执法证件；(2)具备开展质量监督管理的工作条件，按照有关装备标准配备质量监督检查所必要的检测设备、执法装备等；(3)建立健全质量监督管理制度和工作机制，落实监督管理工作责任，加强业务培训。

(二)监督管理职责的内容

交通运输主管部门对航道建设监督管理职责的内容主要包括：(1)监督国家有关航

道建设工作方针、政策和法律、法规、规章、技术标准的执行；(2)监督航道建设项目建设程序的实施；(3)监督航道建设市场秩序；(4)监督航道工程质量和工程安全；(5)监督航道建设资金的使用；(6)监督廉政建设情况；(7)指导、检查下级管理部门的监督管理工作；(8)依法查处航道建设违法行为；(9)法律、行政法规规定的其他职责。

交通运输主管部门或者其委托的建设工程质量监督机构可以根据情况采取随机抽查、备案核查、专项督查、综合检查等方式实施监督检查；履行监督检查职责时，可以采取下列措施：(1)进入被检查单位和施工现场进行检查；(2)询问被检查单位工作人员，要求其说明有关情况；(3)要求被检查单位提供有关工程质量的文件和材料；(4)对工程材料、构配件、工程实体质量进行抽样检测；(5)对发现的质量问题，责令改正，视情节依法对责任单位采取通报批评、罚款、停工整顿等处理措施。

五、航道建设项目的监理

航道建设项目实行工程监理制度。工程监理是指监理单位受建设单位委托，依据国家批准的工程项目建设文件，有关工程建设的法律、法规和工程建设监理合同及其他工程建设合同，对工程建设实施的监督管理。它既是一种将工程技术、工程经济和相关法律融为一体的全方位、全过程的动态工程管理模式，也是一种对所建工程的质量、进度和投资进行综合管理、内部监督的模式。在工程监理中，监理单位与建设单位之间形成委托合同关系。

（一）监理单位的资质

《公路水运工程监理企业资质管理规定》(2018年)对水运工程监理单位[①]的资质管理进行了规定。申请水运工程监理资质的单位，应该满足以下方面的资质条件：(1)人员、业绩和人员结构方面；(2)工程试验仪器、检测设备和建立工地试验室方面；(3)规章制度和组织体系方面；(4)质量安全事故方面；(5)信誉方面。

水运工程专业监理资质分为甲级、乙级、丙级三个等级和水运机电工程专项，取得不同资质的具体条件有所差异。省级人民政府交通运输主管部门负责资质许可工作，符合资质条件的，许可机关颁发有效期限为4年的监理资质证书；有效期届满60日前，监理单位可向原许可机关提出延续资质申请。

监理单位资质实行定期检验制度，每两年检验一次；定期检验不合格的，责令在6个月内进行整改；整改期满不能达到规定条件的，降低资质等级或者撤销资质许可；未按照规定的期限申请资质定期检验的，资质证书失效。

监理单位有下列情形之一的，应当注销其监理资质：(1)未按照规定期限申请资质延续的；(2)单位依法终止的；(3)资质被依法撤销、撤回或者资质证书依法被吊销的；(4)法律、法规规定的应当注销资质的其他情形。

监理单位的名称、地址、法定代表人等一般事项变更的，应当申请签注变更；发生合

---

① 此处将监理单位与监理企业作为同义语，并在文中统一使用监理单位。

并、分立、重组、改制等重大事项变更,应当重新核定资质等级。

监理资质与从业范围直接联系。取得甲级监理资质,可在全国范围内从事大、中、小型水运工程项目的监理业务;取得乙级监理资质,可在全国范围内从事中、小型水运工程项目的监理业务;取得丙级监理资质,可在企业所在地的省级行政区域内从事小型水运工程项目的监理业务;取得水运机电工程专项监理资质,可在全国范围内从事水运机电工程项目的监理业务。

(二)监理单位的行为限制

法律对监理单位在承揽监理业务过程中行为进行了一定的限制,以保证实现监理的目的。这些限制主要有:(1)禁止监理单位超越资质等级许可的范围或者以其他监理单位的名义承担监理业务;(2)禁止监理单位允许其他单位或者个人以本单位的名义承担监理业务;(3)监理单位不得转让工程监理业务;(4)禁止与特定工程的施工单位以及建筑材料、构配件和设备供应单位有隶属关系或者其他利害关系的监理单位承担该工程的监理业务;(5)禁止监理单位降低工程质量标准。

(三)强制监理的建设工程

《建设工程质量管理条例》(2017年)对强制监理的工程范围进行了规定,包括:(1)国家重点建设工程;(2)大中型公用事业工程;(3)成片开发建设的住宅小区工程;(4)利用外国政府或者国际组织贷款、援助资金的工程;(5)国家规定必须实行监理的其他工程。《水运工程施工监理规定(试行)》(2015年)规定,凡大中型水运建设项目和重要的小型水运建设项目,均须实行施工监理。

沿海与内河确定航道工程项目的标准不同。沿海航道工程,大、中、小型项目以通航船舶吨位为划分标准,分别不低于30000吨级、10000~30000吨级和不足10000吨级;内河航道工程,大、中、小型项目以通航船舶吨位为划分标准,分别不低于1000吨级、300~1000吨级和不足300吨级。

(四)监理机构和人员

1. 监理机构

监理机构是监理单位承接建设单位委托的施工监理任务后,为完成工程项目的监理工作而专门组建的内部机构。监理机构代表监理单位履行监理合同,不具有独立的法律地位。

监理机构的名称可以是工程项目施工监理部或监理组。

2. 监理人员

监理人员是指监理机构的组成人员,包括项目总监理工程师(总监)、总监代表、驻地监理工程师、现场监理员(旁站)、试验室负责人、测试人员和必要的行政、后勤管理人员。

监理人员需具备相应的能力,具有相应的技术职称和适任证书。总监和总监代表须由高级工程师或高级经济师担任,驻地监理工程师须由相应专业的工程师或经济师担任,上述人员均须是批准注册的水运工程监理工程师或专项监理工程师；现场监理员须有初级技术职称并经过岗前监理业务培训；试验室负责人须有中级以上技术职称，测试人员须有操作证书。

监理机构的总监理工程师等主要人员，未经建设单位同意不得变更。

(五)监理机构的权利和义务

工程监理的主要内容是控制工程建设的投资、建设工期和工程质量；进行工程建设合同管理，协调有关单位间的工作关系。航道建设项目在实施过程中，监理单位应当依照法律、法规、规章、技术标准、设计文件、合同文件和监理规范的要求，采用旁站、巡视和平行检验形式对工程实施监理。为保证受监工程的顺利完成，监理机构根据监理合同享有权利和承担义务。

1. 监理机构的权利

监理机构对受监工程有独立进行监理的权利。监理过程中，监理机构的主要权利包括：

(1)查阅权。监理机构有权查阅受监工程的全部设计文件及批文。

(2)参会权。监理机构有权参加建设单位和施工单位召开的有关受监工程的各种业务会议。

(3)决定权。监理机构有权制止各种质量与性能不合格的建筑材料、构件和设备进场；有权在上道工序质量不合格时，不准下道工序施工；有权禁止对质量不合格的或未经检验的隐蔽工程进行覆盖，对已覆盖的不予验收；有权拒绝对质量不合格的工程和未进行验收的隐蔽工程进行计量和签署付款通知书；有权在工程进度滞后时要求施工单位或提请建设单位及时采取有效措施；有权要求履约能力差的施工单位限期整改；有权审核因设计变更引起的工程量变化。

(4)建议权。监理机构对问题严重的施工单位，有权建议建设单位中止合同，更换施工单位或施工队伍。

2. 监理机构的义务

全面履行监理合同是工程项目施工监理机构的服务宗旨，在监理过程中，监理机构的主要义务是：(1)派出足够的监理人员常驻现场；(2)定期召开工程现场例会，及时通报现场情况；(3)定期向建设单位书面报告工程的质量、进度和费用支付等情况，随时报告突发的重大问题；(4)及时发布施工合同允许范围内的变更意见或修改设计；(5)及时转达施工单位对建设单位的要求；(6)接受交通运输主管部门及其质量监督机构的监督检查。

第四节　航道建设工程竣工验收

航道建设工程的竣工验收是施工全过程的最后一道工序，是建设投资成果转入生产或使用的标志，是全面考核投资效益、检验设计和施工质量的重要环节，目的是保证航道建设工程能够安全可靠运行。为规范航道工程竣工验收工作，2008年交通运输部①制定了《航道工程竣工验收管理办法》，并于2014年8月22日进行了修改。

一、竣工验收的含义

航道建设工程经竣工验收合格方可正式投入使用，可见竣工验收是航道工程建设的重要环节。"竣工验收"是由"竣工"和"验收"两个词构成的复合词，竣工是竣工验收中的第一道工序，是一种完工的客观事实状态②；验收是一个根据特定标准对完工时客观事实状态的主观判断过程，是对工程质量达到合格与否的确认。若判定者认为客观事实状态符合特定标准，即为验收合格。然而，在工程建设中，竣工验收一词因验收主体不同而存在不同的含义，与交工（完工）验收、国家验收存在混用。

《施工招标文件使用指南》（2007年版标准）规定，竣工验收是指承包人完成合同工程后移交给发包人接收前，由发包人组织进行的验收；国家验收是各级政府有关部门不以发包人身份，根据法律、法规、规程、规范和政策要求，针对发包人组织实施的整个工程正式交付投运前的验收。《水运工程标准施工招标文件》（2008年版）则将"竣工验收"直接解释为"交工验收"③。

《公路工程竣（交）工验收办法》（2004年）中明确区分交工验收和竣工验收，该办法规定：交工验收是检查施工合同的执行情况，评价工程质量是否符合技术标准及设计要求，是否可以移交下一阶段施工或是否满足通车要求，对各参建单位工作进行初步评价；竣工验收是综合评价工程建设成果，对工程质量、参建单位和建设项目进行综合评价。交工验收由项目法人负责，竣工验收由交通主管部门按项目管理权限负责。

《港口工程竣工验收办法》规定，港口工程竣工验收，是指港口工程完工后、正式投入使用前，对港口工程质量、执行国家和行业强制性标准情况、投资使用情况等事项的全面检查验收，以及对港口工程建设、设计、施工、监理等工作的综合评价。项目法人应当向港口所在地港口行政管理部门提出竣工验收申请。

从上述规定可以看出，交工验收由建设单位组织，国家验收由有关主管部门组织，竣工验收既可能指交工验收，也可能指国家验收。《航道法》第十三条明确要求航道建设工程竣工后，应当按照国家有关规定组织竣工验收，但未明确验收主体。《航道工程竣工验收管理办法》规定，航道工程竣工验收工作是指航道工程完工后、正式交付使用前，对航道工程质量、国家和行业强制性标准执行情况、资金使用情况等事项的全面检查验收，以及对航道工程建设、设计、施工、监理等工作的综合评价。该办法明确省级交通运输主管部门具体负责由国务院投资主管部门、省级人民政府有关部门批准或者核准的航道工程的竣工验收工作，并出现"申请竣工验收"的用语，可以判定航道建设工程的竣工验收属于国家验收，而非交工验收。

本书将竣工验收与交工验收作为平行概念。两者的区别主要有：（1）验收的组织主体

---

① 2008年1月颁布《航道工程竣工验收管理办法》时，现交通运输部的名称为交通部。
② 胡利明. 竣工验收的多维分析[J]. 重庆文理学院学报（社会科学版），2016（4）：69.
③ 转引自陈孝凯. 从合同管理看竣工和交工验收风险[J]. 施工企业管理，2018（4）：79-80.

不同。竣工验收由交通运输主管部门组织，交工验收由航道建设单位组织。(2)验收的性质不同。竣工验收属于公法性质的国家验收，交工验收属于私法性质的自主验收。(3)验收组织的权利来源不同。竣工验收组织权利来源于法律规定，交工验收组织权利来源于法律规定和合同约定。(4)验收的对象不同。竣工验收针对的是航道建设工程的整体，交工验收既可针对航道建设工程的整体，也可针对航道建设工程中的单位工程。(5)验收的时间不同。竣工验收在航道建设工程全部完工后进行，交工验收可以按阶段进行。(6)验收申请者不同。竣工验收由发包人申请、各级政府主管部门针对发包人组织实施的"整个工程正式交付投运前的验收"；交工验收由承包人申请、发包人组织的各种验收。①

二、竣工验收的条件

航道建设工程竣工验收是政府主管部门对工程建设进行有限监管的重要手段，航道建设单位在施工单位完成全部施工任务、满足验收条件的前提下，可以向有关主管部门提出竣工验收申请。按照《航道工程竣工验收管理办法》第七条规定，申请竣工验收需满足以下条件：

1. 工程已经建成并满足生产使用要求

"工程已经建成"表明所建工程已经达到主管部门批准文件规定的建设规模、符合有关的建设标准、完成要求的建设内容，但允许有一定的尾留工程。尾留工程是指不影响实现项目功能，因各种原因尚未完工而需继续完成的工程。申请航道建设工程竣工验收，尾留工程有一定的限制：(1)不得是主体工程。主体工程是指实现项目功能以及与实现功能密切相关的单项工程。(2)不得影响工程效果和工程正常运行。(3)投资额不能超过工程总概算②的5%。"满足生产使用要求"表明一旦验收合格，即可安全投入运行。

2. 各单位工程和项目经检验合格

单位工程③是指具有单独设计和独立施工条件，但不能独立发挥生产能力或效益的工程，它是单项工程的组成部分。单位项目，即单项工程，是指具有独立的设计文件，竣工后可以独立发挥生产能力或效益的工程。单位工程、单位项目是航道建设工程的组成部分，应在竣工验收前经工程质量监督机构检验合格。按照《建设工程质量监督机构和人员考核管理办法》(建质〔2007〕184号)规定，建设工程质量监督机构是指受县级以上地方人民政府建设主管部门或有关部门委托，经省级人民政府建设主管部门或国务院有关部门考核认定，依据国家的法律、法规和工程建设强制性标准，对工程建设实施过程中各参建责任主体和有关单位的质量行为及工程实体质量进行监督管理的具有独立法人资格的单位。航道建设工程质量监督机构经考核取得水运工程质量监督合格证书后，方可实施水运工程

---

① 陈孝凯. 从合同管理看竣工和交工验收风险[J]. 施工企业管理, 2018(4)：80.
② 工程总概算是指工程项目从筹建到竣工验收交付使用的全部建设费用，由工程费用、其他费用、预备费用和财务费用四部分组成。
③ 一个建设项目可以分解为若干单项工程，一个单项工程可以分解为若干单位工程，一个单位工程可以分解为若干分部工程，一个分部工程可以分解为若干分项工程。分部工程是按工程的种类或主要部位将单位工程细分的若干工程，如基础工程、主体工程、电气工程、通风工程等。分项工程是按不同的施工方法、构造及规格将分部工程细分的若干工程，如土方工程、钢筋工程等。

质量监督。

3. 各单位工程交工验收合格

交工验收是航道建设单位自行组织的验收。施工单位在单位工程完工后，应向建设单位提出交工验收申请。对符合交工验收条件的，建设单位应及时组织设计、施工、监理、质监、运行管理及有关单位进行交工验收。单位工程作为航道建设工程的组成部分，如果无法通过交工验收，则航道建设工程竣工验收无法合格。

4. 主要设备或者设施主要技术参数达到设计要求

主要设备或者设施都会对航道建设工程功能实现产生直接影响，因而需要通过调试以及联动测试，对主要技术参数进行检测。若检测结果不满足设计要求，则无法通过竣工验收。

5. 航运枢纽工程阶段验收合格

本条件仅适用于航运枢纽工程。航运枢纽①是指以航运开发为主，兼有防洪、发电、灌溉等其他功能的拦河通航建筑物。阶段验收②是指航运枢纽工程建设进入截流、水库蓄水、通航、机组启动等关键阶段前进行的验收。阶段验收由建设单位申请，航道建设工程所在地省级交通主管部门负责组织。省级交通主管部门应成立由交通主管部门、项目单位、设计、施工、监理、质量监督、运行管理等单位组成的阶段验收委员会开展阶段验收工作。

6. 实船适航检验指标满足设计要求

本条件仅适用于需要实船适航检验的航道建设工程，如航道整治工程。适航检验需要选择设计船型，各项检验指标需要满足设计要求。

7. 试运行

试运行是指航道主体工程交工验收合格后，至竣工验收之前，检验工程效果和运行能力的运行。试运行期自航道主体工程最后一个单位工程交工验收合格之日起算，试运行期满 1 年且运行情况正常才可申请竣工验收。为防止试运行期过长，法律要求试运行期满后 1 年内申请竣工验收，不能按期申请验收的，应当向竣工验收部门提出延期申请，延长期限一般不得超过 2 年。虽然"一般"表明了立法的基本态度，但由于没有严格"封顶"和处罚不力③，导致现实中出现试运行多年迟迟不申请竣工验收的航道建设工程。

8. 竣工档案资料齐全，通过有关专项验收

档案资料是指与特定活动有关的、需要保存的各种文字、图表、声像等不同形式的历史记录。航道建设工程竣工档案资料则是在竣工后需要提交和保存、对工程管理具有一定价值的书面记录，如：施工单位工程竣工报告、监理单位工程竣工质量评价报告、勘察单位勘察文件及实施情况检查报告、建设工程质量竣工验收意见书、工程质量保修合同、建

---

① 参见《航道建设管理规定》第五十九条。
② 参见《航道工程竣工验收管理办法》第二十一条。
③ 法律规定对延期后仍不能按期申请竣工验收的，竣工验收部门应当予以通报或者警告。参见《航道工程竣工验收管理办法》第八条。

设工程竣工验收报告、竣工图等。

专项验收是指对工程相关的特定事项进行的验收。如：规划验收、档案验收、环保验收、消防验收等。

9. 竣工决算报告通过审计

竣工决算报告是考核基本建设项目投资效益、反映建设成果的文件，由竣工决算报告说明书、竣工决算报表、建设工程项目竣工图和工程造价比较分析四部分组成。航道建设工程完建后，在竣工验收之前应当根据有关资料所列的数字预编制竣工决算报告，并需经国家审计机构或者具有审计资格的中介机构出具无保留意见的审计报告。竣工决算报告是建设单位向生产、使用或管理单位移交财产的依据。

10. 工程运行管理部门已落实

运行管理部门是工程竣工验收合格后，承担运行管理责任的单位。目前，航道建设工程运行管理部门既可能是建设单位，也可能是非建设单位，且单位性质、运行管理体制均有多元化的倾向。

11. 竣工验收工作报告编制完成

竣工验收工作报告主要包括竣工报告、设计工作报告、施工工作报告、监理工作报告、质量监督工作报告、工程试运行报告等。

12. 特定航道工程初步验收合格

此处的特定航道工程特指航运枢纽工程以及技术复杂的其他航道工程。初步验收的主要工作包括：(1)审阅有关单位的工作报告；(2)检查工程质量；(3)查阅工程质量保证资料，必要时对工程实体质量进行抽检；(4)检查历次验收中遗留问题的处理结果和工程试运行情况；(5)对重大技术问题的处理做出评价；(6)检查工程档案资料；(7)检查专项验收情况；(8)核实尾留工程内容、完成期限和责任单位等。初步验收合格后，形成初步验收工作报告，由初步验收单位报送竣工验收部门。

三、竣工验收的程序

航道建设工程竣工验收按照下列程序进行：

（一）建设单位向竣工验收部门提出申请

竣工验收部门是所有负责航道工程竣工验收工作的部门。2014年修改后的《航道工程竣工验收管理办法》删除了交通运输部直接负责竣工验收工作的条款[①]，明确了省级交通运输主管部门具体负责由国务院投资主管部门、省级人民政府有关部门批准或者核准的航道建设工程的竣工验收工作。其他航道建设工程的验收工作按照属地管辖原则，由设区的市和县级交通运输主管部门具体负责竣工验收工作。

对于省级交通运输主管部门负责竣工验收的航道工程，建设单位可以向省级交通运输主管部门或者其委托的部门提出竣工验收申请；向受托部门提出申请的，受托部门应在规定时间内提出初审意见报省级交通运输主管部门。

---

① 《航道工程竣工验收管理办法》（2008年）第五条第二款、第九条。

(二)竣工验收部门组成竣工验收委员会

竣工验收委员会由竣工验收部门邀请相关部门组成,对于航运枢纽工程以及技术复杂的其他航道工程,还应当邀请有关专家参加。

建设单位以及设计、施工、监理和运行管理等单位应当参加竣工验收工作;有关地方政府部门、单位接受竣工验收部门邀请可以参加竣工验收工作。

(三)竣工验收委员会实施竣工验收工作

竣工验收委员会实施竣工验收工作的主要依据有:(1)相关法律、法规、规章;(2)相关技术标准、规范;(3)建设项目的批准、核准、备案文件;(4)建设项目的初步设计文件、施工图设计文件、设计变更文件以及概算调整等文件;(5)主要设备技术规格或者说明书;(6)招标文件以及合同文本。

竣工验收主要内容包括:(1)检查工程的批准、核准、备案等文件是否齐全;(2)检查工程是否按批准的规模、标准、内容全部建成;(3)检查国家和行业强制性标准的执行情况;(4)检查工程招投标以及合同履约情况;(5)检查工程交工验收情况;(6)检查工程实体质量以及工程效果;(7)检查航运枢纽工程的阶段验收情况;(8)检查工程试运行情况;(9)检查专项验收情况;(10)检查工程竣工决算报告的审计情况;(11)对存在的问题和尾留工程提出处理意见。

航道工程建设单位、质量监督机构、设计单位、施工单位、监理单位应当提交工作报告,提供相关资料,配合开展验收工作,并对所提交资料的完整性、真实性和有效性负责。

竣工验收委员会在全面检查工程实体质量以及建设情况后,进行综合评价。(1)工程不符合验收条件的,提出处理意见,限期整改;整改期满后,重新提出竣工验收申请。(2)工程符合验收条件的,签署《航道工程竣工验收鉴定书》。

(四)竣工验收部门签发《航道工程竣工验收证书》

竣工验收部门应当自《航道工程竣工验收鉴定书》签署之日起10个工作日内,签发《航道工程竣工验收证书》并依法报备。

《航道工程竣工验收证书》是航道建设工程通过竣工验收的证明文件,也是正式投入使用的依据。

四、竣工验收后义务

航道建设工程通过竣工验收后,建设单位需承担办理档案、固定资产交付使用手续、报送竣工测量图等义务。《航道法》特别强调了报送竣工测量图,并做出了专门规定。

航道建设工程完工后,建设单位应当委托有相应资质的测量单位,进行竣工测量。竣工测量图是对完工后的工程各项技术参数进行测量后形成的各类专业图的总称。航道工程竣工测量图包含的技术参数有平面控制网坐标、高程控制网高程、河道地形、陆域地形、测图水位等。①

　　航道竣工测量图是竣工验收阶段重要的技术资料，是检验建设成果是否达到设计要求的依据，是档案资料的重要内容，也是开展后续航道养护、保护及相关管理工作依据。

　　航道竣工测量图应在航道建设工程竣工验收合格之日起60日内报送负责航道管理的部门，沿海航道竣工测量图还应同时报送海军航海保证部门。负责航道管理的部门可以根据竣工测量图反映的信息与航道的现实状况的差异，及时开展航道养护工作；海军航海保证部门可以根据竣工测量图反映的信息，更好地服务于海军的战备、训练和执行任务。

---

① 信春鹰，王昌顺. 中华人民共和国航道法释义[M]. 北京：法律出版社，2015：59. 绝对高程，简称高程，是指某点沿铅垂线方向到绝对基面的距离。假定高程，是指某点沿铅垂线方向到某假定水准基面的距离。高程控制网是在一个国家或一个地区范围内，测定一系列统一而精确的地面点的高程所构成的网。

第四章 航道养护

第一节 概　　述

一、航道养护的概念和类别

(一)航道养护的概念

我国航道事业已逐渐由大规模建设阶段转为养护阶段,航道管理与养护任务将更加艰巨。[①] 截至2015年年底,我国内河和沿海航道养护里程达10.8万公里,其中沿海航道养护里程达1万余公里;2020年,我国将实现内河航道养护里程10.4万公里、沿海航道养护基本覆盖的目标。[②] 航道养护工作的质量,直接影响到航道建设成果的应用和建设效益的发挥,"十二五"以来,我国出台了一系列法律法规和政策支持航道养护工作,"建设是发展,管理与养护是可持续发展,建、管、养并重是科学发展"的理念已深入人心。[③]

《航道法》从强化政府和负责航道管理的部门责任着手对航道养护进行了专章规定,但未对航道养护进行界定。正确认识航道养护的内涵,是做好航道养护管理工作的基础。"养护"的基本含义是"保养、维护";从工程角度而言,养护是为保证工程正常使用而进行的各类作业活动。航道养护需保证航道建设成果发挥应有的效用,属于长期性的工作;航道养护需满足特定的技术规范要求,属于专业性的工作;航道养护需不间断地进行,属于日常性工作;航道养护需保持既有的通航条件,属于及时性工作。本书认为,航道养护是指为保证航道的通航条件,按照技术规范要求进行的经常性保养、维护和应急性修复工作。

航道养护与航道建设既有紧密的联系,也有明显的区别。两者的联系在于建设的成果是养护的对象,均服务于航道畅通和通航安全。两者的区别主要有:(1)目的存在不同。航道建设的主要目的在于改善通航条件,养护的主要目的在于维持通航条件,即保证航道处于良好的通航技术状态。(2)顺序存在先后。航道建设完工在先,航道养护实施在后。(3)时间延续不同。航道建设以竣工验收合格为结束的标志,时间上表现为"有始有终";

[①] 袁嫒,赵龙. 国内外内河航道养护发展比较分析[J]. 中国水运,2017(1):42-45.
[②] 参见《全国航道管理与养护发展纲要(2016—2020年)》。
[③] 袁嫒,赵龙. 国内外内河航道养护发展比较分析[J]. 中国水运,2017(1):42-45.

航道养护以航道的存在为基础，时间上表现为"有始无终"。

航道养护工作的内容主要包括：航道维护观测①、维护性疏浚②、清障、整治建筑物维修以及航运枢纽、通航建筑物、航标设施、船舶基地、码头场站、航道工作船艇等航道设施、设备的运行、监测、检查、保养维护和购置等。

(二)航道养护的类别

航道养护按照不同的标准可有不同的分类，从实际操作的角度看，以下两种分类方法最为重要。

1. 以养护工作性质、复杂程度、规模大小为标准

《航道养护管理规定》(交水发[2010]756号)按性质、复杂程度、规模大小将航道养护工作划分为日常养护和应急养护。

(1)日常养护

日常养护是维持航道通航能力而经常实施的作业，是航道养护部门的主要工作内容，可细分为例行养护和专项养护。

①例行养护

例行养护，是指以维持现有航道技术状况，保障航道基础设施正常运行为目的的养护作业。如船闸的中小修保养、碍航疏浚、清障打捞等。该类养护主要解决在日常巡查中发现的对航道功能发挥有轻微或较小影响的问题。

②专项养护

专项养护以专项养护工程的方式进行。专项养护工程，是指为恢复或改善航道技术状况，提高航道维护装备水平，列入航道养护年度计划规模较大的养护项目，包括规模较大的航道及航道设施的监测、修复、疏浚、清障、航道养护设备、航道设施备品备件的采购以及其他资金规模较大的养护工程。工程费用超过一定额度的，设计方案需要依法履行报批程序，如长江干线航道专项养护工程费用超过300万元的，其设计方案经长江航务管理局审核后，需报交通运输部审批。该类养护主要解决可能对航道功能发挥有一定影响的问题。

(2)应急养护

应急养护以应急抢通工程的方式进行。应急抢通工程，是指为恢复因自然灾害或突发事件影响航道畅通而实施的工程。该类养护主要解决因特别事件造成的对航道功能发挥有明显影响的问题。

传统的养护以日常、应急养护为主，缺乏准确性和前瞻性。为提高养护效果，预防性养护应运而生。预防性养护是一种在航道系统运行状况及使用性能良好的情况下采取的对现有航道及其设备设施进行有计划的、基于最佳成本—效果的养护。作为一种主动式养护，其目的是通过周期性的保养措施，延缓航道损坏，维持或改善航道技术状况，从而延

---

① 航道维护观测是指根据航道工程和维护管理对地形图的要求，对地形图上的地物点和地形点的平面和高程进行精度测绘。

② 维护性疏浚是指为维持通航条件用挖泥船或其他工具在航道中清除水下泥沙的作业。

长航道基础设施使用寿命、推迟导致断航的航道大修和整治工程。[①]

2. 以航道等级和通航要求为标准

《内河航道维护技术规范》（JTJ287-2005）根据航道等级和通航要求，通过列举的方式，将维护类别分为三类。此处的"维护"可以理解为与"养护"同义的概念。

（1）一类维护

具备下列条件之一的航道维护为一类维护：①昼夜通航的 I-IV 级航道；②昼夜通航且年货运量超过 100 万吨的 V-VII 级山区航道；③昼夜通航且年货运量超过 300 万吨的 V-VII 级平原航道；④昼夜通航且年货运量超过 500 万吨的 V-VII 级运河航道和水网航道；⑤年客运量超过 100 万人次的航道。

（2）二类维护

条件介于一类维护和三类维护之间的航道维护为二类维护。

（3）三类维护

季节性通航的 VII 级航道的维护为三类维护。

此种分类的核心在于航道等级及所处位置，各类维护的具体要求需以技术规范为依据。

二、航道养护的管理

航道养护管理是航道管理的重要内容，是航道养护工作有序进行的有力保障。我国航道养护管理工作坚持"管养并重、突出重点[②]、分类维护、保障畅通"的原则，实行统一领导、分级管理。

1. 国务院交通运输主管部门

国务院交通运输主管部门，即交通运输部，负责全国航道养护管理工作。《航道法》特别突出了交通运输部制定航道养护技术规范的职责。

交通运输部所属航道管理机构具体负责其管辖范围内的航道养护管理工作。此处"所属航道管理机构"是从实质意义上进行的规定，包括由交通运输部垂直领导并承担航道养护管理工作的所有机构，如长江航道局、国家海事局等。

2. 地方交通运输主管部门

省级交通运输主管部门负责本行政区域内所管辖的航道养护管理工作，具体实施工作由具有管辖权的各级航道管理机构负责。省界航道的养护管理，由关联的省级交通运输主管部门协商确定。

省、市、县级交通运输主管部门和航道管理机构的具体职权划分通过地方立法和规范性文件予以明确。如《浙江省航道养护管理办法》（2013 年）规定，省港航管理局对列入省预算的养护工程实行监督管理；设区的市港航管理机构负责本辖区内养护工程年度预算的编制、上报，组织养护工程的具体实施管理和县级港航管理机构负责实施的养护工程的监

---

① 袁媛，赵龙. 国内外内河航道养护发展比较分析[J]. 中国水运，2017(1)：42-45.

② "重点"是指长江干线、西江航运干线、京杭运河等内河高等级航道、沿海航道和国境国际河流航道。

督管理。《江苏省航道养护管理办法》（苏交规〔2011〕5号）规定，省交通运输部门主管本省航道养护管理工作，省航道管理机构是本省航道养护的行业管理部门，设区的市航道管理机构等具体负责其管辖范围内航道养护的组织实施。

根据《航道法》的规定，负责航道管理的部门在航道养护中承担下列主要职责：（1）进行航道养护；（2）确定并公布航道维护尺度和内河航道图；（3）进行航道巡查；（4）发布航道通告；（5）设置作业标志和采取安全措施；（6）制定船舶疏导方案；（7）进行信息交流和公告；（8）支持和协助完成军事任务。

三、航道养护技术规范

航道构成部分的水体始终处于"运动"状态，外部影响因素较多，使得航道的技术状态易于发生改变，需要通过不间断的养护作业保持其通航能力。为规范航道养护行为，统一航道养护技术要求，有必要制定权威的技术规范作为航道养护的依据和检验的标准。

《航道法》明确国务院交通运输主管部门是航道养护技术规范的唯一制定主体，保证了技术规范的统一性和权威性。目前，已经制定的涉及航道养护的技术规范主要有《内河通航标准》（GB50139-2014）、《中国海区水上助航标志》（GB4696-1999）、《内河助航标志》（GB5863-1993）、《内河助航标志的主要外形尺寸》（GB5864-1993）、《中国海区水上助航标志形状显示规定》（GB16161-1996）、《内河航道维护技术规范》（JTJ287-2005）、《通航海轮桥梁通航标准》（JTJ311-1997）、《船闸检修技术规范》（JTS320-3-2013）、《水运工程测量规范》（JTS131-2012）、《通航建筑物维护技术规范》（JTS 320-2-2018）等。有关航道技术规范对航道维护观测、航标维护、航道整治建筑物维护等养护内容的具体工作要求做出了明确规定。

1. 航道维护观测

航道维护观测主要包括航道维护水文测验、航道整治建筑物观测、浅滩航道维护测量和长河段航道图测绘等。

航道维护观测应根据航道维护要求进行水位、流量、流速、流态和泥沙等水文测验。测量控制系统应与国家测量控制网衔接，测量仪器应进行鉴定，同一浅滩航道维护测量应采用相同的坐标系统、绘图基准面和测图比例，一类维护航道应进行长河段航道图测绘。

2. 航标维护

航标维护内容包括航标的设置、调整、检查、保养和维修等。航标维护应满足下列要求：（1）航标的位置正确，外形尺寸符合规定，颜色鲜明，灯光明亮，灯质和视距等符合要求；（2）航标通视有效范围内无遮掩物；（3）通行信号和水深信号揭示及时、正确；（4）航标维护正常率，一类维护不小于99%，二类维护不小于95%，三类维护不小于90%。

航标设置应充分利用自然水深，同一水系或同一水网地区相同等级的航道，航标种类和外形尺寸宜一致；岸标应设置在岸坡稳定、背景和通视条件良好的岸边；航标位置和数量应根据水位或水深变化及时调整；桥区、碍航礁石和滩嘴等关键位置的航标失常时，必须立即恢复，其他航标失常时应及时恢复。

3. 航道整治建筑物维护

航道整治建筑物维护包括对整治建筑物的技术状况进行检查；对受损坏的建筑物进行必要的维修；对功能存在明显缺陷的建筑物进行局部改善。

航道整治建筑物技术状况的检查可采用目测、照相、摄像或量测等方法，有定期检查和临时检查两种。定期检查每年至少应在汛后和流冰后进行1次，对新建整治建筑物，建成初期3年内宜在枯水期增加1次检查；临时检查应在山洪暴发、崩崖、滑坡和出现大量流木等情况后进行。检查的重点是丁坝、顺坝和锁坝。①

4. 航道维护疏浚

航道疏浚是增加和维护航道尺度的主要手段之一，除应最大限度地满足航行要求和减少回淤量外，还应使工程量最小并易于施工。

开展疏浚前应进行现场调查和勘测，做好技术准备，选择合适的施工船舶；对于枯水期可能出浅的内河航道，如果航槽比较稳定可在汛期后枯水期前进行维护疏浚；对冲淤不稳定的航槽应在枯水期浅滩快出现时进行疏浚；在有骤淤出现或回淤较集中的地区除加大疏浚能力外，可采用加大备淤深度的方法。

5. 滩险河段航道维护

浅滩、急滩、险滩和弯曲狭窄河段的航道是重点维护对象。特殊条件下，当航道维护标准水深、航宽和弯曲半径确实难以兼顾时，可采取下列应急措施：(1)在顺直航道上，可舍宽求深，但航宽不得小于直线段单线航道宽度；(2)在弯曲航道上，在航宽适当加大的条件下，弯曲半径可小于维护标准，但不得小于3倍设计船队长度。

沿海航道维护应参照潮汐河口航道维护相关规定执行。

四、航道养护计划

航道养护计划是对一定时期内航道养护工作的一种事先安排。航道养护计划需根据航道中长期养护规划，结合年度航道养护资金安排、运输发展要求、航道的通航条件和维护能力，遵循突出重点的原则制定。航道养护年度计划以一年为一个编制周期。《航道养护管理规定》对航道养护年度计划的编制主体、内容等做出了规定。

(一)年度计划主要内容

航道养护年度计划的主要内容包括：(1)维护里程；(2)维护标准；(3)维护内容、工作量及质量目标；(4)生产安全目标；(5)维护费用；(6)工作要求及说明等。

(二)年度计划编制主体

1. 地方管理航道

省级航道养护年度计划由具有管辖权的航道管理机构编制。(1)一般河流，经省级航道管理机构审核后，报省级交通运输主管部门批准；(2)国际(境、界)河流，由省级交通

---

① 丁坝是与河岸正交或斜交伸入水中的航道整治建筑物。顺坝是与水流方向大致平行或有很小交角处于水中的航道整治建筑物。锁坝是把水流集中到可以利用的较宽航道中，增加船舶航行安全的航道整治建筑物。

运输主管部门审核后报交通运输部批准;(3)西江干线,由省级交通运输主管部门会同珠江航务管理局批准。

省级航道养护年度计划编制前,应充分考虑下级航道管理机构报送的养护建议计划;编制完成后,将成为下级航道管理机构编制航道养护年度实施计划的依据。

2. 部管航道

部管航道养护年度计划由交通运输部所属航道管理机构按照管辖范围编制,报交通运输部批准。(1)长江航道局、长江三峡通航管理局编制的,经长江航务管理局审核后报交通运输部批准;(2)长江口航道管理局编制的,报交通运输部批准。

航道管理机构应当及时将经批准的养护年度计划向海事管理机构备案。计划中涉及维护里程①、维护标准、维护内容等发生重大变化的,应当重新报批,及时公布。

五、航道维护尺度和内河航道图

(一)航道维护尺度

航道维护尺度是航道维护标准的重要内容,由负责航道管理的部门根据航道现状技术等级或者航道自然条件确定和公布。航道现状技术等级根据航道现状评定,分为七级;航道自然条件包括气象、水文、地质、河床地形等要素。

航道维护尺度与航道尺度有关,但两者并不同义。航道尺度是指设计最低通航水位时航道的最小水深、宽度、弯曲半径;航道维护尺度是指航道在不同水位期应当保持的水深、宽度、弯曲半径等技术要求。在设计最低通航水位时,航道维护尺度等于航道尺度;在不同水位期,航道维护尺度都不得低于航道尺度,航道尺度成为航道最小维护尺度。

航道维护尺度在确定后需向社会公布,公布方式多样,既可以采取发布航道通告、规范性文件的方式,也可以通过网络、报纸、电视等易于获取信息的方式。通过公布航道维护尺度,既便于航道使用者及时了解航行河段的信息,合理进行船舶配载,提高航运效率;也可以更好地接受社会监督,不断提高航道维护质量、提高航道服务水平。

(二)内河航道图

航道图,又称航行图,是船舶在江河湖海或港湾等水域内安全行驶的通道图。它直接服务于船舶航行安全,也是航道整治、维护、管理的重要依据,有海上航道图、海上进港航道图和内河航道图等多种类别。

内河航道图是指长河段航道图,性质上属于专题地图,包括纸质航道图和电子航道图。随着数据驱动的航道保障模式转型,特别是2009年我国建成了长江干线南京至浏河口段首条内河数字航道②以来,作为数字航道核心部分的电子航道图③应用越来越广泛。内河航道图主要包含水下地形、陆上地形、助航设施、与通航有关的建筑物、水上服务设

---

① 维护里程是指由航道管理机构实施航道维护管理的航道长度。
② 李学祥. 内河数字航道的概念与构成研究[J]. 测绘与空间地理信息,2017(4):15-17.
③ 刘力,于秀娟等. 内河航道制图与电子航道图一体化生产[J]. 中国航海,2011(4):9-12.

施、城镇和其他重要地形地物的位置或轮廓、障碍物的位置和高度等，并标绘测量日期、测时水位，附加各主要建筑物的特征参数等内容。①

出版发行电子或纸质航道航行参考图集，必须报交通运输部水运局会同海事局进行技术和保密审查；审查合格后，负责航道管理的部门应当会同海事管理机构对外公布。航道图测量频次和公布航道图的周期时限一般按照航道等级、航道维护类别、航道条件确定。如一类维护航道的更新周期宜取8~10年，变化较大的航道可缩短为3~6年，较为稳定的航道可延长至15年。②

六、航道巡查和航道通告

（一）航道巡查

航道巡查是指负责航道管理的部门为保证航道处于良好的通航技术状态进行的巡视检查。它是航道日常养护管理的基础性工作，对保证航道畅通和航行安全十分重要。通过航道巡查，可以及时掌握通航条件的变化，及时采取应对措施化解影响通航安全的因素，减少和避免航行事故的发生。

1. 航道巡查的特点

（1）主体特定。航道巡查由负责航道管理的部门实施，其他涉水管理部门所进行的涉水巡查工作，虽然也可能发现航道毁损等危及通航安全的情形，但不属于航道巡查的范围。

（2）对象特定。航道巡查的对象是航道，巡查的内容均与航道的功能能否正常发挥有关，不以航道为对象的涉水巡查不属于航道巡查。

（3）行为有序。航道巡查是负责航道管理的部门日常工作的重要内容，巡查的重点、主要内容和要求、巡查周期和次数、巡查中发现问题的处理等都有明确的制度性要求，整个巡查工作有序并持续进行。

2. 航道巡查的内容

航道巡查的内容是巡查目的实现的保证，也决定着巡查工作量的大小。采取不同的巡查方式以及不同次别的巡查，内容可能有所不同，但作为一体的巡查活动，主要内容包括：

（1）航道及航标、航道整治建筑物等航道设施③状况及功能发挥情况，专设航标布设及功能发挥情况；

（2）航道水域是否存在漂浮物、沉船、沉物等碍航物；

（3）是否存在影响航道的水上养殖、捕捞、采砂、施工作业和其他水上水下活动；

（4）是否存在影响航道的跨、临、拦河建筑物等与通航有关的设施；

（5）是否存在在滩地、岸坡进行堆填、挖掘、种植、构筑建筑物等影响航道的行为；

---

① 信春鹰，王昌顺. 中华人民共和国航道法释义[M]. 北京：法律出版社社，2015：67.
② 参见《内河航道维护技术规范》(JTJ287-2005)之3.4.1.
③ 按照《航道法》规定，航道设施属于航道组成部分。

(6)是否存在向航道内倾倒泥沙、石块和废弃物的行为；
(7)是否存在侵占、破坏航道及航道设施的行为；
(8)其他违反航道管理法规的行为。

3. 航道巡查的方式

航道巡查的方式多样，既可以通过乘船、乘车到现场检查，也可以采取遥测遥控技术远程实施。以航标巡查为例，可分为日常检查、定期检查和临时检查，其中临时检查应在洪峰或漂木来到前后、灾害性天气之后、船舶执行重要任务之前组织。各类检查的主要内容由技术标准规定，日常检查和临时检查一致，定期检查在日常检查内容的基础上有所增加。各类检查以及同类检查的不同情况，检查周期有所不同，如一类和二类维护航道的日常检查周期一般不超过 5 天，定期检查周期一般不超过 20 天；滩险河段成滩期和桥区、坝区、港区航道设标期的日常检查应每天进行，已建立航标遥感遥控系统的航道日常检查周期可适当延长。具体实施检查过程中，可以采用逐标检查和重点检测相结合的方式。

4. 航道巡查的要求

航道巡查人员及时做好巡查记录，按照有关规程及时处理、通报巡查中发现的问题是航道巡查的基本要求。

(1)发现技术性问题。航道巡查过程中，发现航道实际尺度达不到航道维护尺度或者有其他不符合保证船舶通航安全要求的情形，负责航道管理的部门应当及时采取措施、进行维护，恢复通航条件；及时发布航道通告，并将有关信息通报有关的海事管理机构、港口管理部门和报告上级管理部门。

(2)发现违法现象。航道巡查过程中，发现有破坏航道等影响航道通航安全的违法行为，应当及时阻却违法行为，责令停止侵害、责令赔偿、恢复原状，并依法采取警告、罚款等处罚措施。负责航道管理的部门还应当根据不同情况，向有关的海事管理机构、港口管理部门和其他管理部门通报，向上级管理部门报告。

(二)航道通告

通告，一般是对一定范围内不特定主体发出的一种通知，目的在于扩散某种特定的信息，有周知性(事务性)通告和规定性(制约性)通告之分。通告使用范围广泛，使用主体多元，但具有法律意义的通告的发布需依法进行。航道通告，特指负责航道管理的部门基于法律的要求和管理的需要，对一定范围内不特定主体发布的与航道有关的信息。

航道通告具有告知性、规范性、专业性、行业性、及时性的特点。发布的内容主要包括航道维护尺度发生变化，航道布置、航标配布发生变化，其他与航道有关的信息。对于出现航道实际尺度达不到航道维护尺度要求等影响通航条件的情形时，若能及时修复的，一般不需发布航道通告；若不能及时修复的，应采取疏浚等措施进行维护，并发布航道通告。航道通告可以通过公文、报纸、网络等途径发布，以便航运企业、船主等及时了解航道信息。

与航道通告有密切关系的是航行通告和航行警告。《海上航行警告和航行通告管理规定》(1993 年)对沿海水域发布航行通告和航行警告进行了专门规定，航行通告和航行警告既可依照职权发布，也可根据申请发布，两者发布的原因、目的基本相同，但航行警告以无线电报或者无线电话的形式发布,航行通告以书面形式或者通过报纸、广播、电视等新闻媒介发布,可见航行警告对传播速度要求更快,含有较强的警示意义。

航道通告以"及时"作为发布时间要求,虽不够具体,但"在可能的最短时间内"发布的意思指向是明确的。以"及时"作为要求,既可以克服采用统一、具体时限要求的客观困难,也可以保证法律条文的简洁,避免因超过"时限"而造成的违反规定情形出现。

七、通航安全通报与报告

对航道所涉区域的管理,涉及多个管理部门,关系众多主体利益,不同部门之间的信息互动以及加强社会监督是提升航道管理效率的有效措施。

通航安全通报是在不同的涉及航道管理的部门之间进行的,通航安全报告是在社会主体和管理主体、管理主体和政府及上级管理部门之间进行的。

(一)通航安全通报

《航道法》特别关注负责航道管理的部门与海事管理机构之间的信息通报工作。

负责航道管理的部门在下列情况下应向海事管理机构通报:(1)航道巡查中发现不符合保证船舶通航安全要求的;(2)进行影响通航的航道养护活动、确需限制通航的养护作业的;(3)进行航道养护作业可能造成航道堵塞的。

海事管理机构发现航道损毁等危及通航安全的情形,应当及时向负责航道管理的部门通报。

(二)通航安全报告

任何单位和个人发现航道损毁等危及通航安全的情形,应当及时报告负责航道管理的部门或者海事管理机构;船舶、设施或者其他物体在航道水域中沉没,影响航道畅通和通航安全的,其所有人或者经营人应当立即报告负责航道管理的部门和海事管理机构。作为接受报告的主体应该为社会主体的报告行为提供便捷的路径,如对外公布服务电话、邮箱等。

对因自然灾害或者突发事件造成的航道及航道设施损坏和发生碍航、断航事件,辖区航道管理机构应当及时报告事发地县级以上地方人民政府和上级航道管理部门。

第二节 航道养护活动

一、航道养护资金

航道养护资金的充足是航道养护工作有效开展的保证,航道养护资金的不足一直是航道管理部门关注的重要问题。"费改税"前,航道养护费[①]收入是航道养护资金的主要来源

---

① 航道养护费是国家按照"以航养航、专款专用"的原则,依法向船舶、竹木排筏、浮运物体的所有者或经营者征收,用于航道养护的专项事业费。现已经与养路费等规费被一并取消。

之一，地方每年征收的该项规费占全国航养费总收入的85%以上。① 2000年10月，国务院批转的财政部、国家计委等部门制定的《交通和车辆税费改革实施方案》（国发〔2000〕34号）中明确，开征燃油税取代公路养路费、航道养护费等收费；2008年12月，《国务院关于实施成品油价格和税费改革的通知》（国发〔2008〕37号）中明确取消公路养路费、航道养护费、公路运输管理费、公路客货运附加费、水路运输管理费、水运客货运附加费等六项收费，替代航道养护费由中央从成品油消费税新增税收收入安排。与航道建设相比，航道养护资金对财政投入的依赖性更强，如湖北省"十二五"期间航道养护资金总计16489万元全部来源于部省补助资金，其中中央专项资金1656万元、省财政资金14833万元。②

（一）资金来源的法律依据

《航道法》明确了政府对航道养护资金的财政支出责任。该法明确规定，国务院和有关县级以上地方人民政府应当根据经济社会发展水平和航道建设、养护的需要，在财政预算中合理安排航道建设和养护资金。

地方立法和规范性文件对航道养护资金的来源、管理等方面也有所规定。《浙江省航道养护管理办法》规定，应积极争取支持，通过地方财政预算以及其他渠道保障航道养护工作的资金需要；鼓励当地政府、相关部门和有关单位共同筹资拼盘实施专项养护工程；加强与当地财政部门的衔接，确保航道养护资金财政转移支付及时到位。《江苏省航道养护管理办法》规定，应积极争取支持，通过财政预算以及其他渠道保障航道养护工作的资金需要；航道养护资金主要包括成品油价格和税费改革中央转移支付资金、财政非税资金（过闸费和航道赔补偿费等）、其他公共财政资金和依法筹集的资金。

航道养护资金应当按照国家、省有关财务制度的规定，实行预算管理、专款专用，任何单位和个人不得挤占、挪用。

（二）资金来源渠道

航道养护资金来源渠道可归纳为财政预算和其他渠道。法律对航道建设、养护资金的来源一体规定，一般而言航道建设资金的来源渠道均适用于航道养护资金，但从现实情况看，航道养护虽具有社会价值，但基本无法实现经济价值，因而加大财政资金投入是解决资金瓶颈的最为重要的路径。本书此处重点关注以下几种资金来源渠道：

1. 财政资金

中央与省级财政资金投入已经形成了制度性安排，基本上可以保证；市、县级财政资金投入情况差距较大，需要通过引导、激励等措施，推动市、县政府每年从一般财政预算收入中或统筹其他相近行业专项资金用于航道养护。

2. 航运枢纽发电收益

对于交通运输主管部门建设的具有发电收益的航运枢纽，其部分发电收益应当用于航

---

① 贺琼. 对"费改税"后我国航道建设与养护资金筹措方式及政策的研究[J]. 武汉交通科技大学学报（社会科学版），2000(3)：47-49.

② 王耀惠，张国旭，叶秦."十三五"航道筹融资探讨[J]. 交通财会，2016(4)：8-14.

道养护；对于水利部门建设的具有发电收益的水电、水利枢纽，也应提取一定的发电收益用于航道养护。

3. 船舶过闸费

在收取船舶过闸费的省份，可以在过闸费收入中提取一定比例用于航道养护。

4. 应急抢通资金

因台风、暴雨、洪水、干旱、冰凌等自然灾害造成航道损毁，需进行恢复性应急抢通工程的，可以按照有关规定申请国家应急抢通资金补助。

二、航道养护现代化

《全国航道管理与养护发展纲要（2016—2020年）》提出了"十三五"期间"切实加强科技创新，推进航道现代化建设"的要求，我国航道养护现代化建设势在必行。从国内外航道养护发展应用现状分析，我国航道养护现代化呈现以下几方面的发展趋势①：

1. 管理组织规范化

按照规范化的理念，以制度建设为基础，建立有效的养护管理组织体系，明确各级管理组织的管理范围、职权职责及相互关系，达到机构精简、运转高效灵活的目的。

2. 养护标准系列化

全面梳理、补充、完善我国现有的管养标准，构建科学的航道养护技术规范与标准体系。以现代技术为基础，以大数据为依托，以运行可靠度为指标，以一致性为价值取向，对标准进行动态的修正完善，全面推行养护标准化管理。

3. 养护手段信息化

利用现代化科技信息手段，对各类型养护数据进行采集和汇聚，建立数据模型进行分析，自动生成养护流程和养护清单，从而实现养护决策和养护管理全过程的信息化、自动化和智能化。

4. 养护技术绿色化

全面探索低碳绿色技术在航道养护工作中的应用，转变传统的养护模式，构建低碳绿色养护技术体系，从而保证航道水运事业的可持续发展，实现经济效益和社会效益的均衡增长。

5. 养护保障效能化

以服务水运和经济社会发展为根本，以保障航道畅通为出发点，通过现代化养护装备的配备和养护技术水平的进步，拓展服务内涵，丰富服务形式，优化服务程序，不断提升养护保障效能和品质。

6. 运行机制多元化

负责航道管理的部门承担航道养护的责任，但随着我国航道养护市场化进程的推进和市场化经验的积累，在保持航道养护公益属性的基础上，不同运行机制下的多元主体参与具体的航道养护作业将越发普遍。

---

① 袁媛，赵龙. 国内外内河航道养护发展比较分析[J]. 中国水运，2017(1)：42-45.

三、航道养护模式

《航道法》规定，负责航道管理的部门进行航道养护。"进行"两字，使得航道养护主体定格为负责航道管理的部门，体现了管养一体的理念；然而，此种规定不仅带来了理解上的困惑，导致地方立法与《航道法》的冲突，也与现实状况和发展趋势存在背离。从地方立法看，大多规定航道管理机构"负责"航道养护工作；从实践看，存在委托社会主体参与航道养护作业的情况；从趋势看，稳妥推进航道养护领域引入市场竞争机制是重要的改革内容。

《全国航道管理与养护发展纲要（2016—2020年）》规定，（1）在航道维护性疏浚、清障扫床、整治建筑物维护、航道设施（除航标外）保养维修等领域，具备条件的积极引入市场机制，推进政府购买服务；（2）强化航道管理机构在航道应急抢通、航道巡查、航标巡查与调整等领域的专业化养护和保障能力，加强测绘能力建设。此种规定体现管养适度分离的思想，兼顾了公益化和市场化的平衡。

我国目前的航道养护模式有两种：一种是政府直接养护管理，即管养合一模式；一种是政府外包养护管理①，即管养分离模式。

（一）管养合一模式

管养合一模式是指管理与养护工作均由单一主体完成的模式。负责航道管理的部门既承担航道管理工作，也承担航道养护工作。该模式在计划经济和社会养护力量严重短缺的情况下对确保航道养护质量起到了积极作用，但随着市场机制的形成和社会经济的发展，该模式表现出养护低效、资源浪费等不足。

（二）管养分离模式

管养分离模式是指管理与养护工作由不同主体完成的模式。按照分离的方式不同，可细分为管养彻底分离和管养内部分离两种类型。

管养彻底分离模式下，管理主体和养护主体完全脱钩，养护工作社会化、市场化，养护主体以企业的身份自主参与市场竞争，按照市场原则开展经营活动。如，2004年山东省黄河小清河航务管理处将小清河19公里的11座航标的养护工作协议委托给运通工程公司负责②即采用此模式。该模式具有以下优点：（1）政、事、企分开，不同主体权责分明；（2）有利于降低航道养护成本；（3）有利于管理主体精简机构和人员；（4）有利于养护主体自身发展。但该模式也存在一定的弊端：在养护主体出现违约的情况下，无法确保航道维护的质量；在出现突发事件的情况下，可能延误抢险时机。

（三）管养内部分离

管养内部分离模式下，管理和养护在业务方面进行分离，管理主体行使管理职能，养

---

① 杨必荣. 分析新形势下的航道养护管理模式[J]. 山东工业技术，2018(12)：243.
② 李莹. 广东省航道管养体制研究[D]. 广州：暨南大学，2006.

护主体在行政上从属于管理主体，但具有独立的法律地位，养护业务进行企业化管理。如，长江航道局曾实施的"管理与疏浚"分离以及 2018 年 9 月成立长江航道工程局有限责任公司从事航道养护作业即采用此模式。① 该模式具有以下优点：（1）有利于确保安全通航的社会服务；（2）有利于管理机构专注管理，履行社会职能；（3）有利于在突发事件发生时及时投入抢险；（4）有利于实施内部挖潜，降低管理成本。但该模式不利于市场主体的培育，管理主体与养护主体之间关系复杂，养护主体的独立性无法完全保证。

四、航道养护作业

（一）航道养护作业的要求

1. 合理安排养护作业

养护作业是针对航道开展的各种养护活动。法律要求对养护作业应进行合理安排，以尽可能减少和避免养护作业对通航造成的不利影响。"合理安排"虽有主观判断的因素寓于其中，但从养护的实践看，集中作业与高峰期作业对通航的影响最为明显，这也为合理安排提供了一些客观判定指标，法律亦将避免限制通航的集中作业和在通航高峰期作业作为养护作业组织中的一项明确要求。

（1）集中作业

集中作业是指在同一航道的一个或多个航段同时进行多项养护作业。集中作业可以在短时间内完成养护任务，但因作业船舶占用航道，影响航宽，容易造成长距离的待航或堵航，严重影响通航条件和效率。为避免限制通航的集中作业，应在养护作业前进行统筹安排，如多线船闸、不同航段养护作业错时进行等。

（2）高峰期作业

高峰期是一个"量"的概念，特定时间周期内，"最大量"的时段即为高峰期。对于水上交通而言，过往船舶最多、通航最为繁忙的时段即为高峰期，在高峰期安排的养护作业就是高峰期作业。避免高峰期作业，就是要选择对通航影响尽可能小的时段安排作业，如对船闸停航检修，养护时段尽量安排在运输淡季进行，并尽可能减少检修时间；能在晚上安排的作业不在白天进行等。

2. 有效保证作业安全

航道疏浚、清障等养护作业改变通航条件，并可能对船舶航行和周边工程设施安全造成一定负面影响，因而在作业过程中应采取有效措施，减少对通航影响，防止出现安全事故。

（1）设置明显的作业标志

强制设置作业标志的养护活动包括：①进行影响通航的航道养护活动；②进行确需限制通航的养护作业。作业标志标明了作业区域的界限，为过往船舶航行提供指引，设置时需要满足《内河助航标志》等技术标准规定的要求，明显且便于观测。此外，对于参与作业的船舶，必须根据要求显示和悬挂相关信号灯，以便于识别。

（2）采取必要的安全措施

---

① 长江航道局局长与长江航道工程局有限责任公司董事长由同一人担任。

养护安全是贯穿养护始终的重要工作，既要有强烈的安全意识，也要采取必要的安全措施。对于从事养护作业的单位而言，需要制定安全管理制度、作业方案和安全应急措施，加强安全教育；在养护过程中，应该按照规定设置明显标志、发布航行通告和警告，并根据需要开辟临时航道、限航和封航；出现事故后，应积极组织抢险，尽量减少事故造成的人身伤害和财产损失。

(3) 通报海事管理机构

海事管理机构承担水上安全管理职责，在影响通航安全的养护作业实施前，负责航道管理的部门应向海事管理机构通报有关作业安排。海事管理机构可以根据养护作业情况，采取发布航行通告和警告、限制通航和封航、加强养护现场安全巡视等措施，保障航行船舶、作业船舶以及依法建设的工程设施的安全。

(4) 及时清理养护作业现场

养护作业完成后，难免会存在一定的残留物。残留物影响整体通航环境，也可能直接影响通航条件。因而，在养护作业完成后，及时对作业水域进行检查，及时发现影响航道通航条件的作业标志及其他残留物并进行清除，对减少可能发生的水上交通事故，恢复正常通航十分必要。

(5) 制定船舶疏导方案

负责航道管理的部门在养护作业前应就养护作业对相邻和上下游航道产生的影响进行预评估，若评估结果是可能造成航道堵塞，则应会同辖区内海事管理机构向相关区域的负责航道管理的部门和海事机构进行通报，并共同制定船舶疏导方案。法律的规定存在一定的模糊性，养护作业的预评估由作业区域的负责航道管理的部门组织，"通报"义务由作业区域的负责航道管理的部门和海事机构共同承担，"疏导方案"有所有关联区域的负责航道管理的部门和海事机构共同制定，由于义务主体的非唯一性，增加了实际操作中协调的工作量，也可能会出现相互推卸责任的情形。

疏导方案中应明确解决堵塞的具体措施，如开辟临时航道、分段限航、限时航行、单线航行、改道航行等。疏导方案制定完成后应向社会公告，便于航运企业和船舶及时了解有关内容和要求，提前做好准备，合理安排航行时间和路线，避免和减少航运损失。

(二) 航道养护工作的技术考核

航道养护工作的技术考核是对一定时期的养护工作进行的全面评价。技术考核工作应当遵循公平、公正、客观的原则，按照航道养护年度计划要求，实行分级管理，分类考核。

1. 技术考核的实施

技术考核工作按照辖区航道管理机构自查、省级航道管理机构检查、省级以上交通运输主管部门抽查方式进行。

检查或抽查工作按下列程序进行：(1) 听取自查情况汇报及相关用户的意见；(2) 查看现场；(3) 查阅有关档案、文件资料；(4) 按照规定的内容进行综合考评，形成初步意见；(5) 与相关单位交换意见；(6) 形成并提交技术考核报告。

技术考核报告应包括四个方面的内容：(1) 基本情况；(2) 分类和综合评价意见；(3) 问题与建议；(4)《航道养护技术考核表》。各省年度技术考核工作总结报告、交通运输部所属航道管理机构年度技术考核工作报告应按时报送交通运输部。

技术考核等级分为优良、合格和不合格。① 交通运输部每年对全国航道养护年度技术考核工作进行总结，开展抽查，并公布考核结果。对技术考核不合格的单位，按照管理权限由交通运输部所属航道管理机构或省级航道管理机构责令限期整改。

2. 技术考核的内容

技术考核包括以下主要内容：（1）综合管理，包括国家有关法律、法规、标准的执行情况，资金管理、安全生产、统计资料、廉政建设等；（2）航道维护与观测，包括维护计划制订与实施、航道维护尺度达标情况、航道测量、航道疏浚、航道信息发布等；（3）航标维护，包括标志配布与设置、日常养护、灯光质量、航标失常恢复、航标台账资料及航标器材质量等；（4）整治建筑物维护，包括整治建筑物的检查、维修、保护及相关的技术资料等；（5）航运枢纽及船闸维护，包括运行管理规章的制定及执行，机电设备维护保养、水工建筑物的观测检查、运行调度及相关的技术资料等；（6）船艇维护，包括工作船舶机电设备维护、船舶管理、船员管理及相关的制度、技术资料等；（7）航道场站、基地维护，包括各项制度的建立、场站、基地等设施的运行、维护情况及资料管理。②

五、我国航道养护存在的问题与对策

（一）我国航道养护存在的问题

我国各级交通运输部门积极采取措施，不断优化航道养护管理体制，提高航道养护水平，然而，我国航道养护工作与社会、经济发展和航运事业要求尚有差距，存在一定问题。

1. 航道养护工作不协调

我国内河高等级航道比例不高，不同区域航道等级差别较大，如珠三角干线航道中未达到规划等级的比例较高、西部地区仍有不少航道处于自然状态。航道的现实状态，致使航道网各部分的航道条件差异大，增加了养护的复杂性，造成养护工作的不协调，无法形成畅通的水路，在运输船舶大型化、标准化的发展趋势下③，难以组织高效、经济的直达运输，影响了水运优势的发挥。

2. 航道养护资金投入不足

航道建设的发展对航道养护工作提出了更高的要求，然而航道养护资金的投入未能实现同步增长，影响了航道建设的成效和航道效能的发挥。航道养护的公益性限制了资金来源渠道，显性化资金不足产生的负面影响，使得负责航道管理的部门不得不采取选择重点航道、重点航段进行养护，造成部分航道养护不足，甚至存在失养缺管的航道。

---

① 《航道养护管理规定》第三十四条规定了技术考核等级确定的一般标准。优良：圆满完成养护年度计划，工作质量良好；合格：完成养护年度计划，工作质量符合要求；不合格：未完成养护年度计划，工作质量不符合要求。
② 参见《航道养护管理规定》第三十一条。
③ 郭金泉. 浅谈我国内河航道和港口的布局研究[J]. 珠江水运，2013（5）：72-73.

3. 航道养护政策支持力度不足

航道养护对发挥航道功能，促进水运发展具有重要作用，仅仅依靠《航道法》的最低限度要求明显不足，需要负责航道管理的部门、尤其是各级政府通过各项配套政策予以支持，以提高航道养护的质量。目前，主要缺乏的支持政策有：(1)保证养护资金来源的政策；(2)航道养护纳入水资源综合利用方面的政策。

4. 航道养护信息化管理水平不高

航道养护有不同类别、不同要求，参与者众多、涉及面广泛，需要利用信息化管理手段，加强信息的收集、归类和分析，为决策提供有力支持。从航运发展要求的视角看，我国航道养护的信息化管理尚存在一些不足，主要有：(1)航道养护动态信息采集能力较弱；(2)区域之间信息化管理水平存在明显差距；(3)信息服务系统不健全，互动式服务手段缺乏；(4)干支航道间信息化发展水平不平衡。

5. 航道养护的市场化水平较低

航道养护作为一项技术性活动，并非一定要由负责航道管理的部门具体组织实施。虽然我国的政策性文件已经提出了市场化的思路、实践中也有零星的市场化养护的探索，但由于法律规定的限制，我国航道养护的市场主体实力较弱、航道养护的市场化水平较低，对提升养护效率形成了一定的桎梏。

(二)我国航道养护能力提升的对策

以现实存在的问题为导向，加强航道养护的系统化管理是提升航道养护能力的基本思路。具体而言，应做好以下工作：

1. 注重建设与养护的协调

航道建设可以有效改变航道的现实通航能力，航道养护可以保证建设成果发挥应有的效能，因而航道建设与养护应该统筹兼顾、协调发展。在这种协调过程中应特别处理好通航建筑物、航道整治建筑物和航标的建设与养护关系，加大航道疏浚力度，提升航道养护的综合效能，促进不同区域航道养护工作的协调。

2. 加大航道养护资金投入力度

在遵循政府投入为主的原则下，积极探索市场化的方式，拓展养护资金的来源渠道，保障养护资金的有效供给。主要措施有：(1)保障财政资金的供给。通过预算管理，保证事权与支出的有效对应，明确航道养护资金在航道发展预算中的具体份额，增强公共财政保障能力。(2)争取债券资金投入。对于没有收益的航道养护资金需求，可纳入地方政府一般债券的融资渠道；对于有一定收益的航运枢纽等基础建设项目养护资金需求，可纳入地方政府专项债券的融资渠道。(3)引导社会资金投入。对于可能产生经济效益的航运枢纽等基础设施项目，建设与养护一体考量，以项目产生的效益投入养护工作，减轻养护资金不足的压力。

3. 强化政策支持力度

水资源综合利用涉及多个管理部门，政策支持既是协调各部门关系的需要，也是保证航道养护工作发展的需要。航道养护支持政策主要涉及以下内容：(1)航道养护纳入水资源综合利用系统；(2)拓宽航道养护资金筹措渠道；(3)培养航道养护管理人才；(4)优化航道养护管理体制等。

4. 提高养护管理信息化水平

负责航道管理的部门应密切关注技术的发展，积极组织和参与组织建设水上智能交通系统，适时掌握航道信息，提高应急反应能力，保证航道养护工作的及时性、航道信息提供的实时性、航道服务的高效性，形成航道畅通、航行安全、管理高效的水上交通环境。

5. 提高养护的市场化水平

养护市场化已被国外实践证明是一种行之有效的方式。航道养护实现市场化，首先，要通过法律的修改，消除法律障碍；其次可采取渐进的方式，从内部职能分离开始，通过购买服务的方式，培育养护作业的市场主体，逐步提高市场化程度；最后，保留国家最低养护能力，以防止在紧急状态下完全市场化无法做到的快速养护需要。

第三节　航道特别状态的处理

一、突发事件的处理

突发事件因对国家安全、公共安全、环境安全、社会秩序以及人民生命财产安全造成严重的危害，一直受到各级政府的重视和社会各界的关注。2007年，随着《突发事件应对法》的正式实施，标志着我国突发事件应对工作纳入了法制化轨道。交通运输部为了做好涉及交通的突发事件应对工作，先后制定了《交通运输突发事件应急管理规定》(2011年)、《交通运输突发事件信息报告和处理办法》(2010年)、《交通运输部突发事件应急工作暂行规范》(2014年)等规章和规范性文件，对规范交通运输突发事件应急处置行动，进一步提高交通运输突发事件应急处置能力产生了重要作用。《航道法》对涉及航道的突发事件处理作出了原则规定，对减轻和消除航道突发事件引起的危害，及时恢复航道的畅通，保障船舶航行安全具有重要意义。

（一）突发事件的概念和种类

1. 突发事件的概念

从一般意义上理解，广义的突发事件是突然发生的事情，既表明事情发生、发展出乎意料，也表明事情的应对困难；狭义的突发事件是意外的突然发生的重大或敏感事件，如自然灾害、恐怖袭击、社会冲突等。

从法律意义上理解，突发事件的外延通过法律规定进行了一定限制。《突发事件应对法》规定，突发事件是指突然发生，造成或者可能造成严重社会危害，需要采取应急处置措施予以应对的自然灾害、事故灾难、公共卫生事件和社会安全事件。《交通运输突发事件应急管理规定》规定，交通运输突发事件是指突然发生，造成或者可能造成交通运输设施毁损，交通运输中断、阻塞，重大船舶污染及海上溢油应急处置等，需要采取应急处置措施，疏散或者救援人员，提供应急运输保障的自然灾害、事故灾难、公共卫生事件和社会安全事件。《水路交通突发事件应急预案》中规定，水路交通突发事件是指造成或可能造成航道或港口出现中断、瘫痪、重大人员伤亡、财产损失、生态环境破坏和严重社会危害，以及由于社会经济异常波动造成重要物资缺乏等需要由交通运输主管部门协调组织水路紧急运输保障的突发事件。前述三个突发事件的概念在外延上具有包容关系，但无本质的区别。

《航道法》第二十一条所指的航道突发事件是水路交通突发事件的一种，引发的原因和表现形式主要是自然灾害、事故灾害，造成的后果是航道损坏、阻塞。由此，本书认为，航道突发事件是指造成航道损坏、阻塞，需要采取应急处置措施予以修复抢通的自然灾害、事故灾害等。

2. 突发事件的种类

（1）根据突发事件发生过程、性质和机理不同的分类[①]

根据突发事件发生过程、性质和机理不同，突发事件可分为自然灾害、事故灾难、公共卫生事件和社会安全事件。

①自然灾害

自然灾害是指给人类生存带来危害或损害人类生活环境的自然现象。主要包括水旱灾害、气象灾害、地震灾害、地质灾害、海洋灾害、生物灾害和森林草原火灾等。

②事故灾难

事故灾难是指直接由人类的生产、生活引发的，造成重大人身伤害、经济损失或环境污染的意外事件。主要包括企业的各类安全事故、交通运输事故、公共设施和设备事故、环境污染和生态破坏事件等。

③公共卫生事件

公共卫生事件是指突然发生，造成或者可能造成社会公众健康严重损害的重大传染病疫情、群体性不明原因疾病、重大食物和职业中毒以及其他严重影响公众健康的事件。[②]主要包括传染病疫情、群体性不明原因疾病、食品安全和职业危害、动物疫情以及其他严重影响公众健康和生命安全的事件。

④社会安全事件

社会安全事件是指突然发生，对社会秩序和经济安全造成重大损害的事件。主要包括恐怖袭击事件、经济安全事件、涉外突发事件和群体性事件。

与此种分类相对应，水路交通突发事件分为自然灾害、水路运输事件、公共卫生事件和社会安全事件，其中水路运输事件主要包括航道堵塞或中断、港口瘫痪受损、港口危险品事故、港口环境污染损害和水运施工建设事故；社会安全事件中特别列明严重破坏基础设施事件以及偷渡、走私等涉外事件等。[③]

航道突发事件主要包括自然灾害和事故灾害。造成航道损坏、阻塞的自然灾害主要有山洪暴发、泥石流、大滑坡、岩崩、台风等；事故灾害主要指各类水上交通事故引发的灾害。《水路交通突发事件应急预案》（2018）规定的水路交通突发事件中涉及航道的主要指：长江干线、西江航运干线、京杭运河、黑龙江界河等重要干线航道因航道尺度不足或通航

---

① 参见《国家突发公共事件总体应急预案》之1.3分类分级。
② 参见《突发公共卫生事件应急条例》第二条。
③ 参见《水路交通突发事件应急预案》。

条件恶化发生断航或特别严重堵塞等。

(2)根据突发事件社会危害程度、影响范围等因素不同的分类

根据突发事件社会危害程度、影响范围等因素不同,突发事件可分为特别重大、重大、较大和一般四级。分级标准由国务院或者国务院确定的部门制定。

与此种分类相对应,水路交通突发事件一般分为四级:Ⅰ级(特别重大)、Ⅱ级(重大)、Ⅲ级(较大)和Ⅳ级(一般)。事件等级确定标准见表4-1。①

航道突发事件的等级划分主要考虑以下因素:①航道的重要性;②恢复航道运行的时间;③社会影响程度;④造成死亡、失踪或危及生命安全的人数。

表4-1　　　　　　　　　　　　水路交通突发事件等级

等级	突发事件的严重程度及影响范围
Ⅰ级 (特别重大)	有下列情形之一者,为Ⅰ级水路交通突发事件: (1)主要港口、地区性重要港口瘫痪或遭受灾难性损失的; (2)主要港口、地区性重要港口危险货物码头、仓储场所发生火灾、爆炸、泄漏等事件,造成特别严重社会影响的; (3)重要干线航道因航道尺度不足或通航条件恶化发生断航或特别严重堵塞,长江干线恢复运行时间预计在48小时以上,西江航运干线、京杭运河、黑龙江界河等恢复运行时间预计在72小时以上,并造成特别严重社会影响的; (4)港口、通航建筑物事故造成特大人员伤亡,死亡失踪30人以上,或危及30人以上生命安全的; (5)重要物资缺乏可能严重影响全国或大片区经济整体运行和人民正常生活,超出省级交通运输部门运力组织能力,需要国家紧急安排水路运输保障的; (6)需要启动国家应急预案,调用多个省和交通系统的水路运输资源予以支援的。
Ⅱ级 (重大)	有下列情形之一者,为Ⅱ级水路交通突发事件: (1)主要港口、地区性重要港口遭受严重损失,重要港区瘫痪或遭受灾难性损失的; (2)主要港口、地区性重要港口危险货物码头、仓储场所发生火灾、爆炸、泄漏等事件,造成严重社会影响的; (3)重要干线航道因航道尺度不足或通航条件恶化发生严重堵塞,长江干线航道恢复运行时间预计在24小时以上,48小时以下,西江航运干线、京杭运河、黑龙江界河等恢复运行时间预计在48小时以上,72小时以下,并造成严重社会影响的; (4)港口、通航建筑物事故造成重大人员伤亡,死亡失踪10人以上、30人以下,或危及10人以上、30人以下生命安全的; (5)重要物资缺乏可能严重影响省级经济整体运行和人民正常生活,超出市级交通运输部门运力组织能力,需要省级交通运输部门紧急安排水路运输保障的; (6)需要启动省级应急预案,调用多个市和交通系统的水路运输资源予以支援的。

---

① 参见《水路交通突发事件应急预案》。

续表

等级	突发事件的严重程度及影响范围
Ⅲ级 (较大)	有下列情形之一者，为Ⅲ级水路交通突发事件： (1) 地区性重要港口局部遭受严重损失，其他港口瘫痪或遭受灾难性损失的； (2) 港口危险货物码头、仓储场所发生火灾、爆炸、泄漏等事件，造成较大社会影响的； (3) 重要干线航道发生较严重堵塞，长江干线恢复运行时间预计在 12 小时以上，24 小时以下；西江航运干线、京杭运河、黑龙江界河等发生断航 24 小时以上，48 小时以下，并造成较大社会影响的； (4) 港口、通航建筑物事故造成较大人员伤亡，死亡失踪 3 人以上、10 人以下，或危及 3 人以上、10 人以下生命安全的； (5) 需要启动市级应急预案，调用多个县和交通系统的水路运输资源予以支援的。
Ⅳ级 (一般)	有下列情形之一者，为Ⅳ级水路交通突发事件： (1) 其他港口遭受严重损失的； (2) 港口危险货物码头、仓储场所发生火灾、爆炸、泄漏等事件，造成一般及以下社会影响的； (3) 三级以上重要航道和界河航道发生断航或严重堵塞，造成一般社会影响的； (4) 港口、通航建筑物事故造成一般人员伤亡，死亡失踪 3 人以下，或危及 3 人以下生命安全的； (5) 需要启动县级应急预案，调用当地和交通系统的水路运输资源予以支援的。

(二) 突发事件的管理

1. 突发事件的管理体制

从突发事件整体而言，国家建立统一领导、综合协调、分类管理、分级负责、属地管理为主的应急管理体制。县级人民政府对本行政区域内突发事件的应对工作负责；涉及两个以上行政区域的，由有关行政区域共同的上一级人民政府负责，或者由各有关行政区域的上一级人民政府共同负责。法律、行政法规规定由国务院有关部门对突发事件的应对工作负责的，从其规定；地方人民政府应当积极配合并提供必要的支持。[①]

从交通运输突发事件而言，应当遵循属地管理原则，在各级地方人民政府的统一领导下，建立分级负责、分类管理、协调联动的交通运输应急管理体制；国务院交通运输主管部门主管全国交通运输突发事件应急管理工作，县级以上各级交通运输主管部门按照职责分工负责本辖区内交通运输突发事件应急管理工作。[②]

航道突发事件由负责航道管理的部门按照突发事件应急预案尽快修复抢通，必要时由县级以上人民政府组织尽快修复抢通。航道突发事件一旦出现，首先要求负责航道管理的部门承担修复抢通的责任；其次，修复抢通应按照突发事件应急预案组织；最后，地方政

---

① 参见《突发事件应对法》第二条、第七条。
② 参见《交通运输突发事件应急管理规定》第三条、第四条。

府负有组织修复抢通的责任，但此种责任的承担以"必要"为条件，即在负责航道管理的部门难以依靠自身力量完成航道修复抢通任务，需要相关部门配合时，可以报告航道突发事件发生地县级以上人民政府，由地方人民政府组织完成航道修复抢通。

2. 航道突发事件应对工作原则

航道突发事件的应对工作实行预防为主、预防与应急相结合的原则，以突发事件的预测、预防为基础，以对突发事件应急处理的高效为重点，以保证航道畅通、人身和设备安全为核心，以建立长效机制为根本，以将突发事件造成的损失和影响降低到最低为目的。

在应对航道突发事件时，应坚持以下工作原则：

（1）依法应对，预防为主

负责航道管理的部门应按照法律法规要求，坚持预防与应急相结合、常态与非常态相结合，增强忧患意识，做好预案演练、宣传和培训工作，加强应急处置队伍和应急资源建设，建立应急咨询专家库，加强应急技术的研发应用，全面提高突发事件预防预警、应急处置与保障能力。

（2）属地为主，分级响应

航道突发事件应急工作以属地管理为主，负责航道管理的部门应根据管辖权限负责辖区内航道突发事件的应急管理和处置工作，建立健全责任明确、分级响应、条块结合、保障有力的应急管理体系。

（3）快速反应，协调联动

负责航道管理的部门应建立完善的应急工作响应程序，做好航道突发事件的信息处理和报送工作，整合应急资源，加强部门协作，建立反应灵敏、运转高效、协同应对的应急协调联动机制。

（三）航道突发事件应急预案

应急预案是指针对可能发生的突发事件，为迅速、有序地开展应急行动而预先制定的行动方案。

1. 应急预案体系

《突发事件应对法》规定，国家建立健全突发事件应急预案体系。根据制定主体的不同，应急预案包括政府应急预案和企业应急预案。

政府应急预案可细分为：(1) 国家突发事件应急预案。该类预案适用于全国，其中，国务院制定的国家突发事件总体应急预案具有最高效力，国务院组织制定的国家突发事件专项应急预案具有次高效力。(2) 国家突发事件部门应急预案。该类预案适用于全国，由国务院有关部门制定，效力低于国家突发事件应急预案。(3) 地方政府与政府部门应急预案。该类预案适用于特定地方，地方各级政府和县级以上地方各级政府有关部门制定的预案，按照行政隶属关系确定预案的效力关系，即上级政府预案效力高于同级政府部门预案和下级政府预案，上级政府部门预案在该特定领域高于下级政府预案和下级政府部门预案。

交通运输突发事件应急预案由政府交通专项应急预案、交通部门应急预案和交通运输企业应急预案组成。《航道法》所指的应急预案是负责航道管理的部门在处理航道突发事件中修复抢通航道的基本依据。

2. 应急预案内容

应急预案应当根据法律、法规的规定，针对突发事件的性质、特点和可能造成的社会危害，具体规定突发事件应急管理工作的组织指挥体系与职责和突发事件的预防与预警机制、处置程序、应急保障措施以及事后恢复与重建措施等内容。如《张家港市航道突发事件应急预案（2017版）》（张交安〔2017〕27号）由总则、组织机构和职责、预警和预防机制、应急响应、后期处置、应急保障、监督管理、附则八个部分内容。

3. 应急预案更新

应急预案更新是对原有内容的修改，有定期更新和不定期更新之分。不定期更新的原因主要有：(1)预案依据的有关法律、行政法规、规章、标准、上位预案中的有关规定发生变化的；(2)航道突发事件应急机构及其职责发生重大变化或调整的；(3)预案中的其他重要信息发生变化的；(4)面临的航道风险或其他重要环境因素、重要应急资源发生重大变化；(5)在突发事件实际应对和应急演练中发现问题需要进行重大调整的；(6)预案制定者认为应当修订的其他情况。

（四）突发事件运行机制

突发事件运行机制主要包括以下内容：

1. 预警和预防

预警和预防是通过监测与收集突发事件相关信息，进行分析预测，并做出相应判断，发布预警信息，采取预防措施。通过预警和预防，做到突发事件的早发现、早预防、早报告、早处置。

2. 应急响应

应急响应应当做好以下工作：(1)确定响应级别。根据航道突发事件的等级将应急响应的等级分为Ⅰ级（特别重大）、Ⅱ级（重大）、Ⅲ级（较大）和Ⅳ级（一般）四级。(2)启动响应程序。根据响应级别的不同，由交通运输部和不同层级的地方负责航道管理的部门启动响应程序。(3)进行信息报告和处理。信息报告应按照《交通运输突发事件信息报告和处理办法》（交应急发〔2010〕84号）、《航道应急事项报告管理办法》（交水发〔2011〕421号）等规范性文件规定的时限、内容进行；应急指挥中心负责信息处理，需及时掌握突发事件最新动态，并根据规定进行报送。(4)组织应急处置。需做好应急资源征用、应急处置措施的落实和人员疏散撤离等工作。(5)发布新闻。新闻发布应当及时、准确、客观、全面，有利于维护社会稳定，注重社会效果。新闻发布的主要方式包括新闻通气会、接受媒体采访、发布新闻通稿等。(6)终止应急状态。出现下列情形之一的，应当终止应急状态：①航道突发事件应急处置完毕或紧急情况已不复存在；②航道突发事件的威胁和危害得到控制或者消除，不再有扩展或复发的可能；③上级指挥中心认为应急已经结束的。

3. 后期处置

应急状态终止后，应当做好后期处置工作。

(1)善后处置。①负责航道管理的部门在事发地人民政府统一领导下，对因参加突发事件应急处理而致病、致残、死亡的人员，及时进行医疗救助或按照国家有关规定，给予相应的补助和抚恤，并提供相关心理及司法援助；②对因突发事件造成生活困难需要社会救助的人员，由当地人民政府按国家有关规定负责救助；③保险监管部门要督促有关保险机构及时做好有关单位和个人的理赔工作。

（2）恢复重建。航道等基础设施恢复重建工作由事发地人民政府负责，当地交通运输主管部门具体执行，长江干线航道的恢复重建工作由交通运输部长江航运管理局组织实施。因突发事件严重受损的航道，其恢复重建经费应纳入国家和地方救灾专项财政预算。

（3）总结评估。①对突发事件进行调查，编写调查报告；②对突发事件造成的损失进行评估；③对应急经验教训加以总结，提出预案改进建议；④提出总结报告并按规定报送。

（五）应急措施

航道抢通保畅应急措施根据航道突发事件产生的原因不同而有所差异。

1. 因滑坡或自然灾害造成

因滑坡或自然灾害造成的断航或者特别严重堵塞，事发地交通运输主管部门应在地方人民政府统一领导下尽快开展修复抢通工作，指导做好现场通航控制和疏导工作。长江干线航道的抢通保畅工作由交通运输部长江航运管理局负责。

2. 因沉船、搁浅、碰撞、沉物引起

因沉船、搁浅、碰撞、沉物而引起的断航或特别严重堵塞，相关海事部门负责组织沉船等碍航物的打捞工作，并及时向有关部门和受影响的船舶发布，避免堵航事件发生；迅速将事故船舶拖离航道，恢复航道畅通。

3. 因洪水、枯水、调水或输水引起

因洪水、枯水、调水或输水引起的断航或特别严重堵塞，事发地交通运输主管部门应报请当地人民政府协调水利、国土资源等相关部门，对突发事件进行分类处置，迅速采取措施调节水位。

4. 因港口、桥梁等突发性工程事件引起

因港口、桥梁等突发性工程事件等而引起的断航或特别严重堵塞，事发地航道部门、通航建筑物运行管理单位应随时掌握动态信息，及时向社会发布，并通报海事部门；航道部门及时组织应急抢通，进行应急疏浚和调标工作；海事部门应采取交通管制措施，组织力量进行疏导，并由交通运输主管部门协调当地人民政府做好相应的保障工作，协调施工方及时清除障碍，消除对航道的影响。

5. 长江三峡、葛洲坝船闸因检修、维修造成

长江三峡、葛洲坝船闸因检修、维修造成的断航或特别严重堵塞，交通运输部长江航运管理及时向社会发布信息，启动三峡坝区水域船舶滞留应急联动机制，采取交通管制措施，限制进入坝区的船舶数量，组织力量对积压船舶进行疏导。

二、沉船沉物的处理

船舶、设施或者其他物体在航道内沉没，对航道尺度、水流条件会产生或多或少的影响，造成水上航行安全的隐患，容易引发水上交通事故。因而，通过法律对相关主体的义

务进行规定十分必要。

(一) 沉船沉物的含义

沉船沉物涉及水上交通安全,我国《海上交通安全法》《内河交通安全管理条例》[①]都有涉及沉船沉物的规定,但使用了"沉没物"的概念。《航道法》从航道畅通和航行安全的角度,对沉船沉物的处理做出了原则规定,但未使用"沉船沉物"的概念。目前,我国仅在《沉船沉物打捞单位资质管理规定》(交体法发〔1999〕3号,已废止)、《关于外商参与打捞中国沿海水域沉船沉物管理办法》(国务院令第102号)中对"沉船沉物"的含义进行了明确。

《沉船沉物打捞单位资质管理规定》中的沉船沉物,仅指沉没于沿海水域[②]或内河通航水域[③]的船舶、设施及其设备、所载货物以及其他落水物体。《关于外商参与打捞中国沿海水域沉船沉物管理办法》中的沉船沉物,是指沉没于中国沿海水域水面以下或者淤埋海底泥面以下的各类船舶和器物,包括沉船沉物的主体及其设备、所载的全部货物或者其他物品。严格意义上说,沉船与沉物是两个不同的概念,《沉船沉物打捞清除管理条例》(2005年征求意见稿)就对沉船、沉物分别做出定义。[④] 但从通航角度而言,对两者进行区分的意义不大。

《航道法》规定的沉船沉物有以下几个限制:(1)沉没在航道水域;(2)影响航道畅通与通航安全;(3)沉没物包括船舶、设施或其他物体。由此,本书认为《航道法》中的沉船沉物,是指沉没于航道水域、影响航道畅通与通航安全的船舶、设施或其他物体。

(二) 所有人、经营人的义务

所有人对沉船沉物享有占有、使用、收益和处分的权利,经营人对沉船沉物享有占有、使用、收益和有限制处分的权利。《航道法》对沉船沉物的所有人、经营人的义务进行了规定。

1. 立即报告义务

一旦发生沉船沉物事件,所有人、经营人需要立即向负责航道管理的部门和海事管理机构报告,说明沉船沉物的基本情况、位置及采取的安全措施等。"立即"是时间上的要求,虽没有明确具体的时限,但应理解为只要有报告的可能性就需要报告。报告的主体是所有人或者经营人,意味着一类主体履行了报告义务,另一类主体的报告义务就被免除,至于到底应该由哪一类主体履行此种义务,应该以报告的可能性和事件的具体情况确定;《海上交通安全法》没有明确规定出现沉船沉物时所有人、经营人的报告义务,《内河交通

[①] 参见《海上交通安全法》第四十条、第四十一条,《内河交通安全管理条例》第四十二条。

[②] 《沉船沉物打捞单位资质管理规定》中规定,沿海水域是指中华人民共和国沿海的港口、内水和领海以及管辖的一切其他海域。沿海水域与沿海航道并非同义语。

[③] 《内河交通安全管理条例》规定,内河通航水域是指由海事管理机构认定的可供船舶航行的江、河、湖泊、水库、运河等水域。内河通航水域与内河航道并非同义语。

[④] 王凌岩. 沉船沉物强制打捞清除法律问题研究[D]. 上海:华东政法大学,2011.

安全管理条例》则规定所有人和经营人承担报告义务；至于所有人、经营人以外的主体向有关主管部门报告了沉船沉物事件是否免除所有人、经营人的报告义务，法律未予明确。报告采用"双部门报告方式"，既要向负责航道管理的部门报告，也要向海事管理机构报告，此种规定与《海上交通安全法》《内河交通安全管理条例》仅向海事管理机构报告不同，主要原因是在航道内出现沉船沉物，不仅涉及水上安全，也涉及航道畅通。

2. 设置标志义务

所有人或者经营人在发生沉船沉物事件时承担设置标志的义务和费用。设置标志的方式有两种：（1）自行设置；（2）委托设置，被委托的主体是事发地对设标负责管理责任的主体，按照我国现行的航标管理体制，在内河航道应委托负责航道管理的部门，在沿海航道应委托海事管理机构。无论采取何种方式，所设标志应符合《内河助航标志》《中国海区水上助航标志》等国家规定和标准的要求。设置标志的目的在于提示过往船舶，避免发生水上交通事故。

3. 打捞清除义务

所有人或者经营人应在海事管理机构限定的时间内对沉船沉物进行打捞清除。海事管理机构应根据沉船沉物所在水域的航道情况和打捞清除的难易程度决定合理的打捞清除期限，并以书面形式通知所有人或者经营人。打捞清除的方式包括打捞、拖带、爆破清除等。

所有人或者经营人逾期不履行打捞清除义务时，海事管理机构经催告仍不履行，其后果已经或者将危害水上交通安全的，海事管理机构可以代履行，或者委托没有利害关系的第三人代履行。《海上交通安全法》（2016年修正）规定，所有人、经营人应当在主管机关限定的时间内打捞清除。否则，主管机关有权采取措施强制打捞清除，其全部费用由沉没物、漂浮物的所有人、经营人承担。

对于无法确定所有人、经营人的沉船沉物，《内河交通安全管理条例》规定，由海事管理机构打捞清除或者采取其他相应措施，保障通航安全。

（三）沉船沉物的打捞

1. 打捞单位的资质

《沉船沉物打捞单位资质管理规定》[①]规定，打捞单位是指有独立法人资格，从事打捞作业的企、事业单位。打捞作业是指打捞单位对沉船沉物实施的各种处置措施，包括扫测、探摸、起浮、移位、解体、清除等及其他相关作业。

我国在实行打捞作业单位资质管理制度时，要求从事打捞作业活动的打捞单位，应取得相应的资质等级证书，证书的有效期为 5 年。打捞单位资质分为沿海和内河两类，每类分为一、二、三级，不同资质的打捞单位的打捞作业范围不同。

（1）沿海一级打捞单位，可从事沿海和内河吨位不限的沉船沉物打捞作业及外商参与的中国沿海水域沉船沉物的打捞作业。

---

① 《沉船沉物打捞单位资质管理规定》已由交通运输部 2014 年第 17 号令废止。

(2) 沿海二级打捞单位，可从事沿海和内河空载排水量[①]不超过 1000 吨的沉船或单件重量不超过 1000 吨的沉物打捞作业。

(3) 沿海三级打捞单位，可从事沿海和内河空载排水量不超过 400 吨的沉船或单件重量不超过 400 吨的沉船或单件重量不超过 400 吨的沉物打捞作业。

(4) 内河一级打捞单位，可从事内河空载排水量不超过 2000 吨的沉船或单件重量不超过 2000 吨的沉物打捞作业。

(5) 内河二级打捞单位，可从事内河空载排水量不超过 700 吨的沉船或单件重量不超过 700 吨的沉物打捞作业。

(6) 内河三级打捞单位，可从事内河空载排水量不超过 300 吨的沉船或单件重量不超过 300 吨的沉物打捞作业。

由于《沉船沉物打捞单位资质管理规定》已经被废止，目前从事沉船沉物打捞的单位不需要取得专门的资质，但作为一项专业性极强的沉船沉物打捞工作，依然需要经过行政许可方可实施。

2. 沉船沉物的处理

船舶、设施或其他物体的沉没并不当然导致所有人丧失所有权。沉船沉物所有人、经营人按照海事管理机构确定的期限完成打捞清除工作的，捞起的原物由所有人、经营人进行处理。沉船沉物由海事管理机构强制打捞清除时，捞起的原物处理需遵循一些特别的规则，《打捞沉船管理办法》对此作了一些规定。

(1) 所有人在船舶沉没之日起 1 年以内，可以申请发还捞起的原物或者处理原物所得的价款，过期不申请即丧失其所有权。

(2) 沉船所有人在领回原物或者价款时，应当偿还有关打捞、保管和处理等费用。

(3) 沉船所有人除遇有特殊情况向主管机关申请延期并经核准外，在下列情况下即丧失各该沉船的所有权：①妨碍船舶航行、航道整治或者工程建筑的沉船，在申请期限以内没有申请或者声明放弃；或者打捞期限届满，而没有完成打捞；②沉船自沉没之日起 1 年以内没有申请打捞；或者完工期限已经届满，而没有打捞。

(4) 申请解体沉船必须提出该沉船确无修复价值的可靠勘测资料。

上述规定随着我国法律的不断完善，特别是《物权法》的实施而存在一些问题。按照《物权法》的规定，(1) 物权的设立、变更、转让和消灭应当依照法律规定登记或交付；(2) 人民法院、仲裁委员会的法律文书或者人民政府的征收决定等，可以导致物权的设立、变更、转让和消灭。[②]《打捞沉船管理办法》是国务院批准、交通部发布的法律性文件，无权对物权的变动作出规定。

---

① 船舶的排水量是指船舶在一定状态下的总重量，通常以吨为单位。船舶满载时的总重量称为满载排水量，或重排水量，船舶不装载货物时船体和机舱等部分的总重量称为空船排水量或轻排水量。空载排水量即空船排水量。

② 参见《物权法》第六条、第二十八条。

三、军事活动的处理

国防是国家生存与发展的安全保障，国家在集中力量进行经济建设的同时，加强国防建设，促进国防建设与经济建设协调发展。《国防法》第五十三条规定："公民和组织应当支持国防建设，为武装力量的军事训练、战备勤务、防卫作战等活动提供便利条件或者其他协助。"

航道是重要的国防战备资源，部队执行任务、战备训练等军事活动是国防建设的重要内容，若使用航道，有关组织应提供便利和协助。《航道法》要求，负责航道管理的部门应当对军事活动提供必要的支持和协助，表明：（1）支持和协助军事活动是负责航道管理的部门的法定义务；（2）支持和协助需与军事活动的需求相协调；（3）军事活动具有一定的优先地位。如《通航建筑物运行管理办法》规定军事运输船享有优先过闸权。

第五章 航道保护

第一节 概　　述

一、航道保护的概念和特点

（一）航道保护的概念

"保护"一词在汉语中的基本含义是"尽力照顾，使不受损害"。航道保护的基本含义就是通过各种手段，防止航道受到损害，影响航道功能的发挥。《航道法》将航道保护与航道规划、航道建设、航道养护并列，并设专章规定，表明了航道保护的重要地位。

航道作为公共产品，在水资源综合利用中具有重大价值，任何单位和个人都有保护航道的义务，然而要保证航道功能的实现，必须借助国家的力量，以国家强制力作为后盾，需要明确涉及航道的行为界限，因而，航道保护并非一般性的义务宣示，而是与职责关联、具有明确法律后果的活动。通过对《航道法》中有关航道保护内容的规定进行分析，本书认为，航道保护是指直接保证通航条件和保障通航安全的各种管理活动的总和。"直接"强调"保护"与通航条件和通航安全的强关联性，"管理活动"表明负责航道管理的部门的主动参与性。

保证通航条件和通航安全是航道保护的直接目的。通航条件是指航道满足船舶顺畅、安全航行的条件，主要包括：（1）航道尺度、通航水位、航行水流条件、航道稳定性、航道通视性；（2）与航道有关的工程的通航净高、净宽、埋设深度；（3）航道通过能力的适应性、船舶通行安全的适应性等。通航安全是指船舶航行中未出现水上交通事故的状态，满足通航条件是通航安全的基础，通过规范涉及航道与航行的行为，可以有效减少不安全的因素，避免发生安全事故。

（二）航道保护的特点[①]

1. 保护主体法定性

《航道管理条例》规定，省级以上交通主管部门负有保护航道的责任。《航道法》出台后，对航道保护的主体做出了更为细致的规定。航道保护主体有：国务院交通运输主管部

[①] 张儒. 航道法在长江航道保护中的适用研究[D]. 武汉：武汉理工大学，2016.

门、负责航道管理的机构和县级以上地方人民政府负责航道管理的部门或者机构。

2. 保护依据技术性

航道的技术等级不同，相应的技术要求也不同，对航道进行保护的过程中，凡涉及通航条件时，需以现行有效的技术规范作为判定依据。如《内河通航标准》（GB50139-2014）。

3. 保护行为的持续性

涉及航道的工程建设，需进行航道通航条件的影响评价；航道上的涉水工程运行中应保证通航所需的下泄流量；不得在航道上非法采砂。有关航道保护的各项管理活动开始于航道规划，并贯穿于航道建设、养护、使用的全过程。

4. 保护措施的强制性

这种强制性体现在两方面：一方面，明确了政府与负责航道管理的部门的航道保护责任；另一方面，明确了负责航道管理的部门对破坏航道行为的处罚权。如：在航道和航道保护范围内进行破坏航道的非法采砂行为，负责航道管理的部门有权采取责令停止违法行为，没收违法所得等强制措施。

5. 保护实施的协调性

航道保护涉及不同的管理部门，如在长江干线，长江航道局、长江海事局、长江水利委员会都会基于自身的职权对航道进行直接或间接的保护。要提高航道保护的效率，必须不同的部门以及同一部门不同层级的管理机构之间加强协调，避免出现因职权重叠而相互推诿或重复执法的情况。

二、航道保护的内容

一般而言，航道保护的内容包括三个方面：(1)保护航道资源与航道设施；(2)保证航道满足通航条件；(3)保障航道符合通航安全要求。因保护航道资源与航道设施的最终目的在于保证通航条件和保障通航安全，故本书将航道保护的内容界定为保证通航条件和保障通航安全。

（一）保证通航条件

保证通航条件的主要内容有：跨河建筑物应符合通航条件要求；拦河闸坝建设应维持通航河流通航能力；航道保护范围内临河建、构筑物应符合通航条件；确立航道通航条件评价制度；确立通航水位衔接制度；航标与航道位置临时调整后的及时恢复；工程临时设施及残留物的清除；恢复通航等。

（二）保障通航安全

保障通航安全的主要内容有：工程建设损坏航道应及时修复；建设桥梁时应设置航标等设施；禁止危害通航安全的行为；采砂限制等。

三、航道保护范围制度

《航道法》实施前，我国没有航道保护范围制度，导致负责航道管理的部门在履行职权时难以把握管辖的地域界线，为航道执法带来了许多困扰。《航道法》确立了航道保护范围制度，明确了保护范围的划定主体和程序，但划定的依据较为模糊，操作性尚需增强。

(一)航道保护范围的概念和特点

1. 航道保护范围的概念

航道与河道存在重叠，与水资源综合利用关系密切，由此也决定了《航道法》与《水法》《防洪法》之间具有一定的关联性。

《水法》中规定了河道管理范围制度、水工程管理和保护范围制度。河道管理范围制度类似航道保护范围制度，未明确区分管理范围和保护范围；水工程管理和保护范围制度则明确区分了管理范围和保护范围，国家所有的水工程应该按照规定划定管理和保护范围，其他水工程则只需划定保护范围。[①]《防洪法》规定了防洪工程设施的管理和保护范围制度，属于国家所有的防洪工程设施，应当划定管理和保护范围；属于集体所有的防洪工程设施，应当划定保护范围。[②] 两法虽未明确管理范围和保护范围的含义，但两者存在区别是肯定的。目前已有地方立法、规范性文件对两者做出界定和区分。

2015年7月，江苏省水利厅制定的《江苏省河湖管理范围和水利工程管理与保护范围划定技术规定(试行)》规定，管理范围指保证河湖水库生态健康、行洪畅通、河势稳定和水利工程安全而划定的河湖和水利工程管理区域，包括水文、观测等附属工程设施和水利工程管理单位生产生活用的管理区；保护范围指根据水利工程的重要程度、堤基土质条件等，在水利工程管理范围的相连地域划定水利工程保护区作为保护区域。同时，该规定对管理、保护的具体范围予以明确，以闸站工程为例，闸站工程管理范围根据闸站工程等级及重要性确定，包括闸站主体工程、上下游引水渠道及消能防冲设施，两岸连接建筑物，上下游及两侧一定宽度范围，水文、观测等附属工程设施及闸站工程管理生产生活用的管理区。为保护闸站工程安全，在闸站工程管理范围以外划定一定宽度的范围，作为闸站工程的保护范围。《深圳经济特区河道管理条例》规定了河道管理范围的划定办法，即有堤防的河道，为堤防外坡脚线两侧外延8米~15米范围内；无堤防的河道，为河道两侧上口线外延8米~25米范围内；防洪防潮海堤，为堤防内、外坡脚线外延每侧30米~50米范围内。可见，管理范围是工程管理单位基于管理的需要行使控制权的区域，保护范围是基于保护工程的目的，行政管理部门基于法律规定行使管理权的区域，保护范围是紧邻管理范围并向外延伸的一定区域，两者是并列关系而非包容关系。工程管理单位的控制权不及于保护范围，行政管理部门的管理权包括管理范围。

2018年8月，嘉兴市海盐县在浙江省率先发布了《关于划定海盐县航道保护范围的公告》(盐政发[2018]29号)。按照该公告规定，航道保护范围，是指从航道护岸压顶前沿线(临水侧)向陆域侧的距离，如为自然岸坡的，从最高通航水位1.96米(85国家高程)水末线向陆域侧的距离，如有规划，从规划岸线(临水侧)向陆域侧的距离；具体标准为：Ⅲ级及以上等级航道的航道保护范围为20米，Ⅳ级及以下等级航道的航道保护范围为

---

① 《水法》第三十八条、第四十三条。
② 《防洪法》第三十五条。

15 米。

有关的研究成果也对航道保护范围进行了界定，但存在一定的认识差异。(1)航道保护范围是指为保护航道现状资源、通航条件及发展空间，根据航道发展规划技术等级和航道保护实际需要，在航道通航水域两侧范围、航道设施周边划定的，可能被利用开发为航道、对航道和水流条件等有影响、对航道整治工程和航道设施功能发挥有影响的航道水域和陆域管控区域[1]。(2)航道保护范围即根据航道发展规划技术等级和航道保护实际需要，在河道保护范围内划定一个比航道范围大的区域，在该区域范围内对相关行为进行管理，以满足航道畅通、安全和发展的要求[2]。(3)航道保护范围是指在航道管理的尺度以外，出于保护目的而划定的一个管理范围，它包含护坡、护岸等整治构筑物以及心滩、边滩等。[3] 上述不同定义之间的最大区别在于对航道保护范围基准线认定不同，导致保护范围外延各异。

2019 年 6 月 15 日，交通运输部发布的行业标准《航道保护范围划定技术导则》(JTS 124-2019)正式实施，为航道保护范围的具体划定提供了标准。该标准区分了航道养护范围和航道保护范围，适用于内河航道和沿海航道。航道养护范围(Scope of Waterway Maintenance)是指根据航道现状技术等级、河道和海域自然条件，结合船舶航行需求，由负责航道管理的部门按照航道养护技术标准和规定进行航道养护的水域范围。航道保护范围(Scope of Waterway Protection)是指根据航道发展规划技术等级或规划船舶吨级、航道保护实际需要，在现行航道养护范围之外的水域和陆域划定的，对航道资源、航道通航条件、航道设施等起保护作用的区域。对于已纳入规划但未进行养护的航道，包括规划和现行通航水域，及其以外对航道资源、航道通航条件等起保护作用的水域和陆域。

《航道法》第三十五条规定，在航道和航道保护范围内禁止倾倒砂石等废弃物，明确了航道和航道保护范围在空间上的平行关系。本书认为，航道保护范围是航道养护范围外的特定区域，不同航道的基准线应存在差异，以管理部门依法公布为最终依据。由此，航道保护范围是指根据不同航道的特性确定基准线后，依法公布的向两侧延伸一定距离的水域和陆域。

2. 航道保护范围的特点

航道保护范围是保护航道正常通航、维护航道设施安全稳定的基础范围，也是负责航道管理的部门开展日常航道管理的工作范围。航道保护范围具有以下特点：

(1)权威性。航道保护范围的划定须由特定的管理部门组织，并依法向社会公布；在航道保护范围内的行为受到法律更严格的限制，如不得倾倒废弃物。

(2)稳定性。航道保护范围一旦公布，在一个相当长的时间内是确定的，体现了较强的稳定性。然而，航道具有天然属性，受外部多种因素的影响，本身也存在一定的变动性，航道的变动导致以航道养护范围为基础的航道保护范围随之变动。这种相对稳定性要

---

[1] 董志海. 江苏省内河航道保护范围划定研究[J]. 中国水运, 2016(12)：32-34.
[2] 徐元, 刘红. 航道保护及其范围划定方法探讨[J]. 水运工程, 2017(12)：129-134.
[3] 赵新宇, 陈安. 航道通航尺度与航道保护范围划定的区别及重点[J]. 水运管理, 2017(1)：24-26.

求改变航道保护范围需具备一定的条件并履行法定程序。

(3)交叉性。水资源的综合利用涉及多个管理部门，基于不同的管理目的，可能存在依据不同法律做出的不同的保护范围的划定，如航道和河道的保护范围。保护范围的双重、多重交叉不可避免，因而航道保护范围只是航道主管部门开展航道管理与发展预控工作的范围，而非独享管理权的范围，不同管理部门之间不存在地界权属之争，而应形成"协调有序、互利共荣"的综合治理局面。[①]

(4)差异性。航道保护范围划定应根据天然和渠化河流航道、河网地区和运河航道、沿海航道、航道设施的不同特点，采用不同的方法划定。

(二)航道保护范围划定的主体

在划定航道保护范围时，将航道分为直管航道和其他航道两类分别规定划定主体和公布主体。

1. 划定主体

航道保护范围的划定主体可分为主导主体、参与主体和可能参与主体。主导主体是组织划定工作的主体，参与主体是当然参与一类航道保护范围划定的主体，可能参与主体是基于管理职能需要参与航道保护范围划定的主体。主导主体会同参与主体、可能参与主体共同划定航道保护范围。

国务院交通运输主管部门直接管理的航道，主导主体是国务院交通运输主管部门，参与主体包括同级水行政主管部门、国土资源主管部门以及有关省级人民政府，可能参与主体包括同级海洋主管部门、渔业行政主管部门。其他航道，主导主体是县级以上地方人民政府交通运输主管部门，参与主体包括同级的水行政主管部门或流域管理机构、国土资源主管部门，可能参与主体包括同级海洋主管部门、渔业行政主管部门。

2. 公布主体

国务院交通运输主管部门直接管理的航道保护范围被划定后，由主导主体公布；其他航道保护范围被划定后，需报本级人民政府批准并由其公布。公布可采取公告、报刊、广播和网络媒体等形式，公布的内容主要包括保护范围划定的依据、河道或海域名称、航道名称、保护的水域和陆域范围、保护范围内限制和禁止的行为、保护范围管理的责任主体、举报投诉电话和邮箱等。

航道保护范围因航道规划调整，或者因河道演变、工程建设等自然或人为因素引起航道条件发生变化，原航道保护范围不能有效保护航道和航道资源等原因需要适时调整，调整的范围由原审批、公布部门审批和公布。

(三)航道保护范围划定标准

《航道法》规定，航道保护范围根据航道发展规划技术等级和航道保护实际需要划定。《航道保护范围划定技术导则》(JTS 124-2019)规定，航道保护范围应根据航道发展规划技术等级或规划船舶吨级、保护实际需要、航道特点等合理划定。

---

① 董志海. 江苏省内河航道保护范围划定研究[J]. 中国水运, 2016(12): 32-34.

航道保护范围划定标准转化为技术要素主要包括航道技术等级、通航代表船型、航道尺度、设计最高通航水位、起讫点、航道里程、平面坐标系统和高程系统等。

1. 航道技术等级

在划定航道保护范围时，内河航道技术等级一般采用航道发展规划技术等级，未规划的航道按航运现状和远期发展需要合理确定；沿海航道技术等级按通航船舶吨级和远期发展需要合理确定。

2. 通航代表船型

内河航道通航代表船型采用航道技术等级所对应的通航船型；沿海航道通航代表船型应考虑运输经济性、港口航道自然条件、现有船型和未来船型发展趋势等因素，综合分析确定。

3. 航道尺度

内河航道尺度按航道技术等级的相应尺度和实际维护尺度综合确定；沿海航道尺度包括航道通航水深、航道通航宽度、航道转弯半径，其中沿海人工航道尺度还应包括设计水深、挖槽宽度和设计边坡；有电缆、桥梁等建筑物或构筑物跨越航道时，航道尺度还应包括跨越航道的建筑物或构筑物的通航净空尺度。

在具体划定航道保护范围时，应区分天然和渠化河流航道、河网地区和运河航道、沿海航道、航道设施分别采用不同的划定基准和方法。

第二节　通航建筑物管理

通航建筑物是航道的关键节点，其运行状况直接关系到航道的畅通，影响经济的运行和稳定。目前我国正常运行的通航建筑物共有902座（船闸872座，升船机30座），其中交通运输系统管理的有165座（18%），水利系统、水电系统、市政等其他系统管理的分别有582座（65%）、131座（15%）、24座（2%）。[①] 1989年实施的《船闸管理办法》以及通航建筑物的多头管理现状与《航道法》要求交通运输部门对航道统一进行行业管理发生冲突。为了保证《航道法》规定的通航建筑物运行管理制度能够有效实施，2019年1月，交通运输部通过了《通航建筑物运行管理办法》，并于同年4月1日起实施。

一、通航建筑物的理解

《航道管理条例》把航道、航道设施、与通航有关的设施并列，并界定"航道设施"是指航道的助航导航设施、整治建筑物、航运梯级、过船建筑物（包括过船闸坝）和其他航道工程设施。该条例中只有"过船建筑物"，而无"通航建筑物"的表述，但可以认定两者的含义相同。《航道管理条例实施细则》对过船建筑物的外延列举更为具体，指船闸、升船机、水坡、航运渡槽和隧洞，但没有对其内涵进行归纳。《船闸管理办法》以船闸为管理对象，并规定"其他过船建筑物的管理"可以参照执行，实际上明确了"船闸"是"过船建

---

① 交通运输部水运局. 修订《通航建筑物运行管理办法》政策解读[EB/OL]．(2019-02-26)[2019-06-27]. http://xxgk.mot.gov.cn/jigou/syj/201902/t20190226_3169496.html.

筑物"最重要组成部分。由此可以得出的结论是，在《航道法》颁布之前，我国法律上并未使用"通航建筑物"的概念。

通航建筑物作为一个概念，由"通航"和"建筑物"两部分组成，后者是实体，前者是功能。从字面理解，通航建筑物就是为实现通航目的而建设的建筑物。然而，在航道法中对通航建筑物的界定，需要更为准确。"通航"特指船舶的通航，是船舶借助航道发生位置移动、实现某种目的的活动；"建筑物"更多的是作为一种工程设施存在，并不严格地区别于构筑物，与航电、水电、水利枢纽作为一个整体或仅实现单一通航功能都有可能。

在《通航建筑物运行管理办法》实施前，国家层面的立法对通航建筑物的含义没有明确规定，对其表述存在一定的差异。如：通航建筑物是用于克服集中水位落差或地形障碍而升降或通过船舶的水工设施；通航建筑物是指为船舶通过航道上集中水位落差而修建的建筑物；通航建筑物，又称过船建筑物，它是指在拦河闸坝或者水利水电枢纽上建设的供船舶通行的水工设施，作用是使船舶从一个水位提升或下降至另一水位，以克服集中水头差（水位之间的高度差），实现船舶航行过坝的目的。[①]《贵州省通航设施管理办法》(2018)中规定，通航建筑物是指船闸、升船机、水坡、航运渡槽、隧洞等为保证船舶过闸而建造的设施。[②]《通航建筑物运行管理办法》中规定，通航建筑物是指用于克服集中水位落差供船舶通行的航道设施，主要有船闸和升船机两种形式；引航道、口门区、连接段、待闸锚地、导航建筑物、靠船建筑物、相关附属设施等是通航建筑物的重要组成部分。[③]

对以上定义进行分析，可以得出以下结论：(1)建设通航建筑物的原因是出现了船舶的航行障碍，这种障碍可能是天然形成的，如上下游之间存在水位落差无法航行；也可能是人为造成的，如在通航水域建设拦河闸坝导致断航。(2)建设通航建筑物的目的是消除航行障碍，也即通过人的行为对通航环境进行干预，以消除阻碍通航的因素。(3)通航建筑物有多种表现形式，包括船闸、升船机、水坡、航运渡槽、隧洞等，其中船闸、升船机是最重要的两种通航建筑物。(4)通航建筑物是一种水工设施，这种水工设施可以作为航电、水电、水利枢纽的组成部分，如三峡水利枢纽中的船闸；也可以独立存在，如杭甬运河三堡船闸。

1. 船闸

船闸是指用水力直接提升船舶过坝的一种通航建筑物。船闸由闸室、闸首（上、下）、引航道（上、下游）、输水系统等组成。船闸有不同的分类，最为重要的是：(1)根据船闸的级数不同，分为单级船闸和多级船闸。单级船闸是指只有一个闸室的船闸；多级船闸是指沿船闸轴线方向有两个以上闸室的船闸，如长江三峡枢纽的五级船闸。(2)根据船闸的线数不同，分为单线船闸和多线船闸。单线船闸是指在一个枢纽内建设的一个船闸；多线船闸是指在一个枢纽内建设的两个以上的船闸。修建多线船闸的河段，往往通航需求旺盛，具有特别重要的经济、社会价值，一旦断航影响过大，如长江葛洲坝水利枢纽建设了

---

① 信春鹰，王昌顺. 中华人民共和国航道法释义[M]. 北京：法律出版社，2015：11.
② 参见《贵州省通航设施管理办法》第三十五条。
③ 参见《通航建筑物运行管理办法》第二条。

大江、三江两线三座船闸。

2. 其他通航建筑物

升船机是指利用机械的方法升降装载船舶的承船厢,使船舶克服由于在天然或渠化河流以及在运河上建坝而形成集中水位落差的通航建筑物。升船机按承船厢运行的线路,分为垂直式和斜面式两类。

水坡是指利用斜坡槽中水体的移动而使浮于水体上的船舶升降,以克服集中水位落差,将浮于其上的船舶从一水位河段送到另一水位河段的通航建筑物。从过船工艺而言,水坡属于升船机范围。我国建成的水坡仅两座,分别是1982年建成的安徽龙湾水坡(水头约2米)和1989年建成的江苏沭阳水坡(水头5.5米)。

航运渡槽是指基于通航的目的建设的输送渠道水流跨越河渠、道路、山冲、谷口等的架空输水建筑物。贵州的乌江构皮滩水电站的第一级中间渠道、广西的龙滩水电站都建设了通航渡槽。

通航隧洞是指为运河穿越高山峦岭而开凿的通航建筑物。如乌江构皮滩水电站已建成335米长的通航隧洞;三峡、葛洲坝水运新通道可能采用引航道与通航隧洞直接连接的设计方案。

二、通航建筑物管理模式与特点

管理模式是一种稳定的管理状态。通航建筑物的管理是保证通航效率的重要环节,从运行的角度看,包括行政性管理和技术性管理。行政性管理解决的是国家对运行单位、使用主体如何运行、利用通航建筑物的干预,主要涉及行政管理主体、运行主体以及不同主体的职责、行为要求等;技术性管理是运行单位的内部管理,主要是保证通航建筑物处于良好技术状态和船舶通过时的秩序。

管理模式的选择直接决定着航道的畅通以及航道服务能力、服务水平的发挥。由于水资源的综合利用是各国法律所确定的一项基本原则,因而通航建筑物的存在并非单纯基于航运的目的,与发电、防洪也有密切的关系。从建设资金来源看,有国家财政性资金和私人经营性资金;对于某个具体建设项目而言,由于目的的差异性,代表国家行使出资者权利的行政部门也存在差异,使得多头管理成为一种现实的存在。

1. 根据行政管理主体的不同

根据行政管理主体的不同,可以分为以下管理模式:

(1)统一管理模式。该模式将通航建筑物交由一个代表国家行使管理权的部门、机构进行管理。在这种管理模式下,不论通航建筑物是作为独立的水工设施,还是作为水利、水电、航电枢纽的组成部分,其管理主体是唯一的。如美国陆军工程兵团(USACE)负责田纳西河所有船闸及其相关设备的管理。该模式的特点在于:第一,管理主体单一,管理规则统一;第二,同一河流相互关联的通航建筑物之间的运行协调便利。

(2)分别管理模式。该模式将通航建筑物分别交由数个代表国家行使管理权的部门、机构进行管理。在这种管理模式下,一般按照"谁投资、谁管理"的原则确定管理部门、机构。我国目前航电、水电枢纽及其通航建筑物的管理即采用此种模式。该模式的特点在于:第一,管理主体多元,管理规则存在一定的差异;第二,通航建筑物管理与枢纽的管理融为一体。

（3）特别管理模式。该模式将通航建筑物交由一个专门设立的管理部门、机构，按照专门的规定进行管理。在这种管理模式下，按照"一物一机构"的原则确定管理主体。如我国的三峡船闸就是由专门设立的长江三峡通航管理局进行管理。该模式的特点在于：第一，管理主体专门设立；第二，适用范围受到严格的限制；第三，与一般的行业管理之间需要进行协调。

2. 根据运行管理主体的不同

运行管理主体是对通航建筑物进行技术性管理的主体，也是行政管理的相对人。运行管理主体划分的标准不是唯一的，按照不同标准可以做不同的细分。

(1) 企业管理模式与非企业管理模式

按照运行管理主体的性质不同，可以分为企业管理模式与非企业管理模式。

企业管理模式是指由企业承担运行管理义务的管理方式。此种管理模式的特点有：第一，产生的原因是供需矛盾。通航建筑物作为公共产品，本应由政府保障供给，但由于政府供给能力不足，需要借助企业投资以加大供给、满足需求。第二，企业有营利的目的。企业是以营利为目的的经济实体，要使企业的投资获得合理的报酬，要么向使用者收费，要么投资项目中包含着可营利的内容。对于单纯的通航建筑物，唯有收费一途；对于水电、航电枢纽，尚可通过发电获取收益。正是这种营利追求，在出现竞争的情况下，对提高管理水平和服务质量的刺激作用明显。第三，行政管理与运行管理分离。两类主体各司其职，可以有效避免"裁判员"与"运动员"一体的情形，减少、杜绝执法中的不公平现象。

非企业管理模式是指由国家管理部门、机构承担运行管理职责的管理方式。此种管理模式的特点有：第一，无营利追求。通航建筑物的运行费用由中央和地方政府财政保证，运行者在缺少有效激励的情况下，容易出现懈怠，导致服务质量的下滑。第二，行政管理者与运行管理者关系复杂。行政管理者可能同时具有运行管理者的身份，此时"裁判员"与"运动员"一体；即使行政管理者不具有运行管理者的身份，但两类主体的性质相同，上级的干预或者相互的妥协均可能发生。

(2) 投资者管理模式与非投资者管理模式

按照运行管理主体的产生原因不同，可以分为投资者管理模式与非投资者管理模式。

投资者管理模式是指由投资者承担运行管理义务的管理方式。此种管理模式的特点有：第一，投资者与运行管理者身份一致。由国家投资的，则代表国家享有投资者权利的部门、机构为运行者；由企业投资的，则出资的企业为运行者；由国家和企业共同出资的，一方或双方为运行者。第二，投资者与运行管理者可能存在合同关系。在出现多个投资者的情况下，无论是共同管理，还是单独管理，投资者之间需为确定运行管理者达成一致意见，通过协议明确运行管理者以及相互间的权利义务。

非投资者管理模式是指由非投资者承担运行管理义务的管理方式。此种管理模式的特点有：第一，投资者与运行管理者身份分离。无论投资者是国家或是企业，运行管理者都不具有投资者的身份。第二，投资者与运行管理者存在合同关系。由于两类主体在法律上的独立性，无论是投资者新设立的主体，还是既存的某个主体，与投资者之间的权利义务都需要通过协议予以明确。

此外，按照运行管理者的数量不同，可以分为单一主体管理模式和多个主体管理模式。

三、通航建筑物建设

水域可通航只是水路运输实现的必要条件，要发挥水路运输的优势必须不断增加通航里程、保持通航水域的全线贯通。然而，水资源不仅具有航运功能，还具有防洪、发电、供水、养殖等多项功能，只有统筹协调不同功能，才能更好地实现水资源的综合利用。建设拦河闸坝是开发利用水资源的重要方式，然而每一座拦河闸坝都可能恶化现有的通航条件，都可能成为一座碍航建筑物，都可能造成通航水域断航的后果。过去，在水利、水电枢纽建设中由于对航道资源的法律保护不足，建设单位往往忽略通航功能，不建、缓建或低标准建设通航建筑物，造成了我国水域通航里程从 1962 年的 17 万公里大幅萎缩至现在的 12.5 万公里。①

《航道法》根据河流是否通航，对建设永久性拦河闸坝②时如何建设通航建筑物、保证和提高通航能力提出了不同要求、做出了不同规定。

（一）通航河流上通航建筑物建设

在通航河流上建设永久性拦河闸坝必然在河流中形成闸坝断面，造成上下游通航的阻隔，不可避免地减损通航效率；然而，在通航效率与综合效益的取舍中，综合效益处于优先考虑的地位，法律以保证通航能力符合航道规划等级作为最低要求。

1. 通航建筑物建设主体

按照"谁碍航，谁恢复"的原则，通航建筑物的建设主体为永久性拦河闸坝的建设单位。由于永久性拦河闸坝对航道通航条件的影响是长期的，通航建筑物一旦建成，改建、扩建难度大、成本高，因此在确定通航建筑物建设标准时不能直接依据航道现状和现状技术等级，而是必须充分考虑航运发展的需要，以航道发展规划技术等级作为基本标准和依据。在具体的通航建筑物建设时，还应考虑航道地理位置、航道条件、航运需求、区域经济和社会发展等要素，并通过航道通航条件影响评价予以确定。

2. 通航建筑物建设"五同步"要求

通航建筑物作为水电、水利、航电枢纽的组成部分，其建设应当与主体工程③同时建设，具体而言，需要满足同步规划、同步设计、同步建设、同步验收、同步投入使用的"五同步"要求。

同步规划是指凡涉及永久性拦河闸坝主体工程的规划中，应该包含通航建筑物的规划内容；同步设计是指永久性拦河闸坝主体工程设计时，应同步对通航建筑物进行设计；同

---

① 信春鹰，王昌顺. 中华人民共和国航道法释义[M]. 北京：法律出版社，2015：87.
② 拦河闸坝是以防洪排涝、改善通航、蓄水发电、拒咸蓄淡、灌溉供水等为目的建设的拦断河道、阻拦河水的建筑物。
③ 主体工程是指在一个建设项目中，安装主要生产设备、生产主要产品、决定生产能力、发挥主要经济效益的单项工程。

步建设是指在建设永久性拦河闸坝主体工程时，应保证通航建筑物建设进度的协调；同步验收是指对永久性拦河闸坝主体工程验收时，应同时对通航建筑物进行验收；同步投入使用是指当永久性拦河闸坝主体工程投入使用时，通航建筑物也应同时投入使用。

同步规划可以有效避免拦河闸坝工程项目立项、投资审批中漏项，保证通航建筑物预算资金来源确定；同步设计可以保证通航建筑物与主体工程及其他组成部分的对应关系，保证工程项目各项功能的有效发挥；同步建设是同步设计的延伸、同步验收的基础，可以尽可能减少因施工导致断航时间过长的情况出现；同步验收是同步投入使用的保证，可以防止验收不同步而影响航运功能的发挥；同步投入使用可以尽快发挥通航建筑物功能作用和使用效益，确保航运畅通、安全，减少航运成本。

3. 建设单位建设期责任

拦河闸坝主体工程和通航建筑物建设期间，由于围堰截流等工程建设需要，不可避免造成航道中断或难以维持原有通航能力，给相关河段的港航企业和对水路运输依赖较强的企业生产经营造成负面影响。为尽可能减少工程建设对航运带来的影响，法律规定建设单位应承担维持航道原有通航能力的责任。建设单位在合理安排施工、优化建设方案、优选导流方式等措施依然不能维持原有通航能力时，应当采取补救措施并承担相关建设、维护费用。补救措施主要有：

（1）修建临时航道

临时航道是指仅在永久性拦河闸坝建设期为保持航道不中断，使船舶能够连贯航行的通道。闸坝建设交付使用后，临时航道即应停止使用、恢复原状。我国三峡工程施工期间，即采取了此种补救措施。

（2）安排翻坝转运

翻坝转运是指在永久性拦河闸坝的上下游修建码头和连接码头的公路，维持上下游水路运输的"水陆水"联运方式。翻坝转运增加了闸坝上下游码头的装卸作业和码头间的运输环节，增加了航运企业的运输周期和成本，建设单位需承担码头、公路的建设、维护成本和航运企业增加的中间费用。金沙江下游的向家坝水电站建设期间就采取了翻坝转运的方式。

（3）支付适当补偿

因永久性拦河闸坝建设期造成航道中断或采取补救措施增加有关港航企业的经营成本、延长运输时间，建设单位应向受到闸坝建设影响的港航企业支付一定的补偿。此种补偿往往与补救措施结合使用，具体的补偿办法可以通过协商确定。

(二) 不通航河流上通航建筑物建设

在不通航河流上建设永久性拦河闸坝后，由于上游水位抬升、下游最小下泄流量增加，可以增加河道水深、淹没碍航礁石、改善水文状况，使不通航河流变成通航河流。一旦实现这种转变，法律要求保持转变后的通航状态，避免出现反向逆转。

1. 通航建筑物建设

《航道法》基于永久性拦河闸坝建设前河流的不通航状态，法律对通航建筑物建设的要求给出了同步建设和预留位置两种选择，但没有明确选择主体，增加了实际操作的不确定性。《水法》的规定①与《航道法》一致，《航道管理条例》的规定②略有不同，即将同时建设通航建筑物作为一般要求，只有在"不能同时建设"时，才能预留通航建筑物的位置。由于我国永久性拦河闸坝的建设、管理、运行主体多元性，加之《航道管理条例》作为下位的旧法并未明确判断"不能同时建设"的主体，只能通过未来立法或个案处理的方法予以解决。

2. 通航建筑物建设费用承担

在不通航河流上建设永久性拦河闸坝后可以通航的，实际上是增加了航道里程，有利于航运业的发展，体现了水资源综合利用的原则，国家对此持积极的鼓励态度。因而，通航建筑物建设费用除国家另有规定③外，由交通运输主管部门承担。

（三）断航河流上通航建筑物建设

断航河流是指因建设拦河闸坝导致丧失通航能力的河流。《航道法》施行前，虽然《水法》《航道管理条例》对在通航河流上建设永久性拦河闸坝，同时建设适当规模的过船建筑物有所规定，但由于制度本身的不完善和缺乏有效的协调机制，实践中有法不依情况十分严重，造成了大量的碍航闸坝。据2004年对贵州等地的调研数据，贵州省域内有39座闸坝，仅4座有过船设施，且均不能使用，实际上相当于建了39座碍航设施，其中构皮滩电站缓建、三板溪电站未建、龙滩电站未按标准建，特别是大化电站因缓建过船设施，造成红水河断航30年。④ 从全国情况看，在航道上建设的4000多座拦河闸坝中，仅有900多座建有通航建筑物，能够正常使用的不足600座，造成航道中断4万余公里。⑤

解决拦河闸坝造成的河流断航问题，可以使闸坝上下游航道资源得到有效利用，发挥水路运输的优势，促进沿岸经济的发展且具有重要的社会意义。《航道法》第三十七条对断航河流的恢复通航提出了解决办法。

1. 恢复通航的条件

（1）需要恢复通航。"需要"意味着该断航河流有航运需求，航运对区域和沿岸经济发展的作用明显。如，我国西部地区，水资源和矿产、农产品资源十分丰富，但陆路交通不便，通过水路运输即可将资源优势转化为经济优势。对于如何认定"需要"应该有一个相对科学的指标体系，也考验着管理部门的判断能力。

（2）具备建设通航建筑物的条件。此处的"条件"更多指向"自然条件"，也即拦河闸坝及所处位置的地形地质条件、平面布置条件、引航道通航条件满足通航建筑物的建设要求，保证拦河闸坝改造工程具备实施的可能性；同时，需要考虑改造工程的难度和成本。

2. 恢复通航的程序

（1）提出恢复通航的方案。在满足恢复通航条件的前提下，拦河闸坝所在地或享有管

---

① 参见《水法》第二十七条。
② 参见《航道管理条例》第十五条。
③ "国家另有规定"是一个不明确的表述，需通过法律、政府文件予以明确。
④ 参见《〈航道法（送审稿）〉研究第六专题报告》（2004年9月），第114页。
⑤ 信春鹰，王昌顺. 中华人民共和国航道法释义[M]. 北京：法律出版社，2015：101，133.

理权的发展改革部门应会同同级水行政主管部门、交通运输主管部门提出恢复通航方案，论证恢复通航的必要性、可能性以及具体的实施方案。

（2）同级人民政府决定

恢复通航的方案完成后，尚未取得实施的效力，只有报经同级人民政府并做出同意的决定后方可建设通航建筑物以恢复通航。

四、通航建筑物运行

通航建筑物的运行是通航建筑物竣工交付后实现其通航功能的活动，运行管理是手段，运行管理制度是保障。目前，我国通航建筑物运行管理中表现出运行管理主体多元化、收费与不收费并存、运行经费来源多样、不能正常运行原因集中、运行方案报批率低等特点；运行管理制度则存法律依据滞后、一致性规定缺乏、运行经费来源保障不力、流域整体管理和部门协调机制不完善等不足。从法律制度完善的角度，我国通航建筑物管理应以行业管理、运行管理、创新管理、重点管理为基本指导思想，秉持统筹兼顾、法制统一、适度灵活、实事求是和科学预见的原则。①《航道法》对通航建筑物的运行管理做出了原则规定，2019年4月1日起施行的《通航建筑物运行管理办法》对通航建筑物的运行管理进行了系统规定。

（一）运行单位

《航道法》规定通航建筑物的维护保养、运行管理由建设单位或者管理单位负责，其中，建设期间，由建设单位负责；竣工验收后，由管理单位负责。《通航建筑物运行管理办法》以运行单位指代承担通航建筑物运行操作、船舶调度、设备设施养护等职责的单位。结合两部立法的关系，运行单位即是建设单位和管理单位的统称。

以通航建筑物正式运行为时间起点，我国运行单位表现形式较为多样。如：三峡水利枢纽通航建筑物的运行单位是建设单位三峡集团公司委托的三峡通航管理局；长洲水利枢纽一、二线船闸的运行单位是建设单位广西长洲水电开发有限公司委托的广西善能水利水电有限公司；桂平航运枢纽二线船闸的运行单位和建设单位同为广西西江投资开发集团有限公司贵港分公司；京杭运河蔺家坝船闸运行单位是徐州市蔺家坝船闸管理所；长沙湘江航电枢纽的运行单位包括长沙市湘江综合枢纽工程办公室、湘江长沙综合枢纽海事管理机构、湘江长沙综合枢纽航道管理机构三家单位。② 可见，运行单位与建设单位既可能重叠，也可能分立；运行单位既可能是一家单位，也可能是数家单位；既可能是企业单位，也可能是非企业单位。

（二）运行方案

由于同一河流上可能出现多个通航建筑物，不同的通航建筑物运行单位可能没有隶属关系，因而要满足通航建筑物运行适应船舶通行需要的法律要求，必须保证数个通航建筑

---

① 何平，汪炜. 论我国通航建筑物行业管理法律制度实际思路[J]. 珠江水运，2018（6）：26-28.
② 引自交通运输部交通运输战略规划政策项目《通航建筑物行业管理研究》的研究报告。

物的运行安排能够协调，通航建筑物运行方案应由负责航道管理的部门同意并公布。①

1. 运行方案的内容

通航建筑物运行方案是指通航建筑物设备运行、维护保养、船舶通航调度等方面的工作安排。运行方案应当包括通航建筑物概况、运行条件、开放时间、调度规则、养护停航安排、信息公开与社会监督等内容。

运行方案由运行单位编制；同一枢纽或者同一通航建筑物存在多个运行单位时，由各运行单位联合编制，并由各运行单位协商确定编制牵头单位。

运行方案中的开放时间、养护停航安排在通航建筑物之间存在相互关联性，需要进行一定的协调。法律规定，一般情况由省级人民政府负责航道管理的部门统筹协调；长江干线、珠江水系由交通运输部在长江干线、珠江水系上设置的负责航道管理的部门统筹协调；其他跨省、自治区、直辖市河流，由相关省级人民政府负责航道管理的部门共同协商处理。

2. 运行方案的审批

（1）申请和审批主体

通航建筑物运行方案申请审批的主体是运行单位，即通航建筑物仅有一个运行单位时，由该运行单位申请；有多个运行单位时，由该多个运行单位联合申请。

通航建筑物运行方案审批主体是具有管辖权的负责航道管理的部门。若通航建筑物位于省界河流上，审批主体为交通运输部指定的省级人民政府负责航道管理的部门。

（2）运行方案审查

审批主体应对运行方案进行全面审查，并重点审查以下内容：第一，运行条件、开放时间、养护停航安排与相关技术标准、设计和验收文件的符合性；第二，开放时间、调度规则、养护停航安排与船舶通行需要的适应性；第三，所辖航道上不同通航建筑物开放时间、养护停航安排之间的协调性。

审批主体可以采取内部人员审查和专家评审等方式组织审查，并以关联性为标准征求水行政主管部门、海事管理机构、航运企业等有关单位的意见。

若初次申请未通过审查，运行单位应及时修改并重新报送审查，直至审查通过为止。

由上述内容可知，运行方案审批的特殊性主要表现在两个方面：第一，法律强制要求申请审查，运行单位无选择权；第二，运行方案最终获得批准是必然结果。

（3）运行方案公布

通过审查的运行方案由"双主体"在法定时间以法定方式公布。负责航道管理的部门应当在运行方案审查同意后5个工作日内通过本单位官方网站公开运行方案主要内容；运行单位应当在收到审查同意通知之日起5个工作日内通过易于船方获知的方式公开运行方案主要内容。

---

① 《修订〈通航建筑物运行管理办法〉政策解读》中认为《航道法》第二十五条设立了通航建筑物运行方案审批制度，并被2016年国务院审改办明确为中央指定地方实施的行政许可事项。《通航建筑物运行管理办法》按行政许可的要求对运行方案审批制度进行了规定。

(4)运行方案调整

经审查同意的运行方案具有法律强制力,运行单位应当严格执行,不得随意变更。在运行方案调整前,其一直处于有效状态,也就是说每一个具体的运行方案有效期是不确定的。

运行方案调整既可以基于负责航道管理的部门的要求,也可以基于运行单位的申请;调整原因是原运行方案不能适应船舶通行需要,当调整内容涉及运行条件、开放时间、调度规则、养护停航安排等内容时,运行单位应当重新编制运行方案并报送原审批部门审批。

(三)船舶调度

单个通航建筑物运行效率更多地体现在船舶调度的合理性。船舶调度应当遵循安全第一、公平公开、分类管理、兼顾效率的原则,按照调度规则组织实施。

1. 过闸申请

船舶过闸前应当通过运行单位建立的船舶调度信息化平台提出过闸申请,并按照规定如实提供船名、船舶类型、最大平面尺度、吃水、货种、实际载货(客)量等相关信息。

2. 过闸次序

船舶过闸次序的确定遵循两个原则:(1)特定船舶优先过闸;(2)其他船舶按到闸先后次序过闸。

优先过闸的船舶分为法定优先过闸船舶和认定优先过闸船舶。法定优先过闸船舶包括:抢险救灾船、军事运输船、客运班轮、重点急运物资船、执行任务的公务船等;认定优先过闸船舶的主体是具有管辖权的省级以上人民政府交通运输主管部门,认定的范围在不同省域存在一定的差异。同为优先过闸船舶的顺位,运行单位通过调度规则予以明确并不违反法律规定。

3. 载运危险货物船舶过闸

危险货物,系指具有爆炸、易燃、毒害、腐蚀、放射性、污染危害性等特性,在船舶载运过程中,容易造成人身伤害、财产损失或者环境污染而需要特别防护的物品。[①] 船舶载运危险货物运量大,一旦发生泄漏等事故,危害大、辐射广、扩散快,且后期处理难度高、花费多、周期长,因而载运危险货物的船舶过闸时有更为严格的要求。

(1)过闸前报告

除定船舶、定航线、定货种的船舶可以定期报告外,载运危险货物的船舶每次过闸前需向运行单位报告危险货物的名称、危险特性、包装等事项,运行单位对报告内容应及时转报负责航道管理的部门。

(2)信息资源共享

运行单位、负责航道管理的部门应当逐步建立危险货物信息报告管理系统,实现危险

---

① 参见《船舶载运危险货物安全监督管理规定》(交通部令2003年第10号)第三十六条。《船舶载运危险货物安全监督管理规定》(交通运输部令2018年第11号)第五十条对船舶载运的危险货物范围改用列举的方式,保持与我国加入或者缔结的国际条约、国家标准规定一致。

货物载运信息资源共享，以提高运行单位的服务质量、负责航道管理的部门的行业管理水平，更好地发挥通航建筑物运行效率。

(3) 通行安全保障

运行单位应当制定载运危险货物船舶专项运行调度和通航保障方案并严格实施，不得安排危险货物船舶与客船同一闸次通过。

4. 禁止船舶过闸

申请过闸的船舶因自身存在安全隐患，运行单位应当禁止相关船舶过闸。禁止船舶过闸的法定情形有：(1) 船体受损、设备故障等影响通航建筑物运行安全的；(2) 最大平面尺度、吃水、水面以上高度等不符合通航建筑物运行限定标准的；(3) 交通运输部规定的禁止船舶过闸的其他情形。禁止船舶过闸直接影响航运企业经营活动和经济效益，对禁止过闸的船舶范围应有严格限制，法律只允许国务院交通运输主管部门，即交通运输部行使裁量权。

5. 过闸船舶禁止行为

运行单位允许过闸的船舶，在通航建筑物内应遵守管理规定，不得有下列行为：(1) 不服从调度指挥，抢档超越；(2) 从事上下旅客、装卸货物、水上加油、船舶维修、捕鱼等活动；(3) 从事烧焊等明火作业；(4) 载运危险货物的船舶进行洗(清)舱作业；(5) 丢弃物品、倾倒垃圾、排放油污或者生活污水等行为。

(四) 协调联动

涉及通航建筑物的协调联动表现在两个方面：第一，通航建筑物之间运行的协调联动；第二，通航建筑物与其他水工程的协调联动。

1. 通航建筑物之间运行的协调联动

通航建筑物运行协调联动是指数座通航建筑物在运行时间上保持协调性的调度方式。协调联动的前提是数座通航建筑物之间的关联性，如果一条河流上仅有一座通航建筑物，或者虽有数座通航建筑物但互无影响，则无必要进行协调联动。

协调联动有现实的案例，如：2017年7月，随着"西江集团船闸联合调度系统"正式投入运行，西江集团公司管辖的长洲、桂平、贵港、鱼梁、那吉5个梯级9座船闸实现了统一管理、集中调度和信息共享。协调联动只是要求通航建筑物保持运行时间上的同步性，避免、减少运行时间的错位而产生的负面影响，并没有损害不同通航建筑物运行单位的利益，这是协调联动得以实施的现实基础，但在无法律强制要求的情况下，运行单位只能基于相互间的管理与被管理关系或者达成的协议实施协调联动，负责航道管理的部门没有足够能力做出一体化运行的决定，在全国范围内推行存在一定的困难。

《通航建筑物运行管理办法》填补了法律空白，明确规定：在同一通航河流上建有多梯级通航建筑物的，各相关负责航道管理的部门应当根据船舶拥堵和应急情况建立协调联动机制；长江干线、珠江水系通航建筑物的协调联动机制，分别由交通运输部在长江干线、珠江水系上设置的负责航道管理的部门建立；其他跨省、自治区、直辖市河流上通航建筑物的协调联动机制，由相关省级人民政府负责航道管理的部门共同建立。

2. 通航建筑物与其他水工程的协调联动

通航水域上建设的不同水工程功能各异,在水资源利用上存在一定的冲突,统计资料显示因水位不能衔接而无法正常运行的通航建筑物有40座,占总数比为3.67%。[①] 只有统筹兼顾防洪、发电、航运、养殖等各项功能,才能保证水资源综合利用的最大效用。对于通航建筑物而言,其运行有最低通航水位要求,水位变化亦不能超出技术标准允许的范围,因而包括通航建筑物在内的水工程在水资源利用上应该相互协调、实现联动。

《通航建筑物运行管理办法》对不同水工程利用水资源的协调联动做出了规定,负责航道管理的部门应当协调航道及其上游支流上的水工程运行和管理单位,统筹考虑航道及通航建筑物通航所需的最小下泄流量和满足航道及通航建筑物通航条件允许的水位变化。

(五)运行保障

通航建筑物运行保障主要是指运行单位通过各种措施保证通航建筑物安全运行。十九大报告明确规定要树立安全发展理念,弘扬生命至上、安全第一的思想,健全公共安全体系,完善安全生产责任制,坚决遏制重特大安全事故,提升防灾减灾救灾能力。2015年,交通运输部《关于推进交通运输安全体系建设的意见》从法规制度体系、安全责任体系、预防控制体系、宣传教育体系、支撑保障体系、国际化战略体系建设六个方面提出建立安全体系的重点工作。安全事故不断敲响警钟,安全问题已然成为社会关注的重大问题。《通航建筑物运行管理办法》规定了通航建筑物运行保障的各种措施,以防止安全事故的发生。

1. 运行保障措施

(1)制定实施养护管理制度

养护是保证通航建筑物正常运行的基本条件,运行单位需以国家标准和规范为依据,结合通航建筑物的具体情况,制定本单位的养护管理制度和技术规程,确定养护的类别、项目、内容、周期和标准,开展检测、维护、保养工作,建立养护技术档案并做好统计分析。

(2)落实安全运行主体责任

《安全生产法》作为安全生产方面的基本法,明确规定安全生产工作应当强化和落实生产经营单位的主体责任[②],生产经营单位必须建立、健全安全生产责任制和安全生产规章制度。通航建筑物运行单位虽然性质不同,但均承担通航建筑物运行管理的职责,需要依法建立安全运行责任制和规章制度,明确所属机构和人员的安全义务,落实安全运行主体责任,加强安全运行管理。

(3)建立风险预防控制体系

风险预防控制是减少风险的有效措施,风险预防控制体系是以系统化的思路和预先设

---

① 数据来源于中国航海学会船闸专业委员会2012年调查结果。
② 生产经营单位安全生产主体责任,即生产经营单位依照法律、法规规定,应当履行的安全生产法定职责和义务。参见法律出版社法规中心.中华人民共和国安全生产法注释本[M].北京:法律出版社,2014:5.

计而形成的防范风险的整体。通航建筑物运行单位通过建立安全运行风险预防控制体系，开展安全运行风险辨识、评估，进行运行监测和巡查，可以实时掌握通航建筑物安全技术状况、及时发现通航建筑物运行中的异常情况、重大问题或者安全隐患，减少和避免损害事故的发生。

(4) 组织实施安全鉴定工作

安全鉴定是对安全状态的一种全面性判断和评价。通航建筑物安全鉴定是指按照国家有关规定和技术标准对通航建筑物及其运行的安全状态所做出的判断和评价，运行单位既可以自行鉴定，也可以委托专业机构和人员鉴定。定期对通航建筑物进行安全鉴定，一旦发现不符合安全要求时，运行单位可以及时采取除险加固等措施以满足安全要求、消除安全隐患。

(5) 制定突发事件应急预案

应急预案是一种预先设定的行动方案。负责航道管理的部门应当依法制定、公布通航建筑物运行突发事件应急预案，运行单位应当制定本单位通航建筑物运行突发事件应急预案。应急预案之间应按照效力关系保持衔接，即运行单位应急预案应与负责航道管理的部门应急预案相衔接、负责航道管理的部门应急预案应与当地人民政府应急预案相衔接。

(6) 开展反恐怖防范工作

恐怖活动是全球公害，反对恐怖主义[①]是各国的基本责任。《反恐怖主义法》第三十二条规定，重点目标的管理单位应当根据城乡规划、相关标准和实际需要，对重点目标同步设计、同步建设、同步运行符合规定的技防、物防设备、设施；对重点目标以外的涉及公共安全的其他单位、场所、活动、设施，其主管部门和管理单位应当依照法律、行政法规规定，建立健全安全管理制度，落实安全责任。通航建筑物运行涉及公共安全，部分通航建筑物亦可能是恐怖活动的重点目标，运行单位应当依据《反恐怖主义法》等相关法规的规定开展反恐怖防范工作。

2. 停止开放通航建筑物

停止开放通航建筑物是保障安全运行的一种特殊措施，采取此种措施的原因有两类：(1) 基于长远运行安全的养护需要；(2) 基于即时运行安全的需要。

运行单位进行养护，可以按照运行方案规定停止开放通航建筑物，并提前公布并报告停航、复航信息。

运行单位基于运行安全考虑，决定停止开放通航建筑物，应当及时向社会公布停航、复航信息，并报告负责航道管理的部门和海事管理机构。构成此种停航的法定原因包括：(1) 因防汛、泄洪等情况，有关防汛指挥机构依法要求停航的；(2) 遇有大风、大雾、暴雨、地震、事故或者其他突发事件，可能危及通航建筑物运行安全的；(3) 通航水域流量、水位等不符合运行条件的；(4) 应急抢修需要停航的。

---

① 《反恐怖主义法》第三条规定，恐怖主义，是指通过暴力、破坏、恐吓等手段，制造社会恐慌、危害公共安全、侵犯人身财产，或者胁迫国家机关、国际组织，以实现其政治、意识形态等目的的主张和行为。

五、通航建筑物收费

通航建筑物运行资金来源包括财政拨款、发电收益和征收船舶过闸费等,其中最受关注、争议最大的是船舶过闸费。从现实情况看,各省对是否收取船舶过闸费的态度存在不同,湖南的通航建筑物全部免费通行,浙江则允许特定河段的通航建筑物收费,广西则从不收费恢复到收费。

收费的好处是可以弥补通航建筑物运行、养护经费的不足,激励运行单位提高服务质量;不足是增加了使用者的负担,弱化了通航建筑物公共产品的属性。不收费的理由在于原本可以自由通行的河流因建设拦河闸坝已经增加了航行障碍,延长了同样航程的航行时间,增加了航运企业的经营成本,收费则是再次加重航运企业负担,不利于航运业的发展;不足则是在通航建筑物运行、养护经费缺乏的情况下,可能直接降低服务质量,同样不利于航运业的发展。

从2012年中国航海学会船闸专业委员会调查结果看,在统计的通航建筑物中,总体收费比例为19.28%,但不同运行单位管理的通航建筑物收费比例差距很大,其中交通运输部门管理的通航建筑物收费比例最高,达到了55.29%,而水利部门、水电企业、其他主体管理的通航建筑物收费比例仅为13.51%、5.81%、0%。造成这种比例差的重要原因是水利部门、水电企业管理的通航建筑物一般是水电水利枢纽的组成部分,可以通过发电收益解决全部或部分运行费用;其他主体管理的通航建筑物数量少、规模小、运行成本低,可以通过财政拨款解决运行费用。

我国有关法律、政策对通航建筑物收费问题有所涉及,但并无适用全国的统一规定。1989年施行的《船闸管理办法》第三十条第一款规定,船舶、排筏应按照国家规定缴纳过闸费。实际上是有条件允许收费,只是没有明确"国家规定"的具体范围。2009年修正的《航道管理条例实施细则》第三十三条亦有按"国家规定缴纳过闸费"的规定,但基本排除了建有水电站的通航建筑物的收费权。前述两部立法均为部门规章,但作为上位法的《航道法》《航道管理条例》均未涉及过闸收费问题。

1989年《船闸管理办法》颁布之时,过闸费应属于行政事业性收费的一种。对该类收费国家一直有严格的控制,1990年《中共中央、国务院关于坚决制止乱收费、乱罚款和各种摊派的决定》(中发〔1990〕16号)中规定,行政事业性收费项目,审批权限集中在中央和省(不含计划单列市)两级;根据收费项目情况,分别由国家物价局、财政部和省物价、财政部门审批,重要项目须报国务院或省政府批准。1993年,中共中央办公厅、国务院办公厅《关于转发财政部〈关于治理乱收费的规定〉的通知》(中办发〔1993〕18号)中规定,行政事业性收费项目和标准实行中央和省两极审批;收费项目按隶属关系分别报国务院和省、自治区、直辖市人民政府的财政部门会同计划(物价)部门批准;重要项目及标准分别报国务院和省、自治区、直辖市人民政府批准。上述规范性文件明确表明,省级物价、财政部门享有收费审批权,前述的"国家规定"包含省一级的规定。

2000年《违反行政事业性收费和罚没收入收支两条线管理规定行政处分暂行规定》(国务院令第281号)第三条规定,依据法律、行政法规、国务院有关规定、国务院财政部门与计划部门共同发布的规章或者规定以及省、自治区、直辖市的地方性法规、政府规章或者规定和省、自治区、直辖市人民政府财政部门与计划(物价)部门共同发布的规定所收取的各项收费属于行政事业性收费。从该条规定可以得知,省级地方性法规、省级政府规章或规定、省级财政部门与计划(物价)部门共同发布的规定均可成为行政事业性收费合法性的依据。

综上所述,部门规章层级立法中涉及收取过闸费,并不当然需要《航道法》《航道管理条例》提供依据,作为一项广受关注的立法问题,在立法时没有理由回避,而应该直接面对。但从有关立法看,交通运输部制定的部门规章不能作为收费的直接依据,而通航建筑物收费的问题,由各省根据实际情况具体而定不失为一种可行的方法。

六、通航建筑物试运行

试运行,亦称试通航,是指通航建筑物主体工程交工验收合格后,至竣工验收之前,检验工程效果和运行能力的通航活动。如三峡船闸2003年6月18日至2004年6月17日进行了为期一年的试运行。试运行对检验通航建筑物安全性、通航设施有效性,以及发现存在的隐患有重要作用。

试运行是竣工验收的条件之一,但《航道法》中没有试运行的明确规定,仅在第十三条规定,航道建设工程竣工后,应当按照国家有关规定组织竣工验收,经验收合格方可正式投入使用。《航道管理条例》《航道管理条例实施细则》的规定基本相同,《航道管理条例》第十一条规定,建设航道及其设施,必须遵守国家基本建设程序的规定;工程竣工经验收合格后,方能交付使用。《航道管理条例实施细则》第十九条规定,工程竣工验收应当有各该主管部门参加,符合设计要求后方可交付使用。

目前,有关通航建筑物试运行规定的内容仅见于《航道工程竣工验收管理办法》(2014年,以下简称《办法》),主要内容有:(1)试运行是工程竣工验收的条件之一。该《办法》第七条规定的航道工程①竣工验收应当具备的条件包括工程试运行期满1年,运行情况正常。(2)试运行期满申请竣工验收的时间。该《办法》第八条规定,航道工程应当在工程试运行期满后1年内申请竣工验收;对不能按期申请竣工验收的,应当向竣工验收部门提出延期申请,延长期限一般不得超过2年。(3)竣工验收申请逾期的责任。该《办法》第八条规定,对延期后仍不能按期申请竣工验收的,竣工验收部门应当予以通报或者警告。(4)试运行期起算点。该《办法》第二十一条规定,工程试运行期自航道主体工程最后一个单位工程交工验收合格之日起算。

法律规定的困扰有:(1)试运行期只有最低限1年的规定,而最高限无法确定,导致现实中存在少量通航建筑物试运行多年依然未办理竣工验收的情况。(2)试运行期满申请竣工验收的时间过长。一般要求是试运行期满后1年内,并规定了"一般"不超过2年的延长期,按照此规定超过试运行期满3年也存在可能性。(3)救济措施缺失。逾期不申请竣工验收,仅需承担"通报或者警告"的不利后果,明显不具有威慑力;对于逾期,缺少救济性的制度安排,不利于更好地发挥通航建筑物的效用。

---

① 航道工程是指航道整治、航道疏浚和航运枢纽、过船建筑物等航道设施以及其他航道附属设施的新建、扩建和改建工程。参见《航道工程竣工验收管理办法》(2014年)第二十一条。

本书认为，应在未来立法中完善试运行规定，具体建议为：(1)试运行期最短为1年，最长为2年，并在试运行开始前经负责航道管理的部门认定；(2)试运行期满后3个月内，通航建筑物建设单位应当申请竣工验收；(3)除不可抗力造成逾期申请竣工验收外，负责航道管理的部门可以采取责令限期申请竣工验收、限制建设单位参与新的航道工程项目建设等措施。

第三节　航道通航条件影响评价审核

航道通航条件是指航道满足船舶畅通、安全航行的条件，主要包括航道尺度、通航水位、航行水流条件、航道稳定性、航道通视性、与航道有关的工程的通航净高、净宽、埋设深度，以及航道通过能力、船舶通航安全的适应性等。与航道有关的工程是影响通航条件的重要因素，《航道法》颁布前，虽然也有关于水工程建设对航道保护的要求，但由于制度约束力较弱等多方面原因，影响航道通航的水工程大量存在，造成碍航、断航的情况时有发生，事后监管难以消除对通航的负面影响。1994年，交通部制定了《跨越国家航道的桥梁通航净空尺度和技术要求的审批办法》（交基发〔1994〕906号），建立了桥梁通航净空尺度和技术要求审查制度，并规定了其他跨河、临河建筑物参照执行，在实践中取得了较好的执行效果、积累了丰富的经验。因而，在工程建设前对工程选址、建设方案等是否影响通航条件进行审核十分必要。《航道法》确立了航道通航条件影响评价制度，该制度被认为是一项重大的制度突破；2017年1月交通运输部通过了《航道通航条件影响评价审核管理办法》对航道通航条件影响评价制度的主要内容进行了细化，为航道通航条件影响评价审核工作开展提供了更具操作性的法律依据。

一、航道通航条件影响评价适用范围

航道通航条件影响评价，是指在新建、改建、扩建与航道有关的工程前，建设单位根据国家有关规定和技术标准规范，论证评价工程对航道通航条件的影响并提出减小或者消除影响的对策措施。

（一）适用范围

《航道法》明确航道通航条件影响评价的适用范围是"建设与航道有关的工程"，即指《航道法》第二十四条、第二十五条第一款、第二十六条第一款规定的工程。具体而言，包括：

(1)跨越、穿越航道的桥梁、隧道、管道、渡槽、缆线等建筑物、构筑物；
(2)通航河流上的永久性拦河闸坝；
(3)航道保护范围内的临河、临湖、临海建筑物、构筑物，包括码头、取(排)水口、栈桥、护岸、船台、滑道、船坞、圈围工程等。

（二）适用例外

航道通航条件影响评价审核是保证与航道有关的工程符合通航条件的有效的行政管理

手段之一，但基于工程对通航条件的影响程度及其特殊性，法律并未强制规定所有与航道有关的工程都要进行通航条件影响评价。下列工程无须进行通航条件影响评价：

(1)临河、临湖的中小河流治理工程。按照水利部规划计划司、水利水电规划设计总院共同编制的《全国重点地区中小河流近期治理建设规划工作大纲》(2008年7月)，中小河流是指流域面积不足3000平方公里的河流。中小河流治理工程是指为提高中小河流重点河段的防洪减灾能力，保障区域防洪安全和粮食安全，兼顾河流生态环境而开展的以堤防加固和新建、河道清淤疏浚、护岸护坡等为主要内容的综合性治理工程。①

(2)不通航河流上建设的水工程。不通航河流不属于航道规划、航道普查、航道技术等级评定、航道统计的范围，在该类河流上建设水工程不存在影响通航条件的问题。

(3)现有水工程不影响航道通航条件的改造工程。该类工程可细分为三类：①水毁修复、除险加固工程；②不涉及通航建筑物的工程；③不改变航道原通航条件的更新改造工程。除不涉及通航建筑物的工程，其他两类工程若涉及改变通航条件的，需进行航道通航条件影响评价。

二、航道通航条件影响评价中的主体

航道通航条件影响评价工作的主体主要是建设单位和审核部门。

(一)建设单位

在航道通航条件影响评价中，建设单位需要承担一定的义务。主要义务包括：

(1)编制航道通航条件影响评价报告。航道通航条件影响评价报告(以下简称航评报告)应当按照交通运输部有关规定和技术标准要求在工程可行性研究阶段完成；建设单位可以自主委托具有相应经验、技术条件和能力，信誉良好的机构编制航评报告。如果审核未通过，建设单位可以根据审核意见重新编制航评报告。

(2)提出航道通航条件影响评价审核申请。建设单位申请航道通航条件影响评价审核时，应当提交法律规定的材料，并对材料的真实性、合法性负责。建设单位取得审核意见后，出现开工延迟、航道通航条件发生重大变化等情况，建设单位应当重新申请办理审核手续。

(3)申请办理变更手续和进行重新评价。审核部门出具审核意见后，建设单位、项目名称和涉及航道、通航的事项发生变化的，建设单位应当向原审核部门申请办理变更手续；若建设项目涉及航道、通航的某些法定事项发生较大调整且对航道通航条件可能产生不利影响的，建设单位应当开展补充或者重新评价。

(4)严格执行审核意见，并接受监督检查。开工建设前以及与航道、通航有关的建设内容完工后，建设单位应当依法向负责航道现场管理的机构报送有关资料，并对所报资料的真实性负责。监督检查中，若发现工程建设与审核意见不符的，建设单位应根据要求及时改正。

---

① 参见《全国中小河流治理项目和资金管理办法》(财建〔2011〕156号)第二条。

(二)审核部门

审核部门是指负责航道通航条件影响评价审核工作并出具审核意见的交通运输主管部门或者航道管理机构。

1. 审核权划分

交通运输部主管全国航道通航条件影响评价审核管理工作。具体审核权按下列规定进行划分：

(1)国务院交通运输主管部门

目前，国务院交通运输主管部门为交通运输部，其负责审核的建设项目包括两类：一是国务院或者国务院有关部门批准、核准的建设项目；二是与交通运输部直接管理航道有关的建设项目。

与长江干线航道有关的建设项目，除国务院或者国务院有关部门批准、核准的建设项目以及跨(穿)越长江干线的桥梁、隧道工程外，由长江航务管理局承担审核的具体工作。

(2)县级以上地方交通运输主管部门或者航道管理机构

其他航道的管理体制，不同区域存在一定的差异。在确定与航道有关的其他建设项目的审核权时应充分考虑这种差异性，将审核权的分配交由各省级人民政府决定，行使审核权的主体包括地方交通运输主管部门和航道管理机构两类。

各省级人民政府采取何种方式进行审核权的分配，法律不予干涉，但一般应考虑航道管理的实际情况，综合考虑不同航道的重要性、航道联通和成网的特性、上下游统筹协调等因素。审核权分配后，行使具体审核工作的主体应满足唯一性要求。

2. 审核部门职责

审核部门职权与职责相伴而生，在行使审核权时，需承担以下主要职责：(1)依法审查材料、组织审核和出具审核意见；(2)不得以任何形式要求建设单位委托特定机构编制航评报告；(3)按照政府采购规定选择第三方技术咨询机构；(4)及时向征求意见的建设单位回复意见；(5)明确负责组织监督检查的部门或者建设项目所在水域负责航道现场管理的机构；(6)组织对航道通航条件影响评价审核意见的执行情况进行监督检查；(7)依法公开开展航评审核的依据、条件等资料，接受社会监督；(8)依法撤销已出具的审核意见等。

(三)监督检查主体

监督检查主体由审核部门在审核意见中予以明确，包括负责组织监督检查的部门或者建设项目所在水域负责航道现场管理的机构。

1. 负责组织监督检查的部门

交通运输部负责审核的建设项目，由省级交通运输主管部门负责组织进行监督检查；但与长江干线航道有关的建设项目，由长江航务管理局负责组织进行监督检查。该部门需履行下列职责：(1)参与建设项目初步设计、施工图设计审查过程中，对执行审核意见的情况进行复核；(2)建设项目开工前，向负责航道现场管理的机构明确现场监管要求。

2. 负责航道现场管理的机构

建设项目所在水域负责航道现场管理的机构承担现场监督检查工作。该机构需履行下列职责：(1)日常巡查中对执行审核意见的情况进行现场检查；(2)对施工图设计中涉及航道、通航内容的资料及时核查；(3)发现工程建设与审核意见不符的，要求建设单位及时改正；(4)及时向负责组织监督检查的部门报告建设单位拒不改正的情况；(5)向审核部门报告监督检查情况、建设单位关于审核意见的执行情况。

(四)第三方技术咨询机构

第三方技术咨询机构是协助审核部门完成航道通航条件影响评价审核的专业机构，需具有港口河海工程咨询、水运行业设计、水运行业(航道工程)设计资质之一，并具备相关专业业务能力。

第三方技术咨询机构按照政府采购服务确定的方式选择。所选的第三方技术咨询机构不得与服务内容存在利害关系，即不得与可行性研究报告编制单位、航评报告编制单位为同一单位，不得与可行性研究报告编制单位、航评报告编制单位、建设单位存在控股、管理关系或者存在法人、负责人为同一人等重大关联关系。

第三方技术咨询机构提供服务时应承担下列法定义务：(1)客观、公正、及时完成技术咨询工作；(2)对技术咨询结论负责；(3)技术咨询报告应对审核内容提出明确的意见；有重大分歧的，应当如实反映并提出建议。

第三方技术咨询机构具体权利和义务通过与审核单位签订的委托合同确定。

三、航道通航条件影响评价报告

(一)航道通航条件影响评价报告内容

建设单位编制的航评报告是审核部门进行审核的基本依据，需要对与航道有关的建设项目影响通航条件做出全面的评价。为保证报告的规范性和内容的完整性，法律对航评报告的具体内容做出了明确规定，包括：(1)建设项目概况，包括项目名称、地点、规模、建设单位等；(2)建设项目所在河段、湖区、海域的通航环境，包括自然条件、水上水下有关设施、航道及通航安全状况等；(3)建设项目的选址评价；(4)建设项目与通航有关的技术参数和技术要求的分析论证；(5)建设项目对航道条件、通航安全、港口及航运发展的影响分析；(6)减小或者消除对航道通航条件影响的措施；(7)航道条件与通航安全的保障措施；(8)征求各有关方面意见的情况及处理情况。

(二)航道通航条件影响评价报告编制要求

为提高建设单位编制的航评报告质量，保证建设项目与实际需求的协调，在编制过程中，建设单位应满足下列要求：

1. 开展现场踏勘、调研

建设单位在编制航评报告时，需通过现场踏勘、调研收集资料，在保证搜集资料齐全、真实、有效的前提下，做到论证充分、评价全面、结论明确、客观公正，并如实反映各相关部门、单位的意见及处理情况。

2. 征求有关主体意见

在航评报告编制过程中,建设单位应当就通航影响征求港航企业等利害相关方的意见。在通航河流上建设永久性拦河闸坝的,应当书面征求上下游受影响省份的省级交通运输主管部门的意见;在长江水系四级及以上航道建设永久性拦河闸坝的,还应当征求长江航务管理局的意见;在珠江水系四级及以上航道建设永久性拦河闸坝和桥梁的,还应当征求珠江航务管理局的意见。

四、航道通航条件影响评价审核

(一)审核程序

1. 申请

建设单位完成航评报告后,应当向审核部门提出审核申请。申请时,建设单位应当按照法律要求提交审核申请书、航评报告、项目的规划或者其他建设依据等材料。

2. 受理

审核部门收到审核申请后,应当对申请事项是否属于受理范围、材料是否齐全、航评报告文本格式是否符合规定要求等进行形式审查,审查通过的,应当予以受理,并出具受理通知书。

3. 组织审核

审核部门应当围绕航评报告内容是否全面,程序是否合规,论证是否充分,结论是否客观,拟采取的措施是否得当等方面内容项进行审核。审核中,审核部门认为必要的,可以采取专家咨询、委托第三方技术咨询机构开展技术咨询等方式。

审核依据主要包括:(1)有关法律、法规、规章;(2)《内河通航标准》(GB50139)、《通航海轮桥梁通航标准》(JTJ311)、《运河通航标准》(JTS180-2)、《长江干线通航标准》(JTS180-4)等有关标准;(3)航道、港口等相关规划;(4)建设项目所在河段、湖区、海域航道建设养护、通航安全、航运发展的相关要求。

4. 出具审核意见

审核部门应当在受理审核申请后20个工作日内完成审核并出具航道通航条件影响评价审核意见。法律对审核时间提出明确要求,有利于提高审核效率、明确审核的时间预期,但该时限不包括技术咨询、专家评审、评价材料修改完善所需时间,实际上也非明确的时限规定。

审核意见应当根据审核内容,提出明确观点,并做出通过或者不予通过审核的决定。若审核部门做出不予通过审核的决定,建设单位可以根据审核意见对工程选址或者建设方案等进行调整,重新编制航评报告,并报送审核部门审核。

审核意见中,审核部门应当明确负责组织监督检查的部门或者建设项目所在水域负责航道现场管理的机构,并将审核意见抄送该部门或者机构。

5. 变更手续

审核部门出具审核意见后,建设单位、项目名称和涉及航道、通航的事项发生变化的,建设单位应当向原审核部门申请办理变更手续。

(二)重新审核

重新审核是指审核部门出具审核通过意见后,出现影响审核决定的情形,建设单位就同一建设项目再次申请航道通航影响评价审核。重新审核发生的原因有:

1. 建设项目发生较大调整

建设项目涉及航道、通航的事项发生较大调整且对航道通航条件可能产生不利影响的,建设单位应当开展补充或者重新评价,并重新报送审核部门审核。具体事项包括:(1)工程选址;(2)拦河闸坝总平面布置,通航建筑物型式、有效尺度及规模,设计通航水位等;(3)跨越航道建设项目的通航净空尺度、通航孔布置、墩柱布置等;(4)穿越航道建设项目的埋设深度、出入土点等;(5)临河、临湖、临海建设项目的设计代表船型、工程布置、功能用途、结构形式等;(6)其他可能对航道条件、通航安全、航运发展产生较大影响的事项。

2. 建设单位逾期未开工建设

建设单位取得审核意见后,未在审核意见签发之日起三年内开工建设的,应当重新申请办理审核手续。

3. 航道通航条件发生重大变化

建设项目开工建设前因重大自然灾害、极端水文条件等引起航道通航条件发生重大变化的,建设单位应当重新申请办理审核手续。

(三)撤销审核意见

审核部门在出现法定情形时,可以撤销已出具的审核意见。《航道通航条件影响评价审核管理办法》规定的情形包括:(1)建设单位以提供虚假材料等不正当手段取得审核意见的;(2)超越审核权限出具审核意见的;(3)违反规定程序出具审核意见的;(4)依法可以撤销审核意见的其他情形。基于第(4)种情形撤销审核意见,需有相关立法的明确规定。

(四)评价审核效力

航道通航条件影响评价以及评价审核是与航道有关的工程项目批准、建设的前置条件。(1)未进行航道通航条件影响评价或者经审核部门审核认为建设项目不符合法律规定的,建设单位不得建设;(2)政府投资项目未进行航道通航条件影响评价或者经审核部门审核认为建设项目不符合法律规定的,负责建设项目审批的部门不予批准。

第四节 非法采砂的管理

采砂是通过一定方式取得砂石的行为。砂石作为建筑材料有巨大的市场需求,在巨大利益的诱惑下,水上非法采砂已经成为影响通航条件和通航安全的重大隐患,加强对水上采砂活动的管理,打击非法采砂已经成为负责航道管理的部门一项重要的工作。

一、非法采砂的概念和特征

非法采砂内涵缺乏统一而明确的界定，理论界有主体符合说、危害结果说、持证缴费说、区间要素说之分，且以持证缴费说为主流观点。[①] 持证缴费说认为非法采砂是指未经行政机关许可或虽经许可但不按许可规定开采砂石的活动。

我国《水法》规定，国家实行河道采砂许可制度；在河道管理范围内采砂，影响河势稳定或者危及堤防安全的，有关县级以上人民政府水行政主管部门应当划定禁采区和规定禁采期，并予以公告。《河道管理条例》规定，在河道管理范围内采砂，必须按照经批准的范围和作业方式进行，并向河道主管机关缴纳管理费。《长江河道采砂管理条例》规定，国家对长江采砂实行统一规划制度、采砂许可制度。《长江河道采砂管理条例实施办法》规定，长江采砂实行可行性论证报告制度。《航道法》规定，在航道和航道保护范围内采砂，不得损害航道通航条件。本书认为，法律规定是采砂行为合法与否的判定标准，以法律的视角而言，非法采砂是指未取得采砂许可证或者虽取得采砂许可证，但不按许可和其他管理要求实施的采砂行为。

非法采砂对行为主体没有限制，对行为后果没有要求，其特征是行为的违法性和对象的特定性。

二、采砂许可

1. 审批机关

采砂许可由河道主管机关批准；涉及其他部门的，由河道主管机关会同有关部门批准。《航道管理条例实施细则》（2009年修正）第三十条规定，在通航河道内挖取砂石泥土、开采砂金、堆放材料，必须报河道主管部门会同航道主管部门批准，涉及水上交通安全的，事先征得港监部门同意，并按照批准的水域范围和作业方式开采，不得恶化通航条件。

《长江河道采砂管理条例》明确了长江宜宾以下干流河道内的采砂许可审批机关。（1）一般由沿江省、直辖市人民政府水行政主管部门审批；（2）属于省际边界重点河段[②]的，经有关省、直辖市人民政府水行政主管部门签署意见后，由长江水利委员会审批；（3）涉及航道的，审批前应当征求长江航务管理局和长江海事机构的意见。

2. 发放许可证条件

《水法》规定，河道采砂许可制度实施办法由国务院规定。迄今为止，国务院尚未规定普遍适用的实施办法，以长江干流河道采砂为例，审批发放河道采砂许可证，需符合下

[①] 徐飘. 长江水域非法采砂执法制度研究[D]. 武汉：武汉理工大学，2016.

[②] 省际边界重点河段的范围由国务院水行政主管部门划定。如《长江河道采砂管理条例实施办法》附录规定，鄂赣边界重点河段（1954年北京坐标系坐标）左岸为上起湖北省武穴市李顶武村（3304302，39355558），下至湖北省武穴市龙坪镇（3306223，39374786）。

列条件：(1)符合长江采砂规划①确定的可采区和可采期的要求；(2)符合年度采砂控制总量的要求；(3)符合规定的作业方式；(4)符合采砂船只数量的控制要求；(5)采砂船舶、船员证书齐全；(6)有符合要求的采砂设备和采砂技术人员；(7)长江水利委员会或者沿江省、直辖市人民政府水行政主管部门规定的其他条件。

3. 采砂许可证

河道采砂许可证应当载明船主姓名(名称)、船名、船号和开采的性质、种类、地点、时限以及作业方式、弃料处理方式、许可证的有效期限等有关事项和内容。发证机关应当将河道采砂许可证发放情况适时进行公告。

河道采砂许可证实行一船一证，有效期限不得超过一个可采期。有效期间届满或者累计采砂量达到采砂许可证规定的采砂总量时，发证机关应当收回或者注销采砂许可证并发布公告；可采期内，由于出现重大事件，需要暂停采砂活动的，发证机关可以宣布其发放的许可证效力中止，有关事由消除后，发证机关应当宣布采砂许可证效力恢复。

从事采砂活动的单位和个人需要改变河道采砂许可证规定的事项和内容的，应当重新办理河道采砂许可证。

禁止伪造、涂改或者买卖、出租、出借或者以其他方式转让河道采砂许可证。

三、非法采砂行为

非法采砂行为的表现形式多样，主要有：

1. 无证采砂

我国实行采砂许可制度，采砂单位和个人取得采砂许可证是合法实施采砂行为的前提条件。未取得采砂许可证、船证不符均属于非法采砂。

2. 在禁采区采砂

有关水行政主管部门在编制采砂规划时，需划定禁采区、可采区和保留区。禁采区是禁止采砂的区域，一般将河床演变或者航道变迁剧烈的河段、水工程保护范围，拦河闸坝、跨河桥梁、临河码头、取水口等重要设施上下游一定安全范围内，依法划定的自然保护区以及稀有动物栖息地、繁殖地划定为禁采区。

3. 未按批准的范围采砂

发放采砂许可证需明确采砂地点和范围，一般通过采砂范围图和控制点坐标予以确定，也包括开采控制高程。② 开采作业时，只能在批准范围内及相应高程进行，严禁超范围、超深度开采。

4. 未按批准的作业方式采砂

采砂作业方式有水采和旱采之分。水采通常是指使用有行驶能力的采砂船或在无行驶能力的趸船上安装抓斗等起吊设备采挖水下砂石，有吸采式、抓斗式、链斗式、吸扬式等多种作业方式。旱采是指使用一定的机械设备在水面未淹没的河道内直接挖掘开采砂石，

---

① 长江采砂规划应当包括下列内容：(1)禁采区和可采区；(2)禁采期和可采期；(3)年度采砂控制总量；(4)可采区内采砂船只的控制数量。

② 绝对高程指的是某点沿铅垂线方向到绝对基面的距离，简称高程。

主要利用挖掘、筛分及运输机械进行。① 如在长江干流，不允许采砂设备功率超过 1250 千瓦和不具备平缓移动的开采作业方式。

5. 在禁采期采砂

禁采期是禁止开采砂石的时间段。如每年 6 月 1 日至 9 月 30 日以及河道水位超过警戒水位时，为长江宜宾以下干流河道（不含三峡水库库区河道）采砂的禁采期；长江寸滩水文站流量大于 25000 立方米每秒时，为三峡水库库区河道采砂的禁采期。②

6. 超过批准的数量采砂

在实行年度采砂总量控制的河段，每一可采区实际审批的年度采砂量不得超过该可采区的年度采砂控制量。采砂单位和个人超过批准数量采砂属于违法行为。

7. 损害航道通航条件的采砂

在航道和航道保护范围内，经过批准，取得采砂许可证的，可以从事砂石开采活动；开采时，应当服从通航要求，不得损害航道通航条件，否则即构成非法采砂。

四、非法采砂责任

(一)非法采砂行政责任

1.《水法》

《水法》中没有明确规定非法采砂的责任，可按照从事影响河势稳定、危害河岸堤防安全和其他妨碍河道行洪的活动处理，由县级以上人民政府水行政主管部门或者流域管理机构依据职权，责令停止违法行为，并处 1 万元以上 10 万元以下的罚款。

2.《河道管理条例》

《河道管理条例》规定，未经批准或者不按照河道主管机关的规定在河道管理范围内采砂的，县级以上地方人民政府河道主管机关除责令其纠正违法行为、采取补救措施外，可以并处警告、罚款、没收非法所得。

3.《长江河道采砂管理条例》

县级以上地方人民政府水行政主管部门或者长江水利委员会是行使处罚权的主体，具体的责任规定如下：

(1)未办理河道采砂许可证，擅自在长江采砂的，责令停止违法行为，没收违法所得和非法采砂机具，并处 10 万元以上 30 万元以下的罚款；情节严重的，扣押或者没收非法采砂船舶，并对没收的非法采砂船舶予以拍卖，拍卖款项全部上缴财政。

(2)虽持有河道采砂许可证，但在禁采区、禁采期采砂的，按照(1)的规定处理，并吊销河道采砂许可证。

(3)未按照河道采砂许可证规定的要求采砂的，责令停止违法行为，没收违法所得，处 5 万元以上 10 万元以下的罚款，并吊销河道采砂许可证。在长江航道内非法采砂影响

---

① 刘兴海. 湖北省河道非法采砂整治对策研究[D]. 武汉：华中师范大学，2014.
② 参见《长江河道采砂管理条例实施办法》第六条。

通航安全的,由长江航务管理局、长江海事机构依照《内河交通安全管理条例》和《航道管理条例》等规定给予处罚。

4.《航道法》

《内河交通安全管理条例》和《航道管理条例》对在航道内非法采砂没有明确的处罚规定。《航道法》对航道和航道保护范围以外的非法采砂活动,直接规定按照有关法律、行政法规的规定处罚,保证了法律之间的衔接性。对在航道和航道保护范围内采砂,损害航道通航条件的,规定由负责航道管理的部门责令停止违法行为,没收违法所得,可以扣押或者没收非法采砂船舶,并处5万元以上30万元以下罚款,确认了负责航道管理的部门直接处罚权。

(二)非法采砂刑事责任

非法采砂可能构成刑事犯罪没有争议,有关法律也有"触犯刑律的,依法追究刑事责任"的规定,但到底以何种罪名定罪处罚一直争议较大。最高人民法院、最高人民检察院共同颁布,并于2016年12月1日起施行的《关于办理非法采矿、破坏性采矿刑事案件适用法律若干问题的解释》(法释〔2016〕25号)规定在河道管理范围内和海域采砂构成犯罪的,按照非法采矿罪定罪处罚。

1. 在河道管理范围内采砂

(1)适用情形

①依据相关规定应当办理河道采砂许可证,未取得河道采砂许可证的;

②依据相关规定应当办理河道采砂许可证和采矿许可证,既未取得河道采砂许可证,又未取得采矿许可证的。

(2)情节严重的认定

具有下列情形之一的,应当认定"情节严重":①开采的矿产品价值或者造成矿产资源破坏的价值在10万元至30万元以上的;②在国家规划矿区、对国民经济具有重要价值的矿区采矿,开采国家规定实行保护性开采的特定矿种,或者在禁采区、禁采期内采矿,开采的矿产品价值或者造成矿产资源破坏的价值在5万元至15万元以上的;③2年内曾因非法采矿受过两次以上行政处罚,又实施非法采矿行为的;④造成生态环境严重损害的;⑤严重影响河势稳定,危害防洪安全的;⑥其他情节严重的情形。

(3)情节特别严重的认定

具有下列情形之一的,应当认定为"情节特别严重":①数额达到上述(2)之①、②规定标准5倍以上的;②造成生态环境特别严重损害的;③其他情节特别严重的情形。

2. 在海域采挖海砂

(1)适用情形

未取得海砂开采海域使用权证,且未取得采矿许可证,在海域采挖海砂。

(2)情节严重的认定

除将"造成海岸线严重破坏的"代替"严重影响河势稳定,危害防洪安全的"以外,其他情形与在河道管理范围内采砂一致。

(3)情节特别严重的认定

与在河道管理范围内采砂规定一致。

3.具体处罚

按照《刑法》第三百四十三条关于非法采矿罪规定，违法采砂情节严重的，处3年以下有期徒刑、拘役或者管制，并处或者单处罚金；情节特别严重的，处3年以上7年以下有期徒刑，并处罚金。

第五节　航道保护其他规定

虽然通航条件偏重于航道的技术指标与国家技术标准的对应性，通航安全更关注是否存在影响安全的隐患，但并非在任何情况下两者均可截然分离。本书将仅涉及负责航道管理的部门的法律规定纳入保证通航条件的内容，凡涉及海事管理机构和明确与通航安全有关的法律规定纳入保障通航安全的内容。

一、保证通航条件

(一)跨越、穿越航道的建筑物①建设

1.跨越、穿越航道的建筑物范围

(1)跨越航道的建筑物

跨越航道的建筑物是指从水面(海面)上方越过航道的建筑物，包括架空管道、缆线、桥梁、渡槽等。该类建筑物对航道通航条件的影响主要包括通航净高、净宽、通航孔布置，建筑物建设对水流条件、航槽稳定性、航道通视性的影响，以及对航道演变、航道通过能力、船舶通航安全的影响等。

(2)穿越航道的建筑物

穿越航道的建筑物是指沉放在水底(海底)或埋置在河床(海床)内的建筑物，包括水下管道、缆线和隧道等。该类建筑物对航道通航条件的影响主要包括埋设深度对航道进一步疏浚、船舶抛锚安全的影响等。

2.跨越、穿越航道的建筑物建设要求

跨越、穿越航道的建筑物建设包括新建、改建、扩建三种方式，建设应满足航道发展规划技术等级对通航条件的要求。

由于跨越、穿越航道的建筑物大多是永久性的，使用期限长，若不在建设前设定要求并严格执行，一旦建成，改建难度极大、成本很高。如我国20世纪60年代建成的南京长江大桥，通航净空高度仅为24米，致使万吨级船舶无法通行，南京上游可供万吨级船舶通航的深水航道难以充分利用，影响了航运事业的发展。通航条件的要求与航道技术等级

---

① 本部分所指建筑物包括建筑物和构筑物。

直接关联，并通过《内河通航标准》《通航海轮水域通航标准》等技术规范予以明确，但需注意的是作为确定依据的航道技术等级不是现状技术等级而是发展规划技术等级。

对于具体的跨越、穿越航道的建设工程，由于所在地理位置不同，航道的自然条件存在巨大差异，因而还需要通过航道通航条件影响评价审核予以确定。

（二）临河、临湖、临海建筑物建设

临河、临湖、临海建筑物是指在航道外相邻区域内修建的建筑物。《航道法》将"航道外相邻区域"限制在"航道保护范围内"。此类建筑物类型众多，主要有码头、驳岸、栈桥、护岸矶头、滑道、房屋、涵洞、抽（排）水站、固定渔具等。不同类型的建筑物对航道通航影响程度不同，如码头不按通航条件要求建设，将可能占用航道通航水域，恶化航道条件，影响通航安全；房屋可能因遮挡助航标志、影响航道通视条件，带来船舶航行安全隐患。

该类建筑物的位置在航道以外，与航道技术等级没有直接关联，法律仅以满足通航条件作为要求，并未规定具体的确定依据，因而对具体的该类与航道有关的工程需通过航道通航条件影响评价审核来保证满足法律要求的实现。

与航道有关的工程建设目的在于更好地利用水资源，有效平衡防洪、发电、航运、供水之间的关系，不能顾此失彼，因而《航道法》对工程建设的一般要求是工程建设不得降低通航条件。在一般要求外，《航道法》对依照法律、行政法规或者国务院规定进行的防洪、供水等关系社会大众生命财产安全和正常生活的特殊工程做出了除外规定，即有条件允许特殊工程建设后降低通航条件。

（三）通航水位衔接与下泄流量

1. 通航水位衔接

通航水位衔接是指内河航道上相邻的永久性拦河闸坝之间的航道能够保证通航的状态。如果两坝之间不能实现水位衔接，一方面不满足法律对与航道有关的水工程建设不得降低通航条件的一般要求；另一方面，造成拦河闸坝成库后形成的深水航道资源难以充分利用，限制水运长距离运输优势的发挥，并因水位短时间内变动幅度较大造成水流紊乱，为船舶航行带来不利影响。《航道法》规定水位衔接应该满足国家规定的通航标准和技术要求。

2. 下泄流量

下泄流量，最通俗的理解，就是水工程放水的多少。如果下泄流量太小，会造成下游航道水深、宽度不足，恶化通航条件，甚至造成断航。《内河通航标准》（GB50139-2014）明确规定"枢纽瞬时下泄流量不应小于原天然河流设计最低通航水位时的流量"。

《航道法》对下泄流量的规定涉及以下内容：(1)适用于航道及其上游支流上的水工程；(2)水工程设计、施工和调度运行中应统筹考虑下泄流量；(3)下泄流量应该满足下游航道设计最低通航水位①所需；(4)水文条件超出实际标准时作为例外。在水工程施工

---

① 设计最低通航水位是设计规定某一河段或具体部位允许标准船舶或船队正常通航的最低水位。当实际水位低于设计最低通航水位时，航道不能保证标准维护水深，但吃水适宜的船舶可以照常航行，大型船舶（船队）需要减载控制吃水方可航行。

和调度运行过程中,可能会出现特殊水文条件,如因天气干旱导致来水过少无法保证下泄流量要求。

在确定下游航道通航所需的最小下泄流量以及满足航道通航条件允许的水位变化时,水工程运行单位应当征求负责航道管理的部门意见。

二、保障通航安全

(一)流量异常变动的通报

流量异常变动是指上游水工程大幅度减流或者大流量泄水的情况。流量异常变动会造成下游航道水位短时间内变幅过大、流速异常、流态紊乱,影响船舶航行安全,极易造成船舶航行事故。

为保障通航安全,水工程运行单位应该在大幅度减流或者大流量泄水前,向负责航道管理的部门和海事管理机构进行通报,以便及时发布航道通告和航行警告,保障可能受到影响的船舶能够及时避让。法律对运行单位提前通报的时间没有明确规定,但以船舶避让需要的"合理时间"作为限制,这就要求负责航道管理的部门和海事管理机构根据特定航道的船舶流量和其他实际情况在管理中逐步摸索以确定具体的时限要求。

(二)水工程施工时临时措施

依法进行的水工程施工可能对航道正常功能的发挥产生负面影响,为保证通航条件、保障通航安全,法律要求负责航道管理的部门和海事管理机构采取临时调整航道等措施予以消除。

1. 采取临时调整航道措施的条件

采取该类措施的条件是:(1)工程施工依法进行。如果是非法施工,应该采取的措施是停止施工行为,给予行政处罚等。(2)影响了航道正常功能的发挥。航道正常功能是航道所具有的通航能力,此处的"影响"是降低了通航能力,如果"影响"已经发生,采取措施必须及时;如果"影响"当然发生、尚未发生,也应该根据施工进度的安排采取措施。(3)有现实需要。工程施工对航道正常功能发挥的影响大小不一,是否要临时调整航道,需要有关主管部门根据具体情况做出判断和决定。

2. 采取临时调整航道措施的主体

法律规定做出决定和采取具体临时措施的主体是负责航道管理的部门和海事管理机构(以下统称有管辖权的管理部门),此种规定在于和我国现行的航道、航标管理体制相契合,而非两类主体可以任意选择。按照《航道法》规定,航标是航道的组成部分,航标与航道的并列并不准确,但基于航标具有一定的独立性、航标管理体制具有一定的特殊性,并列式的规定存在一定的现实合理性。对航标或者航道的位置、走向进行临时调整由享有管辖权的主体负责:(1)内河航道(含航标)由负责航道管理的部门管理和调整;(2)沿海航道(不含航标)由负责航道管理的部门管理和调整;(3)沿海航标由负责航道管理的部门或者有关海事管理机构管理和调整。

3. 临时调整航道措施的具体内容

临时措施的内容主要是航标或者航道的位置、走向。一方面，有管辖权的管理部门需要根据工程施工的场地布置、进度安排等的需求进行调整；另一方面，需要在满足基本通航条件的情况下，充分考虑调整的可能性。临时调整前，有管辖权的管理部门应组织开展充分的论证，提出具体实施方案和应急预案，并根据需要进行扫床测量、疏浚等工作，最后临时调整航道的位置、走向，移动航标的位置，增减航标的数量。

4. 航道的及时恢复

采取临时调整航道措施的条件不再存在，对航道正常功能的影响消除后，有管辖权的管理部门应当及时恢复航道的正常功能，也就是将航道恢复到采取临时措施以前的状态。"及时"理解为在可行的最短时间内。

5. 临时调整航道措施费用的承担

（1）因防洪抢险工程引起调整的费用，按国家有关规定处理，一般由国家和地方财政经费支付；（2）其他工程引起调整的费用，由建设单位承担。

（三）水工程竣工验收前的清除

与航道有关的工程一旦竣工验收，即要交付使用，为保证工程交付后航道能够发挥正常功能，工程建设单位需对施工现场进行清尾工作，即承担工程建设的清除义务。清除义务包括以下内容：

1. 清除义务主体

清除义务主体是与航道有关的工程的建设单位。确定建设单位承担清除责任符合"谁造成碍航，谁负责清除"的原则。义务主体应当主动做好工程建设清尾工作，恢复航道应有的状态，消除可能的不利影响。若义务主体不及时承担义务，负责航道管理的部门将责令限期清除，并处以罚款；超过限制仍未清除的，负责航道管理的部门依法组织清除，所需费用由责任主体承担。

2. 清除对象

清除对象是因工程施工完成而遗留的与工程功能发挥无关、影响航道通航条件的临时设施和残留物，主要包括两类：（1）施工临时设施；（2）施工残留物。施工临时设施是指因工程施工需要而临时搭建或者设置的栈桥、道路、封闭围挡、安全警示标志等设施；施工残留物是指工程施工过程中产生的建筑垃圾、遗留物、淤积物等。

3. 清除时间

清除时间是指清除义务主体对清除对象完成清除工作的时间要求。清除工作可以在施工阶段随时进行清除，也可以在工程完工后开始清除，但完成全部清除工作的最后时间以提出工程竣工验收申请为临界点。超过该临界点未完成清除工作，即违反了法律的强制性规定，需要承担逾期清除的责任。

（四）水工程建设活动的要求

与航道有关的工程经依法批准后，可以开展相关的建设活动，但所有的建设活动应当按照规范进行，不得危及航道安全是对建设活动的普遍性和最低要求之一。

现实中，与航道有关的工程在建设时存在向航道内丢弃废弃物、在航道内随意挖掘、施工设备碰撞航标等情况,对航道造成损害,既破坏通航条件,也影响通航安全。《航道法》明确规定了建设活动损坏航道的,建设单位应当予以修复或者依法赔偿的民事责任,同时规定了罚款的行政责任。

建设单位在开展建设活动时,一旦出现损坏航道的行为,首先应当采取措施予以修复,恢复航道功能;建设单位不及时修复或者不能修复的,负责航道管理的部门应采取措施予以修复,有关费用由建设单位承担。同时,负责航道管理的部门可以对单位处5万元以下罚款,对个人处2000元以下罚款。《航标条例》对损坏航标的行为规定了警告和2000元以下罚款的规定。从损坏航标的行政处罚力度看,《航道法》大大严于《航标条例》。

(五)危害通航安全的行为

1. 行为类别

法律禁止任何单位和个人从事危害通航安全的行为,《航道法》以列举和概括并行的立法方式对危害通航安全的行为进行了规定,包括:(1)在航道内设置渔具或者水产养殖设施的;(2)在航道和航道保护范围内倾倒砂石、泥土、垃圾以及其他废弃物的;(3)在通航建筑物及其引航道和船舶调度区内从事货物装卸、水上加油、船舶维修、捕鱼等,影响通航建筑物正常运行的;(4)危害航道设施安全的;(5)其他危害航道通航安全的行为。其中第(5)项实际上是赋予了负责航道管理的部门自由裁量权。

2. 行为责任

负责航道管理的部门一旦发现任何单位或者个人存在危害通航安全的行为,应当责令改正,对单位处5万元以下罚款,对个人处2000元以下罚款;造成损失的,依法承担赔偿责任。

《内河交通安全管理条例》(2017年修订)对危害通航安全的行为进行了规定。该条例第二十七条规定,禁止在航道内违法养殖、种植植物、水生物和设置永久性固定设施;第七十四条规定由海事管理机构责令限期改正;逾期不改正的,予以强制清除,因清除发生的费用有其所有人或者经营人承担。《海上交通安全法》(1983年通过、2016年修正)也涉及通航安全的问题,但因其颁布时间较早,有关法律责任的规定较为粗糙。

相关立法的规定有两点值得重视:(1)行使处罚权的主体不同。《航道法》规定的行使处罚权主体是负责航道管理的机构,《内河交通安全管理条例》《海上交通安全法》规定的行使处罚权主体是海事管理机构。(2)法律规定的处罚力度不一致。对于出现的法条竞合现象,为了防止"一事再罚"、管辖冲突和处罚不公,有必要通过协商机制和未来立法予以解决。

第六章 航标管理

第一节 概 述

航标的历史源远流长,广泛运用于航运业、渔业、海洋开发和军事活动,具有定位、警告、确认和指示等交通功能,在保障船舶航行安全方面具有不可替代的作用。随着《航道法》的颁布,航标的法律性质从航道设施转变为航道的组成部分,其在航道管理中的地位愈发突出,与航道一体管理将是一种必然趋势。然而,从我国的现实情况看,航标作为具有相对独立性的助航设施,其管理依然存在着一定的特殊性。

一、航标的概念与类别

(一)航标的概念

对航标进行定义一般不会脱离助航设施的共识,但在表述上有一定的不同。如:航标是为帮助船舶安全、经济和便利航行而设置的视觉、音响和无线电助航设施。[①] 航标是为船舶航行及其他各类水上活动提供安全信息及相关支持性服务的船舶之外的系统或装置的简称,是水上安全保障体系的核心组成部分,是保障水上运输及活动安全、畅通、高效的不可或缺的重要手段。[②] 在法律角度看,《航标条例》规定,航标是指供船舶定位、导航或者用于其他专用目的的助航设施,包括视觉航标、无线电导航设施和音响航标。《沿海航标管理办法》采用了相同的定义。

航标除本体外,也有一些为航标及其管理人员提供能源、水和其他所需物资而设置的辅助设施,包括航标场地、直升机平台、登陆点、码头、趸船、水塔、储水池、水井、油(水)泵房、电力设施、业务用房以及专用道路、仓库等。

(二)航标的类别

航标的种类繁多,根据不同的标准可以对航标进行不同的类别划分。
1. 按照航标工作原理不同
此种分类以航标的工作原理为基础,是法律确认的分类。按此标准,航标可分为:

---

① 陈在强.新公共管理视角下的航标管理体制改革的研究[D].大连:大连海事大学,2013.
② 赵洪亮.新公共管理视角下的我国航标管理研究[D].大连:大连海事大学,2013.

（1）视觉航标，又称目视航标，是指以形状、颜色和灯光等特征，供直观识别的固定式或浮动式的助航标志。该类航标具有易辨认的形状、颜色和灯光，设备简单、维护方便、投资较小。固定式航标是指位置固定的助航标志，如陆地上或水中的灯塔、灯桩、立标等；浮动式航标是指设置在水中带有浮体的助航标志，如灯船、浮标等。

（2）无线电航标，是指使用无线电波向船舶提供定位导航信息的助航设施，可细分为无线电测向导航系统、无线电测距导航系统、雷达信标、卫星导航系统等。

（3）音响航标，是指能发出声音传送信息以引起航行人员注意其概略方位的助航标志。在能见度不良的水域，发出具有一定识别特征的音响信号，使船舶知道其大概方位，可以有效避免船舶发生危险。

2. 根据航标设置地点不同

一国设置航标的地域范围包括该国领域及其管辖的其他海域，既可在水中设置，也可在与水相邻的陆域设置。按此标准，航标可分为：

（1）内河航标，是指在江河、湖泊、水库、运河等内河通航水域设置的航标。按功能可分为航行标志、信号标志、专用标志三类。

（2）沿海航标，是指在沿海水域、被海港覆盖的通海河口以及用于为保障海上船舶航行安全在相关陆域设置的航标。

3. 根据航标设置目的不同

航标设置既可能服务于不特定主体，也可能服务于特定主体。按此标准，航标可分为：

（1）公用航标，是指由航标管理机关统一设置，为各类船舶提供助航、导航服务的航标。

（2）专用航标，是指由专业单位在专用航道、锚地和作业区以及相关陆域，为特定船舶提供助航、导航服务或者保护特定设施等而设置的航标。《内河航标管理办法》对专用航标[①]的范围进行了细化，包括：①建设和管理单位为保障拦河、跨河、临河建筑物施工期间及建成后的安全和船舶航行安全所设置的航标；②企事业单位为本单位生产需要而开辟的航道、锚地及生产作业区域内所设置的航标；③船舶所有者或经营者按规定为标示沉船、沉物的位置和其他原因设置的航标。

4. 根据管理机构的不同

水域存在多种用途，不同管理机构基于法律规定行使不同的管理权。按此标准，航标主要可分为：

（1）交通航标，是指由航标管理机关负责管理，用于交通运输目的的航标。

（2）军用航标，是指由军事机关负责管理，用于军事目的的航标。

（3）渔业航标，是指由渔政管理部门负责管理，用于渔业目的的航标。

军队的航标管理机构、渔政渔港监督管理机构，在军用航标、渔业航标的管理和保护方面分别行使航标管理机关的职权。

---

① 《内河航标管理办法》没有使用"专用航标"一词，而是使用了"专设航标"一词，下位法用语与上位法不一致。参见《航标条例》第六条，《内河航标管理办法》第三十二条、第三十三条。

二、航标管理原则和体制

(一)航标管理原则

《航标条例》规定,航标的管理和保护,实行统一管理、分级负责和专业保护与群众保护相结合的原则。《内河航标管理办法》规定,航标管理实行统一领导,分级管理的原则。《沿海航标管理办法》没有管理原则的规定。

统一管理,要求对航标的管理只能有一个主管部门,解决的是不同部门之间的管理权分配;分级负责,要求同一层级和不同层级的管理部门应该按照法律规定行使管理权,解决的是同一部门内部的管理权分配;专业保护与群众保护相结合,要求管理部门对航标承担专业性的保护责任,其他单位和个人也要承担法定的保护航标的义务。

(二)航标管理体制

1. 国务院交通运输主管部门[①]

国务院交通运输主管部门负责管理和保护航标。沿海航标由交通运输部海事局按照法律规定的职责负责有关管理工作。

2. 其他航标管理机构

(1)一般规定

其他航标管理机构包括地方各级交通运输主管部门和国务院交通运输主管部门设立的流域航道管理机构、海区港务监督机构。其他航标管理机构负责管理和保护本辖区内的航标。

(2)内河航标

对于跨省域的内河航道,除交通运输部直属管辖的外,其航标管理应按行政区划分工负责,也可通过协商确定管理范围;省界河流的航标管理应通过协商由航运量大的省级交通运输主管部门设立的航标管理机构负责。

(3)沿海航标

交通运输部直属海事管理机构和县级以上地方人民政府交通主管部门,根据各自的职责和有关法律、行政法规的授权以及《沿海航标管理办法》的规定,具体负责本辖区范围内的沿海航标管理工作。

(三)航标管理机构的基本职责

按照《内河航标管理办法》规定,航标管理机构对航标管理的基本职责是:(1)负责宣传、贯彻、执行上级各项指示、规定;(2)制定航标工作规章制度,督促、检查贯彻执行情况;(3)负责编制和审定航标维护工作计划,提出实施措施;(4)掌握航道特征、

---

① 《航标条例》使用"国务院交通行政主管部门",本书采用《航道法》中使用的"国务院交通运输主管部门"称谓。《航标条例》使用"航标管理机关",本书采用《内河航标管理办法》《沿海航标管理办法》中使用的"航标管理机构"称谓。

水情变化及碍航物分布情况，保持航标的正常状态，并发布航道通告；（5）定期检查航标，指导和帮助基层班组工作；（6）编制航标船艇及设备维修保养计划，并组织实施；（7）收集整理航标技术资料，分析航标维护质量，总结航标维护管理经验；（8）参加评审本辖区与航道有关的拦河、跨河、临河建筑物及其他水上工程的航标设施建设项目和审定航标配布图；（9）参与航标新材料、新结构、新工艺的研制、鉴定和推广使用；（10）按规定对违反《航标条例》《航道管理条例》及其实施细则和本办法中有关航标保护条款以及其他有关规定的行为进行处罚。《沿海航标管理办法》没有具体列明航标管理机构的基本职责，但由于管理目的的一致、管理对象的同质，可以认定其与内河航标管理机构的基本职责相同。

三、《航道法》涉及航标的规定

《航道法》中直接出现"航标"用语的内容，主要有：

1. 航道与航标的关系

该法明确航道包括航标等航道设施，也即航标属于航道的有机组成部分，两者是包容关系。从这种关系看，凡涉及航道的一般要求当然适用航标。

2. 航标设置、养护、保护和管理原则规定

该法没有规定具体内容，而是要求依照有关法律、行政法规和国家标准或者行业标准的规定执行。如此规定的目的可能是考虑航标设置、养护、保护和管理的特殊性，保证条文的简洁性以及避免法律规定之间的冲突。

3. 对航标的临时调整和恢复

当与航道有关的工程施工影响航道正常功能的，负责航道管理的部门、海事管理机构应当根据需要对航标的位置、走向进行临时调整；影响消除后应当及时恢复；所需费用由建设单位承担，但因防洪抢险工程引起调整的除外。该规定对航标调整、恢复的原因及费用承担进行了明确。

4. 建筑物建设的航标设置

在通航水域上建设桥梁等建筑物，建设单位应当按照国家有关规定和技术要求设置航标等设施，并承担相应费用。该规定明确了建设单位是航标设置及费用承担的主体。

5. 桥区水上航标管理维护

桥区水上航标由负责航道管理的部门、海事管理机构负责管理维护。该规定明确了桥区水上航标管理维护主体。

6. 未依法设置航标的法律责任

在通航水域上建设桥梁等建筑物，建设单位未依法设置航标，除责令改正外，处5万元以下罚款。

此外，尚有一些规定使用了"作业标志""标志"等用语，包括影响通航的航道养护作业或者确需限制通航的养护作业应当设置明显的作业标志；出现船舶、设施或者其他物体在航道水域中沉没，影响航道畅通和通航安全的，需要按照规定设置标志等。

第二节 航标的设置与改变

一、航标设置

航标设置是航标的首次布设，是航标发挥功能的起点，在航标管理中具有重要作用。航标管理机关和专业单位设置航标，应当符合国家有关规定和技术标准。

(一)设置主体与费用

1. 设置主体

《航标条例》规定，航标由航标管理机构统一设置，但专用航标除外。从法律规定可知，交通航标设置根据公用航标和专用航标的不同，设置主体不同，公用航标由航标管理机构设置，专用航标由专业单位设置。

桥区航标[①]从保护桥梁的安全看具有专用性，从保护船舶航行安全看具有公用性，性质较为特别。《航道法》规定桥区航标的设置义务由建设单位承担，《长江干流桥区航标设置及维护管理规定》(交基发〔1996〕489号)中规定，长江航道局负责长江干流桥区航标的设置，两者存在冲突。

2. 设置费用

《航道法》规定各级政府应当根据经济社会发展水平和航道建设、养护的需要，在财政预算中合理安排航道建设与养护资金。可见，航标的设置费用一般来源于财政资金，实际上由国家支付。但也存在一些特殊情况：

(1)专用航标设置费用由专业单位承担；

(2)内河建设桥梁、闸坝时按国家有关规定设置航标的费用列入工程总概算，由建设单位承担；

(3)沿海建设港口、航道、桥梁以及其他建设工程设置航标的费用列入工程总概算，由建设单位承担。

(二)设置要求

航标设置的基本要求是符合国家有关规定和技术标准，及时通报有关部门；专用航标的设置，应当经航标管理机构同意。在航标设置中，航标的合理配布十分重要，法律亦对此做出了相对详细的规定。

1. 内河航标的配布

(1)一般要求

[①] 桥区航标，是指在建设跨越通航水域的桥梁及其建成以后，为保障桥梁自身和船舶安全，而设置的航行标志。

内河航标的配布按国家标准《内河助航标志》的规定执行。①配布类别①应根据航道条件及航运需要，通过技术经济论证确定；②配布应充分利用自然水深，符合航道尺度的规定，做到标位正确、灯质可靠、颜色鲜明、视距足够；③干、支流汇合口河段和通海河口段的配布应注意连贯、衔接，明确航道的方向与界限；④配布应注意航标间的有效结合，充分发挥岸标②的作用，保证同侧相邻航标之间所标示的航道界限内有规定的维护水深；⑤按规定编制航标配布图并报批。

（2）航标配布图的编制与审批

航标配布图是根据航道条件和航道尺度的要求，按照国家标准所规定的航标配布原则，标明航标位置、航标灯质、设标水位等内容的航道图籍。航标配布图由航标管理机构编制，编制时应按《内河航道维护技术规范》的规定执行，并征求驾引人员及港监等部门意见，编制完成后，须报上级航标管理机构审批或备案；属基建性的航道，其航标配布图按基建程序编制审批。

按一、二类航标配布的航道应编制航标配布图，按三类航标配布或配布重点标的航道，可根据实际需要由航标管理机构自行规定；封冻河流航标配布图按年编制，并报上级航标管理机构审批。航标配布图应根据航道变化定期修改；变更航标配布图，以调整固定标位的重点航标时应报上级航标管理机构批准后执行，并通报有关单位。

桥梁管理单位自行维护管理桥区水上航标时，应按有关规定编制航标配布图报航标管理机构审批。

经批准的航标配布图是航标设置的依据。

2. 沿海航标的配布

（1）一般要求

沿海航标的配布应当符合国家有关技术标准。（1）配布沿海航标的类别，应适应沿海通航条件及航行需要，并通过技术经济论证确定；（2）海峡进出口段及通海河口段的航标配布，应注意连贯、衔接，明确航道的方向与界限，不得与其他标识相混淆；（3）配布沿海航标应当编制沿海航标配布图和沿海航标配布方案并报批。

（2）航标配布图和航标配布方案编制与审批

沿海航标配布图和航标配布方案由沿海航标管理机构编制，并报上级沿海航标管理机构审批。

沿海航标管理机构可以根据海上交通发展的需要，对沿海航标配布方案进行局部调整，报交通运输部海事局备案；但对沿海航标配布方案作重大变更的，应当报交通运输部海事局批准。

经依法批准的沿海航标配布图和航标配布方案是航标设置的依据。设置沿海航标，应当按照国家有关规定向沿海航标管理机构提出申请，取得沿海航标管理机构的同意；港口、航道、桥梁以及沿海其他建设工程涉及沿海航标建设的，在履行基本建设程序审查批

---

① 按照《内河助航标志》规定，配布类别分为一类航标配布、二类航标配布、三类航标配布和重点航行配布四类。

② 岸标是指设在陆地上的助航标志。

准过程中，沿海航标管理机构参加沿海航标设计方案的审查确定工作；沿海航标建设工程项目竣工后，应当经沿海航标管理机构对航标效能进行验收；验收合格的，方可投入使用；沿海专用航标的设置、维护应当符合国家有关技术标准，并接受沿海航标管理机构的业务指导和监督。

二、航标改变

（一）航标改变的理解

航标改变是指航标的撤除、位置移动和其他与设置时状况不同的情形。主要包括：(1)航标变动，是指因航道、浅滩、水下障碍物的变化以及船舶航行的需要和其他原因而更改原设置航标的位置、灯质、射程等要素的情况。此种状态是基于客观原因，由航标管理机构对航标状况的主动改变，其中航标移位影响最大。(2)航标撤除，是指对已不起助航作用的航标的撤销或关闭。此种状态是基于客观原因，由航标管理机构主动对原先设置的航标的放弃。(3)航标失常，是指某座航标不能显示其航标表中(或航海通告中)所述特征的状态，包括航标损坏、失常、移位或者漂失。此种状态是基于自然或者人为因素导致航标功能丧失或部分丧失。

（二）航标改变的要求

航标管理机关撤除航标或者移动航标位置以及改变航标的其他状况时，应当及时通报有关部门；专用航标的撤除、位置移动和其他状况改变，应当经航标管理机构同意。

出现航标功能丧失或部分丧失，承担维护养护责任的航标管理机构或其他单位应当及时采取措施，恢复航标功能。

第三节　航标养护

一、航标养护主体

1. 航标管理机构

航标管理机构是公用航标的养护主体，承担养护的法定责任和费用。内河专用航标，专业单位可以委托航标管理机构代管，委托方必须提供与设标有关的技术资料，签订委托代管的协议，负担维护管理的费用；桥区水上航标，由航标管理部门负责养护，由桥梁管理单位和航标管理部门各负担全部维护费用的一半。①

2. 专业单位

专用航标的设置主体即为养护主体，承担养护的法定责任。对内河航标而言，包括：

---

① 《航道法》明确了负责航道管理的部门(航标管理机构)负责管理维护，但未规定养护费用如何承担；《内河航标管理办法》第三十五条第二款规定，桥区水上的航标，其维护费由桥梁管理单位和航标管理部门各负担全部维护费用的一半。

(1)拦河、跨河、临河建筑物的建设和管理单位；（2）为本单位生产需要而开辟的航道、锚地及生产作业区域内的企事业单位；（3）标示沉船、沉物等位置的船舶所有者或经营者。对沿海航标而言，由其所有人或者使用人维护。

二、航标养护要求

航道养护应当按照《内河助航标志》《内河助航标志的主要外形尺寸》《内河航道维护技术规范》的规定进行，以保证航标处于良好的使用状态。

（一）内河航标养护要求

1. 健全管理制度

航道养护单位应根据养护工作的需要，建立和健全值班守槽制度、通讯信号台控制指挥制度、航标异动报告制度、航标检查制度、航标维护质量检查制度、航标质量考核制度、航标设备管理制度、安全生产规章制度等。

2. 及时调整航标

在航道突变或航道内出现新的碍航物时，养护单位应立即采取调标措施并向上级有关部门报告；对变化频繁的浅滩航道，养护单位应根据航道实际情况自行调整航标。

3. 发布航道通告或航道通电

航标管理机构应定期或不定期发布航道通告或航道通电，及时向船舶和有关单位通报航标情况及有关注意事项。

4. 编制年度航标维护计划

航标管理机构负责编制年度航标维护计划，对计划的执行情况必须进行检查，并总结上报；遇特殊情况需要调整计划，应上报审批。

5. 做好档案管理工作

航标管理机构应建立健全航标技术和统计资料档案，统一制定航标工作原始记录和统计报表，并按时填报，定期整理，归档保存。

6. 保证航标设备储备

航标设备应选用定型产品，并应有一定的储备量。储备量可根据设备的使用量、消耗量以及易损程度由航标管理机构确定。

7. 建立航标质量保证体系

航标管理机构应制定航标维护质量标准及检查办法，建立航标质量保证体系。

（二）沿海航标养护要求

1. 健全管理制度

负责沿海航标维护的单位，应当建立沿海航标维护质量保证体系，健全、落实沿海航标维护管理制度，加强对沿海航标的维护。

2. 保证航标设备储备

负责沿海航标维护的单位，应当选用符合国家标准的航标设备，并配备足够的备用航标设备。

3. 发布航标动态通告

沿海航标的设置、失常、拆除、恢复或者发生其他较大变化，航标管理机构应当按国家有关规定发布航标动态通告。

在部门规章层级，由于我国对内河航标和沿海航标采取分别立法的模式，加之立法时间上有较长的间距，对同一问题的法律规定存在着不少差异，对法律的严谨性有一定影响。在未来条件许可的情况下，应改分别立法为合并立法，以保证同类问题的法律规定趋同和简洁。

第四节 航标保护

航标实行专业保护与群众保护相结合的原则，在航标管理机构实施专业保护的同时，任何单位和个人都有保护航标的义务。禁止一切危害航标安全和损害航标工作效能的行为，对于危害航标安全和损害航标工作效能的行为，航标管理机构有权予以制止和处罚，任何单位和个人有权制止、检举和控告。

一、保护航标的一般义务

1. 报告义务

报告义务主要适用于以下情形：(1)任何单位或者个人发现航标损坏、失常、移位或者漂失时，应当立即向航标管理机构报告；(2)船舶触碰航标，船舶所有人或者经营人应当立即向航标管理机构报告。

2. 行为限制义务

行为限制义务主要包括：(1)任何单位和个人不得在航标附近设置可能被误认为航标或者影响航标工作效能的灯光或者音响装置；(2)因施工作业需要搬迁、拆除航标的，施工单位应当征得航标管理机构同意，并采取替补措施；(3)在视觉航标的通视方向或者无线电导航设施的发射方向，不得构筑影响航标正常工作效能的建筑物、构筑物，不得种植影响航标正常工作效能的植物；(4)船舶航行时，应当与航标保持适当距离，不得触碰航标。

3. 一般行为禁止义务

一般行为禁止义务主要包括：(1)任何单位或个人不得侵占、破坏航标；(2)航标管理机构在设置、移动或撤销航标时，任何单位或个人不得阻挠，干涉或索取费用。

二、保护航标的禁止性行为

(一)禁止危害航标的行为

该类行为主要有：(1)盗窃、哄抢或者以其他方式非法侵占航标、航标器材；(2)非法移动、攀登或者涂抹航标；(3)向航标射击或者投掷物品；(4)在航标上攀架物品，拴系牲畜、船只、渔业捕捞器具、爆炸物品等；(5)破坏航标辅助设施；(6)损坏航标的其他行为。

(二)禁止影响航标工作效能的行为

该类行为主要有：(1)在航标周围20米内或者在埋有航标地下管道、线路的地面钻孔、挖坑、采掘土石、堆放物品或者进行明火作业；(2)在航标周围150米内进行爆破作业；(3)在航标周围500米内烧荒；(4)在无线电导航设施附近设置、使用影响导航设施工作效能的高频电磁辐射装置、设备；(5)在航标架空线路上附挂其他电力、通信线路；(6)在航标周围抛锚、拖锚、捕鱼或者养殖水生物；(7)影响航标工作效能的其他行为。

三、保护航标的奖励

对有下列行为之一的单位和个人，由航标管理机构给予奖励：(1)检举、控告危害航标的行为，对破案有功的；(2)及时制止危害航标的行为，防止事故发生或者减少损失的；(3)捞获水上漂流航标，主动送交航标管理机构的。

四、违反保护航标义务的处理

航标管理机构发现违反航标保护义务的行为，应当依法处理，以保护航标和保证航标工作效能的发挥。

1. 责令限期拆除、重新设置、调整专用航标

专业单位擅自设置、撤除、移动专用航标或者改变专用航标的其他状况的，由航标管理机构责令限期拆除、重新设置、调整专用航标。

2. 责令限期改正或者采取补救措施

违法在航标附近设置灯光或者音响装置的，违法构筑建筑物、构筑物或者种植植物的，由航标管理机构责令限期改正或者采取相应的补救措施。

3. 罚款和赔偿

(1)船舶触碰航标不报告的，航标管理机构可以根据情节处以2万元以下的罚款；造成损失的，应当依法赔偿。

(2)存在危害航标及其辅助设施或者影响航标工作效能的禁止性行为，由航标管理机构责令其限期改正，给予警告，可以并处2000元以下的罚款；造成损失的，应当依法赔偿。

4. 治安处罚和刑事处罚

存在违反治安管理行为的，由公安机关依照《治安管理处罚法》予以处罚；构成犯罪的，依法追究刑事责任。

附录 航道法与关联法律一览表

序号	法律名称	法律编号	施行时间
法律类			
	航道法	主席令第 17 号（12）	2015.03.01
	标准化法	主席令第 78 号（12）	2018.01.01
	环境保护法	主席令第 09 号（12）	2015.01.01
	建筑法	主席令第 46 号（11）	2011.04.22
	石油天然气管道保护法	主席令第 30 号（11）	2010.10.01
	城乡规划法	主席令第 74 号（10）	2008.01.01
	突发事件应对法	主席令第 69 号（10）	2007.11.01
	港口法	主席令第 05 号（10）	2004.01.01
	环境影响评价法	主席令第 77 号（09）	2003.09.01
	水法	主席令第 74 号（09）	2002.10.01
	安全生产法	主席令第 70 号（09）	2002.11.01
	政府采购法	主席令第 68 号（09）	2003.01.01
	海域使用管理法	主席令第 61 号（09）	2002.01.01
	海洋环境保护法	主席令第 26 号（09）	2000.04.01
	招标投标法	主席令第 21 号（09）	2000.01.01
	防洪法	主席令第 88 号（08）	1998.01.01
	渔业法	主席令第 34 号（06）	1986.07.01
	海上交通安全法	主席令第 07 号（06）	1984.01.01
行政法规类			
	政府采购法实施条例	国务院令第 658 号	2015.03.01
	招标投标法实施条例	国务院令第 613 号	2012.02.01
	规划环境影响评价条例	国务院令第 559 号	2009.10.01
	防治海洋工程建设项目污染损害海洋环境管理条例	国务院令第 475 号	2006.11.01

续表

序号	法律名称	法律编号	施行时间
	行政法规类		
	建设工程安全生产管理条例	国务院令第393号	2004.02.01
	长江河道采砂管理条例	国务院令第320号	2002.01.01
	建设工程质量管理条例	国务院令第279号	2000.01.30
	建设项目环境保护管理条例	国务院令第253号	1998.11.29
	航标条例	国务院令第187号	1995.12.03
	关于外商参与打捞中国沿海水域沉船沉物管理办法	国务院令第102号	1992.07.12
	河道管理条例	国务院令第003号	1988.06.10
	航道管理条例	国发〔1987〕78号	1987.10.01
	部门规章类		
	通航建筑物运行管理办法	部令2019年第06号	2019.04.01
	航道建设管理规定	部令2018年第44号	2018.11.28
	船舶载运危险货物安全监督管理规定	部令2018年第11号	2018.09.15
	公路水运工程监理企业资质管理规定	部令2018年第07号	2018.07.01
	长江三峡水利枢纽过闸船舶安全检查暂行办法	部令2018年第01号	2018.06.01
	公路水运工程质量监督管理规定	部令2017年第28号	2017.12.01
	公路水运工程安全生产监督管理办法	部令2017年第25号	2017.08.01
	航道通航条件影响评价审核管理办法	部令2017年第01号	2017.03.01
	水运建设市场监督管理办法	部令2016年第74号	2017.02.01
	长江三峡水利枢纽水上交通管制区域通航安全管理办法	部令2016年第72号	2016.09.02
	水上水下活动通航安全管理规定	部令2016年第69号	2016.09.02
	水运工程施工监理规定(试行)	部令2015年第14号	2015.06.26
	公路水运工程监理企业资质管理规定	部令2015年第04号	2015.05.12
	航道工程竣工验收管理办法	部令2014年第13号	2014.09.05
	公路水运工程监理企业资质管理规定	部令2014年第07号	2014.04.09
	水运工程建设项目招标投标管理办法	部令2012年第11号	2013.02.01
	交通运输突发事件应急管理规定	部令2011年第09号	2012.01.01
	交通运输行政执法评议考核规定	部令2010年第02号	2010.10.01
	航道管理条例实施细则	部令2009年第09号	2009.06.23
	航道工程竣工验收管理办法	部令2008年第01号	2008.03.01
	航道建设管理规定	部令2007年第03号	2007.05.01

续表

序号	法律名称	法律编号	施行时间
	部门规章类		
	沿海航标管理办法	部令 2003 年第 07 号	2003.09.01
	内河航标管理办法	部令 1996 年第 02 号	1996.08.01
	船闸管理办法	部令 1989 年第 05 号	1989.10.01
	必须招标的工程项目规定	国家发展和改革委员会令第 16 号	2018.06.01
	长江河道采砂管理条例实施办法	水利部令第 19 号	2003.07.15

注：(1)施行时间按该部法律中列明的时间确定；(2)分类编号按照施行时间确定；(3)法律类法律编号括弧内的数字是指全国人民代表大会的届次。